移动互联网时代
文化产业商业模式

陈少峰　黄向军　著

电子工业出版社·
Publishing House of Electronics Industry
北京·BEIJING

内容简介

本书全面剖析了移动互联网时代文化产业的商业模式；立足商业模式的核心地位，分析文化产业独特的产业链结构，并且指明未来文化产业的应用方向；面向实操与未来，关注文化企业的互联网生存与发展，说明构建互联网商业模式的基本路径，并从市场需求出发，帮助读者分析当前文化产业商业模式的机遇与未来。

书中既有最前沿的成果，也有笔者多年的思考。本书理论结构系统全面，对文化产业的发展与实践具有整体指导意义，适合对文化产业感兴趣的各类人士阅读。

图书在版编目（CIP）数据

移动互联网时代文化产业商业模式 / 陈少峰，黄向军著 .—北京：电子工业出版社，2019.10

ISBN 978-7-121-37467-8

Ⅰ.①移…　Ⅱ.①陈…②黄…　Ⅲ.①互联网络－应用－文化产业－商业模式－研究－中国　Ⅳ.① G124-39

中国版本图书馆 CIP 数据核字（2019）第 205932 号

策划编辑：张　冉（zhangran@phei.com.cn）
责任编辑：雷洪勤
特约编辑：徐学锋
印　　刷：三河市鑫金马印装有限公司
装　　订：三河市鑫金马印装有限公司
出版发行：电子工业出版社
　　　　　北京市海淀区万寿路173 信箱　　邮编　100036
开　　本：720×1000　1/16　印张：23　字数：442千字
版　　次：2019 年 10 月第 1 版
印　　次：2019 年 10 月第 1 次印刷
定　　价：69.00 元

未来导向的文化产业

移动互联网时代文化产业的本质，是未来导向的产业。但是，很多人对这一特征并没有予以充分重视，商业模式的基础思维存在方向性的战略风险。例如，近几年"IP"很火，不少人购买了很多网络文学作品，计划把它们改编成电影，但是，过去几年交易的IP都是85后到95后这个年龄段喜欢的作品，这就是没有未来导向的基础思维。因为，今天电影的主流消费者是95后，而交易的IP却是95后之前的人喜欢的，相应制作的电影，谁来看呢？再过三年，主流消费者就是00后，什么样的IP才真正在市场上有生命力？如果不是立足于未来，如果不知道消费者在快速位移，那么必定非常被动。

思路决定出路，没有理论支撑的文化产业活动，是非常危险的冒险。我们必须重视方法，也就是重视商业模式，同时，要在思维上提升我们对文化产业本质的思考。例如，很多人喜欢从电影类型的角度探讨票房，事实上，美国迪士尼的电影是面向家庭的，老幼通吃，如果透过现象思考本质，就会发现"电影在为谁服务？"才是票房的本质，而不是电影的类型。

我们如何把握移动时代文化产业的本质？至少要重视四个方面。

第一个方面，前沿性。当前文化产业的主流都在互联网上，包括微博、微信在内的新媒体非常活跃，抓住产业的前沿，才能抓住产业的机会。例如，现在很多人认为微信公众号的红利期已经过了。其实不然，从互联网前沿角度思考，作为广告载体，微信公众号这一面的红利基本上已经过去，但是，微信公众号正在变成中国最大的卖场。公众号本质是一个小平台，不仅可以做传播，它本身还是卖场入口，作为卖场的红利期才刚刚开始。文创电商型网红的微信公众号，其营业额正在不断增长。当然，小平台有真假之分。只有卖家，没有买家，这是假的平台。真正的平台一定是个能够汇聚买家的卖场，千千万万的人有机会做新媒体+文创电商的小平台，这是第二波互联网的红利。大卖场+传播性，这是前沿性角度的思维角度。

第二个方面，领先性。当前互联网文化产业的特色，是"IT男"真正在赚文化产业的钱，原本做文化产业的人都在为"IT男"打工。为什么呢？因为我们很多"美丽的女生"只关注内容，不关注平台和技术。没有大平台，没有领先的大技术，很难在文化产业中做到领先。面向未来的文化科技跨界融合，才会有更多的机会。把独家内容与某种技术的领先性结合起来，才能寻找到真正的机会。

第三个方面，整体性。中国最大的市场机会就是家庭消费。例如，当前我国的电影市场主要是针对18～28岁的年轻人，我们设想一下，如果让所有人都来看电影的话将会怎样？这是不是一个巨大的盈利空间？例如《芳华》这部电影，年纪大的人也贡献了很多票房。家庭消费具有双重顾客的特征，当前的电影，在内容上更倾向于年轻人，相当于把更多的电影消费者清理出市场。孩子与家长都喜欢的电影，才是未来的方向。

第四个方面，品牌化。无形资产对很多人而言，真的很无形。很多人只是在做项目，而没有给自己的企业打造品牌。任何项目的成败，都涉及各种市场因素。如果只把精力放在项目上，有时候赚了钱，有时候不赚钱，那么十年下来可能什么积累都没有，所以必须用企业来积累项目带来的各种资产。企业的积累包括有形资产，也包括无形资产。如果企业重视无形资产，注重自身的品牌建设，那么企业就能创造自身的整体价值。想办法把品牌做好，做出知名度、美誉度、影响力。例如"美图秀秀"现在没赚钱，但是估值几百亿元，这就是企业整体价值，是面向未来的商业模式。它的价值在未来，不在当下。

综合以上的分析，我们可以看到，自主性最重要。什么是自主性？例如"一条"，它虽然基于微信公众号、优酷视频、土豆视频、腾讯视频、新浪微博等平台，但事实上开创了自己的小平台，创立了自家的IP品牌。当前移动时代的文化产业，都绕不开BAT作为基础平台，但是只要拥有自家IP品牌，就有了自己的未来。这个自家IP品牌，一定要自己建设，不是买来就可以的。为什么？因为一个IP其实由四个部分构成：故事IP、形象IP、产品IP和企业IP，买来的IP只能浅层开发，是有可能IP失灵的。如果是自己的，才可以不断深入孵化，最终在企业层面实现无形资产的累积。例如，迪士尼自身就是IP孵化的载体，它不断地更新内容，演化所有的形象，从而不断地通过产品让其所有的IP更加深入人心，渗透到我们家庭生活中。

只有深入研究移动互联时代的文化产业商业模式，才有可能透过现象看到本质，从而建立符合未来的文化产业商业模式。

陈少峰

2019年8月

　　如今的时代正持续处于生活方式移动互联化的历史性变革之中。确保企业持续盈利的商业模式，必须从更广阔的层面去建设，必须关注四个情况的变化。对这四个情况的关注，构成了本书的叙述结构。

　　第一个情况，必须从三个层面把握"商业模式"。具体商业模式的建设，当然需要遵循产业、行业、企业经营三个层面的经济规律。在过去，文化产业的格局与模式是相对稳定的，因此只需要关注行业甚至只需要关注企业层面的商业模式建设即可。但是，互联网科技这种渗透性生产力，正在改变人类生活的全部方式，时间与空间都在被重塑，文化产业本身也正在发生革命性变化。不仅传统文化产业被卷入互联网世界，而且新兴的文化产业领域不断涌现。当代文化企业的生存，必须从产业的层面重新再定位。因此本书分为三大部分：上篇讨论如何把握新常态，从移动互联时代的视角重新审视文化产业；中篇讨论如何把握文化行业的根本特征，解析文化行业商业模式的内在运作机理；下篇讨论文化企业类型在新时代下的可能性，分类解读不同行业文化企业自建商业模式时需要关注的核心问题。

　　第二个情况，必须重新审视文化产业的领域与可能性。移动互联带来的跨界融合现象，不仅仅让传统文化产业不得不被融网，而且，文化产业的领域闯入了大批"新兴力量"，整体全面被重塑。类似科技的生产力属性，文化同样具备渗透性，文化与移动科技的结合，决定了文化产业链的基本模式，全系统思维与娱乐综合体成为必然。不是所有的文化都可以被产业化，但是在移动力量的影响下，各种原本非文化领域的传统产业被重塑，商业模式开始文化化。文化产业进入全产业链时代，企业核心竞争力必然体现为独特的商业模式。因此，想要把握文化产业层面的商业模式，需要掌握移动生存的思维、文化产业的经济本质、商业模式的核心竞争力效果、全产业链的中国式生态、时代的挑战命题，以上是上篇的五大主题。

第三个情况，必须关注文化行业构建商业模式的内在机理。没有盈利模式就不存在商业模式，但是盈利模式绝不是商业模式，商业模式需要不断在实践中升级。企业在行业中竞争，进行二次创业是必然的。在文化行业中提升竞争力，本质是对"内容为王"规律的把握，商机决定了行业模式成立的根基。在运营中，掌握文化行业价值观治理的本质，动态打造生命型文化企业，玩转"软实力、全系统、创意产品"几大要素，就能在行业中谋得发展。以上是中篇五个章节的主题。

第四个情况，必须重新审视移动时代文化企业的商业模式特征。移动时代不仅仅将企业经营数字化，这种数字化同时还重塑企业的属性，不同属性的企业，商业模式各自不同。在移动时代，企业类型不仅仅可以被条块化分类，而且可以从满足社会需求的角度审视，它们彼此构成金字塔式的层级式类别关系。最广泛存在的企业类别，是全媒体式生存的企业。这类企业要么被"去中心化"，依附于垄断企业周边，遵循着"小而美"的时尚规律而存活，要么自己完成强中心的蜕变，成为其他企业的平台。与这类企业不同，正在兴起的是依赖新教育生存的企业，这类企业本身泛中心化的生存需求，与全媒体行业彼此互补，相互融通。同样正在兴起的泛体育企业与大旅行企业，也各自拥有强大的潜在发展机遇。但不管这四类企业如何不同，整体上都遵循全产业链的生存之道，从线上向线下延伸，多角度构建自身的产业链生态。这是下篇五章的主题。

从总体上看，当前移动互联网时代的商业模式，都在面向未来，以未来为导向构建企业自身现在的商业模式。价值观导向与治理，是文化产业商业模式的根本与核心。

黄向军

2019年8月

目 录
Contents

上 篇　　**新常态：移动互联时代的文化产业**

第一章　文化产业的移动互联生存 / 002

一、移动时代的文化产业化 / 002

二、互联网思维新常态 / 006

三、平台与内容之争 / 010

四、文化产业的变动与整体转型 / 014

五、互联网文化产业商业模式新趋势 / 017

第二章　文化产业的传统基石 / 022

一、文化多面体 / 022

二、文化产业与文化 / 026

三、影响力产业 / 029

四、活动经济与文化底蕴 / 033

五、从文化创意到文化产业 / 037

第三章　商业模式与核心竞争力 / 042

一、商业模式与经营的本质 / 042

二、商业模式的关联要素和选择 / 047

三、有竞争力的商业模式 / 050

四、企业的核心竞争力 / 054

五、商业模式的战略性变迁 / 058

第四章　文化产业的全产业链生态 / 063

一、产业链全系统化态势 / 063

二、全产业链时代 / 068

三、娱乐无边界 / 072

四、全产业链生态的土壤 / 076

五、平台为王的全系统实践 / 080

第五章　传统企业的文化生存危机 / 085

一、文化是渗透性经济力量 / 085

二、借文化创意提升传统产业 / 089

三、企业移动时代生存之道 / 093

四、顾客导向的基础性思维 / 097

五、主流消费群体的变迁 / 101

移动互联网时代文化产业商业模式

中 篇　**价值观：文产商业模式的解析**

第六章　商业模式的基石与思维 / 106

一、商业模式的基本架构原则 / 106

二、企业的"六把控"与"七阶段" / 110

三、商业模式的特征与战略性思维 / 114

四、塑造商业模式的思维要素 / 118

五、商业模式的升级与全系统思维 / 122

第七章　商机决定文化产业模式 / 128

一、市场特点决定文化产业商机 / 128

二、数字文化产业的新兴 / 133

三、内容为王的趋势 / 136

四、合理的主营业务 / 140

五、文化产业的模仿与创新 / 144

第八章　价值观治理决定成败 / 149

一、行为的价值观基石 / 149

二、人心的价值链决定产业链 / 153

三、治理结构决定管理过程 / 158

四、价值观结构的纠正治理 / 163

五、基于工具性美德的能力 / 167

第九章　打造生命型文化企业 / 173

一、基础型商业模式及其延长 / 173

二、品牌价值基于商业模式 / 178

三、文化产业商业模式的动态创新 / 182

四、企业的战略升级 / 186

五、生命型企业的打造 / 190

第十章　文化产业经营之魂 / 195

一、软实力之道 / 195

二、泛娱乐主义 / 199

XIII

目

录

三、全系统思维 / 203

四、明星制经济 / 207

五、创意产品化 / 212

第十一章 文化企业的动态经营 / 216

一、从可行性到定位 / 216

二、从创意到产品 / 220

三、文化企业的责任 / 224

四、企业文化内部生态圈 / 228

五、文化企业的驱动 / 232

下 篇　**全系统：文化产业商业模式的构建**

第十二章 数字时代商业模式构建 / 240

一、行业文化商业模式总方向 / 240

二、传统文化及关联企业的转型 / 245

三、跨界融合的数字化生存 / 248

四、文化企业商业模式的构建基础 / 252

五、新行业类型及通用生存工具 / 256

第十三章 全媒体型中小企业的生存 / 263

一、全媒体行业的生态构成 / 263

二、时尚产品是经营的核心 / 268

三、奢侈品背后的商业逻辑 / 272

四、时尚商品的运营模式 / 277

五、全媒体行业的泛视频营销 / 281

第十四章　新教育型商业模式 / 287

一、知识付费与新教育行业 / 287

二、新教育行业的内容创新 / 293

三、新教育行业的平台经营 / 297

四、新教育行业的周边领域 / 301

五、新教育企业的创业 / 305

第十五章　泛体育是一门好生意 / 310

一、泛体育行业的产业链 / 310

二、泛体育内容企业的要领 / 315

三、泛体育平台企业的特征 / 321

四、泛体育周边企业的机遇 / 325

五、泛体育企业的运营 / 328

第十六章　大旅行的商业模式 / 332

一、文化旅游与活动经济 / 332

二、文化旅游与文化地产 / 336

三、城市开发与旅游业重塑 / 340

四、大旅行产业链的构成 / 344

五、大旅行企业的实践 / 348

新 常 态

移动互联时代的文化产业

文化产业的移动互联生存

文化产业正在发生着巨变。正如报纸不是书籍的简化，电台不是报纸变成了声音，互联网文化产业是整个传统文化产业之外的新兴领域。以高科技为根基的互联网文化企业展现出了强大的竞争力，伴随着政府的大力推动，整个文化产业不断在跨界、融合，也不断被跨界、被融合。平台为王的"无边界"商业模式，让文化产业已经正式升级跨入移动互联网的新时代。

一、移动时代的文化产业化

互联网公司不是IT公司。正如书籍是基于印刷科技的应用，虽然出版社需要印刷厂支撑，但是出版社不是印刷厂。科技的迅猛发展导致传统IT公司迅速让位给互联网公司。互联网公司虽然基于计算机高科技的应用与支撑，但它的社会文化属性，不同于IT公司的高科技属性。

1.互联网公司取代IT公司

在过去的2000—2010年的十余年间，IT企业是传统经济下计算机高科技公司的中坚代表。但在当前，纯粹的IT企业事实上开始消亡，现有的互联网公司包含着IT企业，而大部分IT企业做不好互联网。

（1）互联网企业重塑人类产业格局

IT企业只能靠IT赚钱，而互联网企业不仅能靠IT赚钱，还能赚所有生活方式的钱。现在大数据服务的人才不是拥有技术就可以，他必须到一个互联网公司去工作才有数据可处理。互联网公司已经包括了IT企业，这是一个新的产业格局。

大多数互联网公司现在都蒸蒸日上，而IT企业现在都面临着转型，它们在互联网上已经无能为力了。传统企业找一家IT公司来做服务并不算是实现了"互联网+"的工作，只有IT服务是不够的，IT公司只是熟练使用互联网工具，但并不精通互联网。IT企业自身难保，传统企业在互联网上的商业模式必须自己找。

"互联网+"需要企业自己先成为互联网达人，再去"+"原来的东西，再去"+"别人的东西。"互联网+"不是乱加，一定是精通互联网之后再去加，否则加不了。当然"互联网+"是基于技术的，"互联网+"是某种生活方式、某种生意和技术捆在一起，这意味着随着技术的进步，"互联网+"的社会现实让企业始终面临变革性的高风险，譬如微信在2016年年中估值1100亿美元，如果有人弄出一个更好用的互联网平台和微信竞争并赢了，那可能微信估值很快就只剩下20亿元人民币了，没有谁的生意是永远保证赚钱的。

（2）互联网企业重塑社会生活

这个结果是人类社会科技进步的必然，科学技术是一切经济领域的变革性动力。今天的互联网已经全面渗透到人类社会的方方面面，任何产业都必须拥抱互联网。更重要的是，中国网民的生活已经接近于全面的"网络化"了。

互联网已经深入人们生活的方方面面，网络应用改变了大众生活的面貌，除了传统的消费、娱乐，在移动金融、移动医疗等新兴领域，各种移动应用多方向地满足着用户上网的需求，推动网民生活进一步"网络化"，可以说，人们日常生活的任何一部分都难以彻底排除互联网的渗入。随着技术的快速发展，除了智能手机，远程教育设备、远程医疗设备、无人驾驶飞机和汽车等，都将逐步变成以互联网为平台的终端。

互联网正在重塑人类所有的行业和全部的生活方式。所有行业正在"被"套进来，大家发现，我们的生活方式正在随着技术发展而发生时代性的变化。

2. 文化产业新经济巨变与思维变革

时代整体转型的质变发生在2014年6月，因为截止到这个时间点，中国手机上网比例首次超过传统PC上网比例。[1]移动互联时代早已悄然来临。

（1）移动时代正式君临天下

一般民众对于2014年6月并不会有太深刻的记忆，这不过是高科技正常发展从量变到质变的自然变化罢了。但是，科技作为一种"生态环境"，它对经济生活的影响是根本性的。正如固定电话与移动电话完全是两回事，传统因特网和移动互联网，同样是不同的两大领域。在2014年6月，移动互联网开始超过传统因特网成为主流，这意味着，包括文化产业在内的各种产业，在不知不觉中也被科技推动着，正式跨入了移动时代。

在文化产业领域，2014年当年就有1600亿元的资金涌入，平均每6天就会出现一起并购案，传统餐饮企业、地产企业、互联网企业都在并购文化企业，寻觅商机。文化产业内部结构变化显著。各种互联网新兴文化产业业态不断诞生，而且已经从市场的配角变成主角。文化产业的业态、格局发生了根本性变化，甚至其最基础层面的商业模式都在变。移动互联网超过传统因特网，互联网上的文化产业超过传统文化产业，这是时代性的巨变。移动互联生存，这是趋势，这是核心，这是根本。对传统企业来讲，不移动就等于等死。

（2）互联网思维的移动化与具体化

传统文化产业的从业人员，转换传统思维、拥有互联网思维，是互联网

1　中国互联网络信息中心.第34次中国互联网络发展状况统计报告[EB/OL]. http://www.cnnic.net.cn/hlwfzyj/hlwxzbg/hlwtjbg/，2014-07-21.

时代生存的必备前提。互联网思维是完全区别于传统思维的，就好像过去在普通马路上骑自行车，现在突然骑到了高速公路上，我们作为骑车人，传统的骑车思维需要立刻更换为高速公路骑车思维，否则就会发生很多很致命的问题。

互联网思维是具体的，并不是抽象的，它必须与我们具体做什么相匹配。也就是说，互联网思维与我们的行动同体共生，我们做着什么，对应的互联网思维就有了。

换句话说，互联网思维不是只存在于头脑中的思考，它是基于我们所做的事情才能形成。动态地看，首先我们选择行动模式，进而互联网思维随着行动"伴生着"跟上来——这种互联网思维才是实用的，才是现实的，才是实践中诞生的智慧。

对于文化产业发展真正实用和有效的互联网思维，需要基于互联网的具体动态特征与主要功能研究才能把握。

3. 互联网文化产业独领风骚

互联网文化产业构成数字文化产业的主干，其发展速度远远比传统文化产业要快，它以互联网作为平台，平台为王是其最大的特点。比如中央电视台赚的钱比做内容节目的企业多很多，互联网上的文化产业也一样，做平台的一方基本上赚钱相对多，做内容的一方赚钱相对少。

（1）互联网公司的文化产业化

互联网是一种生活方式，随着互联网技术的发展，互联网公司不得不介入文化产业，它们已经开始由IT高科技公司发展成为事实上的文化企业。像腾讯、百度，都是典型的文化企业，因为，腾讯的主营业务是游戏，百度的主营业务是广告，淘宝网则像是线上的产业园在孵化各种店铺。

这些平台性的公司不仅做数字文化产业，还涉及其他行业，如网络零售、金融等各种各样的服务，今后会形成同质化的大型平台集团。所谓同质化，就是企业经营范围都一样，现在都在做网络文学、游戏、广告等，接下来还会做金融等。

对传统文化产业而言，在移动互联时代发生的最重要的事情，不是自身如何发展，而是自身能否生存，因为整个移动互联网都开始将文化产业化，传统文化产业的业务很多是可以被替代的。

（2）整体市场价值与互联网文化产业的新时代

就整个文化产业的市场价值看，数字文化产业占整个领域超过70%的份额，这里所强调的市场价值不是指营业额，而是综合的整体价值。例如，玩具企业有1万亿元的营业收入，数字文化产业只有1000亿元的收入，但是在资本市场上，数字文化产业1000亿元的收入，对应的市值是玩具企业本身销售额的几十倍，这才是真正的整体综合价值。

数字文化产业包括与互联网和移动互联网有关的部分，另外还包括数字影视和一些与数字化体验相关的部分。例如，中国移动主营业务的收入有1/3来自数字文化产业，宽带服务的60%是服务于数字文化产业。本质上，三大电信运营商都早已变成了传媒集团，它们要么是给数字文化产业提供服务，要么就是以数字文化产业作为主要的收入来源。

这种变化早已是全球共同的经济趋势。在全球范围内，电信企业中的文化内容产业收入比重已经超过话音等传统电信业务，另外，传统的话音服务将持续萎缩。文化产业将成为电信企业的主营业务，电信企业都将随着技术的发展和使用而转变成为传媒企业。

移动文化产业时代已经来临，今后很多创业的领域、发展的领域都会与数字文化产业有关系。

二、互联网思维新常态

文化产业所基于的互联网生态环境，呈现着一些与传统环境明显不同的区别。在这种区别条件下，反思我们的互联网思维如何具体调整，才能让新思维顺应这种区别的变化，这才是实用的互联网思维创新。

1. 无边界的真正规模效益

互联网真正能够实现规模效益。在传统经济条件下我们曾经谈论过的规模效益，在很多情况下是受物理世界条件限制的，并不能无限规模化。传统经济存在着"边际收益递减律"这种经济学事实。比如报业，一张报纸的盈利主要靠广告，传统印刷纸张是有成本的，报纸印量达到一定印数之后，如果继续加印，印得越多就亏得越多，所以传统媒体没有真正的规模效益。从这个角度看，很多传统行业，包括传统百货业也没有真正的规模效益，开得太多以后就反而亏了。

然而在互联网上，边际成本必定增加是不存在的，边际成本只可能递减，规模效益持续化了、永久化了，这就是真正的规模效益的基础。而且，互联网是无边界的，公司能够做到多大谁都不知道，比如说互联网上随便一个卖场，都远远超过一个传统百货店，它能够扩大到多大的规模谁都不知道。这是互联网规模上更重要的效果。

互联网的规模效益规律使产业的集中度发生了重大变化，在这种变化下，市场当中就可能出现少数的巨型公司，而且这个巨型公司还在不断扩张，这是互联网文化产业的"新常态"。当然，"新常态"是针对传统产业来讲的，互联网一直就如此发展，不是现在才"新"成了什么常态。互联网巨头BAT的市值每年增长30% ~ 55%，这是一直如此，并不"新"。只不过，这种情况对文化产业整体而言，是随着互联网的发展开启了新时代，是面临着巨变后的"新常态"。

互联网的这种特点，给当前涉足互联网的企业的经营带来了战略性的影响。如果是提供一种平台服务的企业，其成长性就很好，如果是仅仅专注于内容提供的企业，有时候可能就亏得很多。很多人简单地把淘宝和京东看成同一类企业，事实上，淘宝是百货商场，提供平台；京东则是卖百货的，专注于内容。两家根本就是完全不同的商业模式。基于此种影响，不同的商业模式应当对应着不同的互联网思维，淘宝与京东两家的互联网思维完全不同。

从趋势上看，互联网产业集中度只会越来越高，因此企业在运营上务必关注规模的增长。综合的规模越大越好，能够在所有的领域都很厉害当然最好不过，如果做不到，就要努力成为行业细分的龙头，这是一个基本的趋势。在互联网上如果没有达到一定的规模效益，不管有几家融资、融几轮，最后还很可能破产。包括很多已经扩展到一定的规模、已经融了几轮的企业，其实仍然处在危机当中。只要投入的钱足够多，就能砸出比现有规模更大的规模。因此，关注规模的同时，也不能仅仅单纯看重规模效益表面上的比别人大，单纯的规模实际上没有核心竞争力——除非有别的要素支撑。

这是互联网经济跟传统经济的第一个重大区别：真正的规模效益。

2. 从竞争走向合作

互联网经济不同于传统经济的另一个巨大区别是，传统经济以竞争为主流，互联网经济以合作为主流。现在在互联网上经营的公司，如果它的竞争对手是BAT，那它往往没啥了不起，但如果它的合作对象是BAT，那么公司的价值立刻就会上去。如果有竞争对手，说明企业的价值不高，如果有合作伙伴，说明企业的综合价值够高。

互联网经济区别于传统经济呈现出了一种新的形态：企业的并购更频繁。但是，这种并购不一定控股。比如百度提出的与企业合作并不控股，甚至百度把资源拿出来合作，让原企业继续控股也可以。BAT现在最主要的目的就是为了合作，快速形成一个资源的联盟，因为这种并购模式能使资源的整合、结合速度更快。甚至从2015年下半年开始，BAT三巨头所属的企业之间也进行合并，快速形成了行业新的垄断性地位。互联网上的BAT等大公司，只要有钱就开始做投资，总是努力把别人圈到自身的势力范围之内。

投资成为整合资源形成平台联盟的一个重要手段。投资、并购的目标并不是像传统经济那样要求控股，传统控股的企业垂直管理结构关系是控制型关系，互联网投资并购则是把人才和资源都吸引进来形成分发型关系。分领域的业务仍然由原企业做，只不过原企业变成大企业的利益关联者，变成自家人。巨头面对创业型中小公司，可能有两种并购方式：其一，等该公司做到一定程度的时候，巨头投资；其二，巨头直接请人才来开创。比如腾讯的众创空间，可能既做众创又做投资，谁做得不错就投资，到处撒钱，这是通过投资圈地，与传统经济完全不同。

3. 企业间关系结构的质变

传统经济下集团内部公司间构成母公司、子公司关系，互联网时代企业之间则构成扇形结构关系，某些业务继续竞争，某些业务则开展合作。例如，马云的阿里巴巴与马化腾的腾讯之间就是如此，"两马"很明显是竞争关系，但在有些领域又明显在合作。

企业集团内部更是如此，整体呈现为舰队化：好几艘航空母舰，上面有飞机群，下面有潜艇群，周边有各种类型的护卫舰，开展综合的舰队式的竞争。当前企业运营只打造一艘航母是不行的，一艘航母在太平洋中就是靶子，只有配备一群导弹驱逐舰、很多潜艇、各种反侦察飞机及航母群的新的企业集团结构，才能在互联网中生存。企业集团的公司之间可能不再是垂直的上下级关系，而是一种联盟式的关系，类似科技联盟。甚至如同美国、英国的航空母舰临时形成一个新的舰队，企业之间通过并购加上资源整合，不断组合而形成关联。这是互联网时代区别于传统经济的重大不同。

这种情况带来的结果就是经济组合变化速度很快，如万达把它的电影院线合起来，再通过并购，可以快速成为中国最大的电影集团。马云也正在把电影与产品不断结合，做成电影集团之一。马云与电影院合作开发衍生品，与明星合作卖电影衍生品，一夜之间盈利规模就超过许多传统电影公司，传统电影公司票房不过十几亿元，一个衍生品如果卖得好也会达到十几亿元。

三、平台与内容之争

相对于电视、广播、报纸、杂志四大传统意义上的媒体，互联网出现之后，其信息互联的特征一度让人们认为互联网就是"第五媒体"。这是一个重大的误解，但是这也反映了互联网的主要功能。

1. 平台与新媒体

从功能的角度看，互联网从根本上可以说是一个平台。

（1）平台不是渠道

传统经济领域中有"渠道"的概念，但是渠道与平台是有区别的。渠道用完以后可以甩在一边，渠道是可以摆脱的。平台与渠道完全不同，平台是把渠道构建升级，让它变成一个盈利的模式。构建平台的途径很多，可以通过技术构建平台。例如，百度用技术来做广告；也可以通过零售活动构建平台，例如马云的淘宝；还可以通过娱乐活动构建平台，例如腾讯的游戏。

（2）平台撑起新媒体

平台就是资源整合，它可以进行信息传播，也可以进行交易。平台进行信息传播和推广就是新媒体，但平台不仅仅可以进行信息传播和推广。

新媒体的特征就是无边界的平台，这是与传统媒体最大的区别。传统的媒体都是有边界的，传统报纸仅仅几篇文章就可以让读者满足，而互联网上必须有海量的内容，否则就没人到这个平台上来。即使是头条也要无数的头条，而不是一个头条。信息技术支撑体系下出现的媒体形态，如数字杂志、数字报纸、数字广播、手机短信、移动电视、网络博客、桌面视窗等，均可以只纳入一个互联网平台。

特别需要强调的是，平台与媒体是重叠的，平台把新媒体包在一起，信息传播仅仅是平台的功能之一，资源的交易是同步的。传统媒体人做互联网，仅仅把互联网做成传播是不够的，必须把媒体以平台思维运作才能盈利。传播性、娱乐性、互动性等，都需要考虑。新媒体是平台，但平台不是新媒体。

2. 平台与内容

互联网平台本身具备传播性，互联网生存需要关注内容与平台这两个不同的领域，这也是互联网文化企业展开竞争的主要场所。

（1）两种竞争策略

对于互联网文化企业而言，内容和平台都十分重要，但在实际竞争中，不同的企业具备不同的竞争优势，有些企业在内容方面做得比较好，另一些企业拥有强大的平台优势。因此，互联网生存有两种类型，其一就是自身的东西是独家的，别人无法取代，注重内容；其二是模式成功，即自身的规模比别人大，注重平台。

（2）独家依赖于创意

独家方式是互联网时代中小企业生存需要多加考虑的重要思维方式。传统模式下的竞争，其影响因素更多，企业成功的数量更少。在互联网时代，凡是用钱可以解决的模式，基本上都面临淘汰，因为用钱能解决意味着别人也能解决。比如百货公司，传统情况下占有地段优势，现在在互联网上可以马上就开一家更大的、更加重视质量、独家的产品和商业模式，这是互联网思维创新需要关注的重点。

独家意味着创意的重要性。传统设计公司给别人做设计、做创意，在互联网时代，设计公司已经开始为自己设计，然后共同为设计投资，共同营销，或者完全独家设计、独家销售。当然，独家还需要有号召力，产品要有吸引力。我们可以预测，未来市场上最有竞争力的可能就是衍生品，因为有明星代言，只要进行独家设计，再加上影视传播，会有巨大的市场空间。

（3）规模造就平台

在无边界的互联网上，谁的规模大谁的生存力就强，这就造就了"平台为王"的商业模式。平台有两种：一种是只做平台不做内容，内容是别人的；另一种是平台上的内容全部或一部分是自己的。BAT三巨头是超级平台，现在也开始做游戏等各种各样内容方面的业务。国内很多视频平台都开始投资网络剧、投资大电影，如同美国的视频网站Netflix摄制《纸牌屋》一样，它们开始做自己的网络剧。相比较而言，当前最好的商业模式是"自有平台+部分自有独特内容"。

3. 整合的时代

互联网上无边界的大平台，以互联网为纽带，以移动为终端，正在全面重新构建整个社会的生活。企业需要关注O2O建设，同时也要关注内容与平台的融合。

（1）线上与线下的整合竞争

线上与线下是互联网文化企业的两块竞争领域，而互联网文化企业的竞争策略就是把线上与线下整合在一起进行竞争，可以说互联网文化企业的典型特征就是对线上与线下两大领域、两块平台的整合。

移动互联网的成熟在技术上使线上与线下之间的互动成为可能，即时消费非常方便。在线上进行营销、宣传、推广，然后将客流引到线下去消费体验，实现最终的交易。在交易完成之后，线下的用户再通过线上平台反馈消费体验，并且在线上交流，从而实现了由线上到线下再返回到线上的整个营销过程，这被称为O2O模式。

传统的文化产业缺少线上平台，互联网文化企业必须懂得把线上和线下两个领域整合在一起，作为统一的竞争资源。

（2）平台为王与内容互补

在一般原理上，文化产业的产业结构都以内容来体现。所谓的内容为王，就是说内容创意生产是最主要的价值源泉。不过，在中国，由于文化政策和文化管理机制的制约，现在的现实状态是平台为王，即传媒的传播控制力为王。

但是任何互联网文化企业都不可能只做内容或只做平台，而是平台与内容均有涉足。因为没有平台，内容就不可能得到展示；没有内容，平台也不可能吸引人们参与。内容与平台是不可分的。

不同的互联网文化企业在内容与平台二者上的优势是不同的，有的企业内容做得好，有的企业平台做得好；所以，最佳的竞争策略是首先要占有一个内容或平台优势，然后再尽可能弥补自己另一方面的不足。就是说，企业可以凭借自己的优势内容寻找合适的平台伙伴，也可以凭借自己的优势平台吸引好的内容。总之，互联网文化企业必须至少占有内容与平台的一方优势，如此才能生存发展。

（3）"旗舰式"的集团化竞争

BAT这三家互联网公司占据了中国互联网文化产业的主导地位。这三家公司已经算是文化企业。百度的广告收入占总营收的85%；腾讯的游戏收入占总营收的54%，广告收入占8%左右；阿里巴巴收购了很多文化公司，成为中国目前门类最齐全的文化企业，从数字电视到网络视频、电影、体育、艺术品拍卖等，阿里巴巴的平台无处不在。

这三家公司作为强势的互联网公司，利用自己的资金优势和互联网平台开创出新文化产业领域，占有了互联网文化产业的主要市场份额，截至2017年3月，BAT三家公司总市值超过4.1万亿元。互联网文化企业的竞争格局是BAT三家公司独大。除了这三家公司，其他企业都属于中小型企业，只占有某一个领域的市场份额，根本无法与BAT进行同类竞争。当然，腾讯和阿里巴巴正在逐渐拉开与百度的距离，TAB的格局开始成型。

现实中，这三家主要的互联网文化企业通过并购、入股等方式不断扩大自己的经营范围，只要某一家企业有好的创意，并且具有市场前景，这三家企业就可以凭借资金优势收购它。事实上，小型企业也十分愿意被BAT等大企业收购，因为这可以解决小企业的资金困难问题，依托于大企业也有利于业务的快速扩展。

也就是说，对于BAT而言，它们收购了很多中小企业，从而组成了大的企业集团；对于这些中小企业而言，围绕BAT为核心展开自己的业务将有利于市场成长。

四、文化产业的变动与整体转型

移动互联网让文化产业焕发青春成为新兴产业，整体发展都处于剧烈的变动之中，其变动速度远高于传统产业。

1. 文化企业大变动

在整体变动中，文化产业"王者通吃"的态势正在逐渐突显。电影、电视、游戏、动画、搜索技术、音乐下载服务、艺术拍卖、手机内容网络等领域的前十位规模化企业，将占据80%以上的市场份额。随时关注行业的发展态势是众多文化企业的必修课。

（1）传统的媒体受到时代冲击

互联网是无边界的。比如，理论上百度可以发布无数的广告页面，广告数量可以无上限，这就是平台的效果。从这个角度来看，传统媒体对抗互联网平台就像冷兵器对抗热兵器。互联网无边界的意义体现在：其一，无边界意味着信息需求巨大，这要求数字文化产业要有足够的规模，要有海量的内容；其二，无边界也意味着信息过剩，这需要专业化、做得很细才有信息价值。

规模加专业是互联网对新媒体的要求。今后传统媒体如果要转型，主要的道路就是需要品牌化的内容。也就是说，要拥有别人不可替代的传播内容，例如，电视的黄金栏目、大型的选秀节目等，当然，电视剧也是将来电视台竞争生存的主要空间。

（2）文化企业的两极分化

面对互联网的冲击，有三种公司会倒闭：一是依赖政府资源的企业；二是传统的企业；三是机会主义者的企业。比如，中国的艺术品市场和国外艺术品市场的特点不同，在中国普通大众没有购买艺术品的消费习惯。很多中国画廊大多是机会主义者，所谓机会主义者，画廊只是把别人的画挂一挂，什么运营活动都没做。

各类文化企业可以通过并购获得快速发展。世界主要文化企业都是通过并购成长的。从2013年开始，大的公司都在不断并购，特别是腾讯和百度等数字文化产业公司，这导致企业两极分化：有一部分企业萎缩了，其中一部分企业倒闭了；有一部分企业上市了，并且不断并购，公司规模越来越大。

互联网企业形成了舰队式的结构。腾讯的市值2017年3月超过2700亿美元，比现在中国所有上市传媒公司的市值总和都大。按这种发展趋势，不应排除将来有很多互联网企业将达到1万亿元规模的可能性。

2. 产业融合与政策导向

从2014年开始，跨界融合成为文化产业的关键字之一，这种趋势，是行业性的整体转型与变革。政府在这个过程中的政策支撑也成为产业变动与转型的影响因素。

（1）互联网创意的全领域跨界融合

跨界融合是文化产业发展的一个新领域。数字互联网文化产业挑战传统文化企业是经济层面的内在推动力。

跨界的发展需要精通若干个领域的专业特点，以及需要探索跨界领域的商业模式。这种跨界的力度会使整个文化产业领域进一步发生变动，许多传统非文化产业领域开始越来越具备文化产业的特征，比如共享单车开始进入广告业，点广告就可以免费骑车。

重视文化和文化创意的战略性策略，对所有企业都开始具备推动作用。现代经济发展开始全面需要文化的支撑，有时需要文化作为载体，有时需要文化作为产品的素材，有时需要借助于文化激发创造的力量，这些都是提升经济附加价值的要素。此外，部分文化内容的产业化更是一种解决产品供过于求的推动经济持续发展的驱动力量。

（2）文化创意催生新经济模式

文化的功能不再只是一个"踏板"，"文化搭台、经济唱戏"开始变成"文化唱戏、经济拉弦"。首先，文化本身就能唱好戏，比如，一部《阿凡达》电影的综合收入有600多亿元人民币；《哈利·波特》系列图书有200亿美元以上的收入，其作者罗琳到2017年1月收入已经超过12亿美元。其次，文化与其他经济领域融合可以共同唱戏。产品的创意设计和文化元素，不但可以提高产品的文化内涵和品位，而且附加价值也能够大大提高。例如，美国苹果公司依靠产品设计和把握IT文化潮流，在过去8年里股价提高了几十倍。

事实上，在移动互联网技术的支撑下，文化产业的跨界融合正在改变整个人类的经济模式。这是一个充满风险与机遇的时代。

（3）跨界融合的政策导向与市场化

跨界融合由政府层面大力推动，从2014年3月17日《国务院关于推进文化创意和设计服务与相关产业融合发展的若干意见》起，一系列政策持续推出，文化创意和设计服务产业化、专业化、集约化、品牌化发展以及文化企业经营，都受到重大影响。

文化产业企业的市场化程度越来越高。由政策导向过去的改变为面向社会、面向市场、面向人民的新"三个面向"，市场呼唤不做商人做企业家、符合产业趋势拥有商业模式、承担社会责任的"三好企业"。

3. 文化产业的变革

技术变动极大地改变了文化产业的商业模式和消费形态。以音乐为例，2010年中国移动的音乐下载收入达到200多亿元，已经远远超过音乐演出和唱片（含盗版唱片）带来的整体收入。

过去的变化可以说是小打小闹，比如彩色电视机取代黑白电视机，生活质量提高了，但电视还是要看的。现在则不同，移动互联网给社会带来的变化，不仅仅是技术的改变，而且是生活方式的改变。人们生活方式一旦全面转向之后，相关的产业模式也会发生革命性变化。比如随着互联网的发展，现在看纸质书的人越来越少了，取而代之的是刷微信、上微博或者看视频，销售图书的实体书店的生存就岌岌可危。百货商店的营业额在下降，成本在上升，不转型就会倒闭。

对于文化产业来说，青少年是主流消费者。随着青少年生活方式的变化，许多传统演出行业都受到了巨大的冲击。选秀、体验、快节奏的阅读（如曾经的博客和微博）、故事和流行元素等，都通过新的表现形态而风靡一时，并且通过手机打赏等功能，可以带来规模化的收入。适合网络化生存和娱乐的年轻一代，创造出了网络购物、游戏、手机报以及搜索技术企业的巨大收入和可持续增长形态。

虽然人们不愿意看到传统文艺形态的逐渐衰落趋势，但是它是不以人们的意志为转移的。产业变动和维护传统之间经常形成一种冲突和紧张。可以说，在传统文化与现代文化之间、在传统文化元素与现代生活方式之间，既存在裂隙，也存在对接的机遇。关键是，这种对接不应当只是以固守传统为主，而是应以《功夫熊猫》式的利用传统的文化元素来续接过往的成就，甚至以创造性转化来体现传统文化元素的精神。

文化企业的经营者需要理解并立足整个产业的发展趋势，转变思维方式，然后再探索业务，进而探索商业模式，千万不要固守传统的商业模式。特别是在传统领域做得成功的企业，如果再继续一往无前地做传统业务，就很危险。

五、互联网文化产业商业模式新趋势

对于传统的文化企业而言，线上与线下是一种相互竞争的关系，但对于互联网文化企业而言，我们可以看到基本上所有的互联网文化企业都是在线上与线下这两个领域同时展开竞争。当前时代，传统文化产业转型成功与否的核心是商业模式的变革。这也是决定"互联网+"成功与否的关键。

1. 冲击传统文化产业的整体趋势

在当前，信息技术与内容融合推动4C合一（内容、计算机、通信、消费者具有融合趋势），并且由内容驱动硬件增长，形成了巨大的数字文化产业领域。例如，在通信领域，内容驱动发展模式已经逐步成为主流的商业模式。可以说，电信领域已经逐渐转化为传媒产业，在数字文化产业领域需要适应技术的革新和生活方式的变化。

互联网正在改变生活方式，互联网正在改变生活文化，互联网正在成为文化产业。互联网文化产业或者全面冲击着传统文化产业，或者取代线下的文化产业，线上统领线下的格局正在逐步形成。现在电影票几乎都是在网上卖的，网上推广效果很好，只要在互联网上不断推广，电影排片率就会上去。

这是一个"实业+互联网+资本+传统内容创意"的时代：熟悉互联网，与资本对接，把传统的内容、创意与互联网上的很多年轻人需要的东西进行对接。当然，这个过程不是简单的信息化过程，也不是简单地把内容搬到线上，"互联网+"需要精通互联网，然后再做。

互联网不但统领传统的文化产业，而且还在不断地吸纳传统产业好的东西，吸纳优秀人才。互联网领域将来最需要的是耐心做内容的人才，这一点已经开始变得特别重要。传统媒体人跑到新媒体还受欢迎的原因，一定是因为他们继续耐心地做内容，而不是因为他们以前懂传播知识，不学习、不脚踏实地是不会受欢迎的。

2. 互联网重新定义线下商业模式

一般人对互联网的理解是"去中心化"，但事实是，互联网不仅有去中心化的特点，同时也加强了中心化。

（1）强中心化重新定义线下企业行业归类

在传统生活方式下，人们不容易聚会在一起，现在通过互联网，手机聚会不但中心化，而且中心超级大。一般的广场聚集几万人就了不得了，但在移动端可以聚集8亿人在微信上看同样的东西。微信在2017年4月已经汇聚了8亿中国人，成为除了老人与孩子外的所有中国人的"中心"。当前互联网的中心化能力极强，一夜成名、一夜爆款很容易。移动课程、娱乐营销的影响会非常大，互联网的营销今后会以娱乐营销为主，短视频将是营销的重要传播技术。

这种中心化的强势，甚至延伸到对线下产业的重新定性。比如一家咖啡馆不再只属于饮食业，与它结合的线上企业推广传授它的独特美味，它就变成咖啡学校，归属教育业；推广它的独特情调值得造访，它就是旅游目的地，归属旅游业。**现实世界基于虚拟的互联网世界为中心，才能确定自身的真实社会属性。**

（2）商业模式新特征

互联网颠覆了实现利润最大化才是企业成败的根本的传统思维。赔钱也可能是一种盈利模式，比如京东亏了十年，但是每亏一年，市值就上升不少，市值已经超过3000亿元人民币，这就是互联网思维。在传统经济环境下，亏一年就破产了，京东反而亏十年，越亏越有道理。互联网的价值逻辑是：京东通过亏钱可以拥有未来。当然，不是只要亏就正确，有的公司亏了没未来。京东通过花钱抢地盘，花得有道理，因为京东的竞争对手都在花钱抢地盘，一旦京东只想赚钱的话，就没地盘了。又比如与智慧旅游相关的公司，它们本来也是可以赚钱的，但却经常降价竞争，这是它们在重新抢地盘。互联网的价值思维是颠覆式的。

这种思维的关键是：不追求利润最大化，强调追求企业整体价值最大化，因为企业的整体价值比利润更大。

京东等公司追求两个目标：其一是自身的市场地位，其二是在未来的竞争力。不是所有的烧钱都是有价值的，如果烧钱达不到一定的规模效益，或者最后不能具备整合资源的能力的话，就没有价值。京东的价值除了它的规模以外，还在于它背后有腾讯，这意味着京东几乎不可能死，它有足够的资源来一直竞争下去。京东有现在的规模地位，在将来也可能会持续有地位，所以市值比较高。

这种以企业整体价值最大化为核心的经营模式，才是真正的商业模式。并不是企业现在能盈利了就叫有商业模式，越做越好的模式才叫有商业模式。互联网的商业模式特别重视越来越好的企业，而且资源的整合力度越来越大，这种能力就是商业模式的核心。商业模式不是赚钱，而是能力的积累，这是互联网的商业模式与传统商业模式相比的重要变化。

3. 全系统思维与娱乐综合体

当前的互联网平台公司只要什么能赚钱就做什么，外卖可以做到外卖火锅，通常的服装、影视等更不用说。互联网本身相当于一个非常高、非常大的百货大楼，规模越大效益越好，可以什么都做。当一家企业达到类似BAT规模的时候，就能够经营包括金融在内的全产业链。规模不足的企业，则需要关注与超大规模的企业合作，融入对方的全产业链，去做BAT做不好的专业东西。

经过多年的发展，文化产业成为驱动如IT、电信、宽带服务等很多产业的内容引擎已经达到一定的高度，并且正在跨界发展。

互联网颠覆了传统的经济。传统经济需要每个人都专业化，互联网则要求尽可能做很多事情，自己做不了就去买，买不了就去找人来合作，总之要把自己变成一张网、一条链，不能仅仅只做一个环节。在互联网上只经营一个产品可能生存不下去。如果仅仅从一个角度去赚钱，竞争力是不行的，需要尽可能地多样化经营，赚各种各样的钱。以文化创意为基本方法的文化产业或者文化创意产业，是"王者通吃"型的产业，是两极分化突出的高风险、高收益的产业。必须要"平台+内容"，必须要做成产业链，最好是全产业链。

在文化产业领域，产业链上下游之间的关系不仅仅是具体的一个产品与一个产品之间的关系，一个创意究竟可能诞生怎样的成就是很难具体规划其路径的，而且，它的形态也是多变互通的。互联网的这种情况，与区块链的思维颇有相通之处。区块链技术原本是互联网底层技术，并且已经开始引入金融领域，可能是一种未来的共性技术和"基础设施"，"开放"是其根本特征。带着区块链的意识，全系统思考产业链的发展是移动互联网文化产业的基本思维。

从整体上看，互联网正成为一个娱乐综合体。手机曾经都是功能性的，手机以前的主要功能是通话，听音乐是别的设备，现在手机可以实现很多功能。消费者年轻化，口味变动更快，三个月就是一个代沟，这就是我们现在的市场消费现状。互联网本身的产业链很强，处于经济新常态，互联网正在带动文化产业产生巨变。

第一章 文化产业的移动互联生存

第二章

文化产业的传统基石

文化产业的转型变革离不开它的产业基石。历史文化并不能直接产业化，进行基础文化设施建设不等于从事文化产业，个人创意活动不同于组织化经营。在这个产业整体转型的时代，没有可以模仿的现成模式，文化产业的政策制定者、从业人员、经营者，需要深入认识文化产业的内在特性，才具备应对互联网时代转型的基础能力。

一、文化多面体

文化，是文化产业这种经济活动的基础性概念，如果对它不了解，在发展文化产业的过程中就会造成不必要的失误。

1. 文化与文化圈

文化概念涉及广泛的内容，它包含了精神观念、社会制度、生活方式和行为模式等领域的内容，如语言、道德、宗教、习俗、习惯、审美、艺术、文学、法律制度、象征符号、生活方式、思维方式等。其中的任何一种文化形态也都是多样性的。

文化这个词的用法非常丰富，可以含糊着用，比如民族文化；也可以具体指文化艺术，如草根文化、京剧、动漫、先锋派艺术等；甚至可以进一步细分，如动漫可以划分为漫画、动画电视和动画电影等，漫画又可以区分为故事性漫画、批评性漫画、知识性漫画等。而且，人们在使用"文化"作为某个语词的前缀词和后缀词来标示某种文化时，这些概念的意思是不一样的。如文化生活、文化事业、文化产业、文化艺术、文化娱乐以及历史文化、当代文化、精英文化、大众文化、通俗文化、企业文化、酒文化、影视文化等。

有时文化是指"与文化相关"的类别，即不是以文化为主体的概念，而只是包含有文化元素。如"产品质量文化"，主要是指重视产品质量的态度。一些人所谓的"物质文化"，不是有一类物质叫文化，而是指在文化观念指导下创造的物质。本书作者把它称为"文明"而不是文化。

对于涉及广泛领域的文化理念，都必须根据理念持有者的独特文化立场予以区别，如资本主义、共产主义、民主、专制、民族国家、种族、女权主义、后现代文化、印象派、意识流、结构主义、市场化等，这些概念所传达的文化理念，各自可能特指某些价值，也可能泛指广泛的文化内容。

文化的概念在某种意义上有点像知识这个概念，知识的概念范围很广，有真的知识，有假的知识，文化也包括好的文化和坏的文化，我们都把它们叫作文化。总体上来说，我们身上的共性的事物叫文化，除了物质之外，人的精神和生活方式等有共性的事物都叫文化。

有共性的事物是一个历史的结果。这些事物的范围是不一样的，有的范围很小，有的范围很大。比如我们平时讲企业文化就是一个比较小范围的某种共性的事物。而全世界有很多种文化是基本的共性，比如婚姻，全世界的人类都用婚姻的形式来组合家庭，这是文化的共性。当然，不同范围的文化有不同的共性。我们身上共性的事物形成了人与人之间或大或小的文化圈。

共性在文化圈中，其具体形式是彼此有差异性的。比如，我们中国人都过春节，都会用筷子，有很多文化上的习俗都是一样的，这是共性；而同样作为中国人的闽南人，其很大一部分文化和其他地区的文化是一样的，但是也有很多是不一样的。

从人类学家所理解的文化的本质上看，文化是指"人在社会生活中所习得的共性"。这里有两个要素很重要：一个是"人"，一个是"习得的共性"。文化是指群体的文化，一个人的个性不算文化；但是任何个人身上都体现了他所成长的环境中的共同文化特性或者文化要素。文化的群体性特征表明，如果我们拥有共同的精神活动和生活方式等内容，那就是拥有了共同的文化。群体可以大到整个人类，也可以特指特定区域的人群、某个群体乃至某个组织机构的成员。

简言之，群体共性是文化的本质特征。

2. 文化多元与冲突

在群体共性范围内，文化差异性是普遍存在的。

差异性必然导致多样性，这意味着，不同圈子的文化可能会发生冲突。文化中包含着价值观、习俗、惯性、生活方式等构成要素，文化多样性必然意味着价值多元性。就是说，文化的多样性是每一个拥有某种文化的人的基本诉求，不同的人都需要保持自身的文化。

价值多元虽然是一种自然的社会现象，但是不应该被当成一种原则。有些领域里可能不去强调价值多元和文化多元反而会更好一些，因为在很多情况下需要形成共识和凝聚力。比如美国在全国范围内推行英语，虽然也出版很多其他语言的报纸，但是在官方的层面上就一种语言，就像秦始皇当年统一文字一样，这种统一，缓和了美国文化构成上的冲突。

文化的多样性普遍存在于服饰、发型、饮食习惯、语言、思维方式、审美趣味和价值观念等具体形式中，也因为历史、地域、民族、群体、活动等的不同而不同，有时文化的共性突出，有时文化的个性分明。文化要素在不同群体间的差异可能导致冲突，而共同的文化要素也会使他们可以相互交流、相互产生共鸣和亲近感。

共鸣和冲突是文化多元这个同一特性的两面，因此，社会生活要求人们应该具备有助于共同生活的能力，既保持文化多样性，又缓和文化冲突，这就是我们平时讲的文化素质。在古代中国，这就是传统讲的"礼"，设立"礼"的目的就是要和别人减少冲突，寻找共性，文化有差异没关系，至少要有一种行为举止上的共性来化解人们的冲突。

处理文化差异的基本方式是求同存异，例如，各国的流行音乐都有各自的特点，影视的文化内涵和故事主题选择等也不一样，在涉及大众文化的层面上，关注人类共性的产品，更容易畅销全球。商业诉求介入文化，在一定程度上促进了人类文化艺术和文化活动的全球化。当然，由于文化产业对青少年有着深刻的影响，文化产业发展水平和竞争能力处于弱势地位的民族，会产生国家文化安全的危机。

3. 文化的沉淀与惰性

文化的由来可能是具体行为引发的，也可能是心理需要造成的。比如现在结婚的时候，新郎都要租一队婚车队来接新娘以撑场面，就变成了婚礼文化。这是某些人的行为或者某个人的行为，久而久之就变成很多人的行为。

（1）文化的被动形成

社会心理需要也可能催生新兴文化。比如很多宗教就是创造出来的，它利用人们的信仰，提倡某种文化和宗教信仰。宗教信仰一旦形成，就具有很大的稳定性。很多信仰最后都变成了一种文化。

信仰变成了一种文化以后，它就具有宗教和文化的双重力量。比如日本或是美国的基督教的礼拜，其教堂除了作为宗教信仰的场所之外，它又是老百姓聚会的场所，这些人组成了一个圈子，他们之间可以互相帮助。在某种意义上来讲，这是宗教力量和社会交往的力量组合。

（2）文化的主动建设

文化形成的这个过程在某种意义上是被动的，都不是人们主动创造出来的。人们主动创造出来的部分，被称为文化建设或者建设性的文化。

文化建设成功与否，有两个及格标准：第一，如果希望把自己想做的事情变成一种文化，那就至少要被某个圈子的人认可接受，比如20世纪末北京大学中流行在11月11日过"光棍节"；第二，即使它被认可接受还不行，还要变成一种习惯才能成为真正的文化，比如淘宝把"光棍节"发展成了网购文化。

所以，文化建设是比较难的，与其说是文化建设，不如说是文化引导。文化的变迁是按照自身的规律发展变化的，人力干预的影响是有限的。这个社会客观情况倒过来说就是：想改变老的文化是比较难的。就像"破四旧"很多年，但算命、看风水这些习俗现在还是有人信。

文化具有持久的生命力。形成这种生命力的原因在于，文化是个客观沉淀的过程。它是一种惯性或者一种习俗、习惯。文化的传统，是一种凝聚力，但如果一种文化持续的时间特别久，那么它的惰性、保守力量就很重，这种文化不愿意改变，特别是以老年人为主导的社会更不愿意改变。

因此，文化有两种，一种叫被动的文化，一种叫主动的文化，主动的文化会变成被动的文化，被动的文化反过来会束缚主动的文化。但文化毕竟是自身"野蛮生长"的，生生不息、自新自成。比如以前中国人在一起吃饭的时候，谁掏钱都有一种共识，但现在80后和90后基本采用AA制，这就形成了一种新的文化。

二、文化产业与文化

文化除了具有一致性（共性）、多样性和积淀性（惰性）的特征，还可以被区分为传统的文化和现代的文化。文化产业是国家软实力的基础。

1. 文化创新

文化的不断创新，就是所谓的文化建设。**文化建设的创新，可以通过经济因素推动，当经济行为形成相应的行业时，就是所谓的文化产业**。现代文化的建设，可以基于传统文化进行创新，也可以革命性地天马行空创新，创新是文化建设的本质。

与之相对应，现代文化特别是流行文化，一般都是变化多端的，因而大多数也都缺乏或者说不依赖于历史积淀。不同于文化的常规情况，**文化产业的本质是文化创新，以创新、创造为主，以传承、积淀为辅**。可以立足传统文化发展文化产业，也可以完全白手起家发展文化产业。

2. 文化结构的三个层次

很多人搞不清文化的积淀与创新的关系，比如，在一般大众的观念里，"文化艺术"往往被人们同时提起，人们往往感觉文化概念更偏重历史积淀，而艺术更注重创新。事实上，文化的"积淀"情况比较复杂，文化大系统存在着结构性的层次分别。

不同种类的文化，积淀的特点不一样。笔者把文化分为文化核心层、文化中间层和文化外围层三个层次，如图2-1所示。

首先，所谓的核心层是指在历史上延续性最强的文化如语言、习俗、道德、宗教和部分思维方式及生活方式。

其次，所谓的中间层是指在历史上总是延续一段时间才发生变化的文化，如法律、政治制度、部分思维方式和生活方式等。

最后，所谓外围层的文化是指与人们的衣食住行相关的、经常变动不居的文化，如大众艺术、故事、时尚、设计、娱乐等。

一个完整的文化系统是三大层次都具备的。比如，欧美文化意味着基督教精神、希腊罗马哲学、法律制度、现代国家体制、机械电子化生活、摩天大楼、埃菲尔铁塔、牛仔裤等，这些综合起来才是欧美文化大系统。文化积淀最深的是核心层，最浅的是外围层。应当说，积淀与创新是所有文化层同时需要保持的活力；只不过，核心层文化更侧重积淀，外围层的文化更侧重创新。

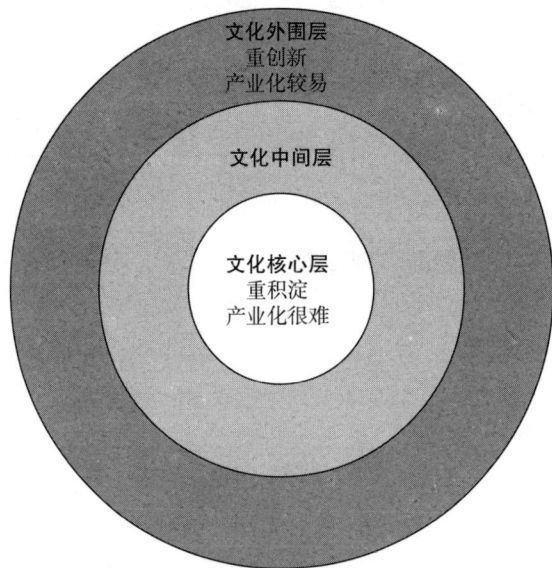

图2-1　文化的三个层次

就来源而言，核心层与中间层的文化积淀，往往来源于对传统文化的传承，创新的作用居于辅助地位，相对较少；外围层文化主要依赖创新，即使继承，也需要创新后再继承。比如，西服源于燕尾服，但西服的定型仅仅是近一百多年的事，是不断创新后再继承的结果。

所谓艺术，是外围层文化的活动之一，创新并不仅仅是艺术独有的特征，文化的外围层往往与现当代生活形式密切相关，需要不断创新。

只有文化的外围层，才可能与经济机制结合，形成文化行业；只有文化的外围层，才和文化产业有关联。因此，文化的核心层和中间层主要是作为学术研究对象的文化，与此不同，文化产业中的文化，是变动中的时尚艺术、产品和娱乐。

3. 文化产业立足于现代文化

现代文化不同于历史文化，现代文化基于创新，历史文化源于积淀。文化产业不是历史文化，历史文化主要是学术文化，而不是生活文化。

生活文化是文化产业发展的土壤，在诸如娱乐、媒体、古玩艺术、主题公园、音乐、动漫等生活文化中才能形成文化产业。对于这些文化产业当中的各种文化，不能采取**学术化**的理解形式，而应当采取**专业化**的理解形式，由此才能深入理解具体文化领域的特点。例如古玩艺术不只是一类，而是存在种类繁多各不相同的古玩文化，比如，陶瓷和玉器完全不是一种类别，各自具有各自的专业性要求。

文化产业的核心是创新而不是积淀。产业化的文化是否能够积淀下去，应当交给历史去决定，而不是由文化产业从业人员来选择。文化三层次中，外围层的生活文化推动着生活中变动不居的文化活动的举办，其中出类拔萃的精华，自然会被历史沉淀下来，自然就构成艺术成就，比如，迈克尔·杰克逊的时尚流行音乐，已经被视作文化精品而留存积淀于历史之中。艺术是文化活动的精华成果，是最外围的文化活动，与其他文化形式相比，更突显创新的特征。

需要补充的是，当文化的历史积淀进一步升华，就将体系化、物质化，就构成人类文明。人类各种具体的文明也处于不断演化之中，文明包含着物质文化与非物质文化，我们一般所谈论的"文化"主要是非物质化的文化或者物质化中无形的东西。当然，当人们使用"提高文明水平"这样的表达方式时，这里的"文明"是特指修养的素质和礼貌等。

三、影响力产业

文化对个人行为是有现实影响力的。文化是有力量的、有生气的、有潜力的存在，它影响人们的行为。这种影响可以导致人们追逐文化载体，当这种追逐具体表现为购买消费行为时，文化载体就是文化产品，也就形成了文化产业。**文化产业的本质是影响力产业。**

1. 文化活动形成现实影响力

文化产品是影响力的载体，它需要通过文化活动才能发挥出其影响力，比如好歌曲要唱出来才感染人。

（1）活动的文化含量与影响效果三要素

凡是和文化相关的活动都可以叫文化活动，但通常来说，文化活动是基于文化的外围层的。所谓的文化活动，包括社会人员举办或政府推动的学术研究、创作、节庆庙会、论坛、交流、文化展示、慈善义卖、政治理论学习、书画等艺术教育培训、文化产品交易等。文化活动未必都有效，其中的有效文化活动就构成文化建设。

根据文化修养和知识结构的差异，文化可以分为"精英文化、高雅文化"和"大众文化、通俗文化"两大方向。在使用精英文化、大众文化这一对词的时候，有时指不同人群的文化，有时是指不同专业水平的文化欣赏习惯。从欣赏要求的角度看，精英文化和高雅文化的意思接近，主要是指需要经过专业训练才能具有欣赏能力的文化；大众文化和通俗文化的意思相近，是指不需要经过训练，只要经历过社会普通教育就能具有欣赏能力的文化，如流行歌曲、小品等娱乐文化和都市报、漫画书等通俗读物。

对应地，各种文化活动中的文化含量是不一样的，对不同参与者和消费群体的影响也不一样。一般来讲，大众文化活动的文化含量相对较少，欣赏要求不高，容易与大众引发共鸣，容易发挥影响力，对当前人群具有直接的影响力；精英文化活动的文化含量相对较高，欣赏需要一定的门槛，但与人心灵的共鸣更深刻，对人的影响也更持久，对社会发展具有更深远的影响力。这就是"下里巴人"与"阳春白雪"不同的社会作用与意义。

总之，文化活动、文化载体（产品）、文化含量是构成影响力效果的静态三要素。

（2）影响效应的成因

文化活动不是文化教育，文化教育面向传承，需要注重系统性、全面性、积淀性。文化活动是文化力量的呈现，打动人心是最重要的，无论是当下影响还是长远影响，既需要有文化内涵，也需要在形式上适合当代。打动人心是需要创新、创意、创造的，不管这个活动是大众文化活动还是精英文化活动。

文化活动是与文化外围层相关的具体文化事件，是文化外围层的事件，创新是其核心。就是说，文化活动要想具备影响力，创新是必需的。**文化活动中的文化含量，多少不是关键，创新才是关键。有文化创新，才是有潜在影响力的文化含量。**

动态地看，创新是影响人心的根本。通过实施文化活动，文化的创新冲击从影响人的心灵开始，进一步影响人的行为，就能形成现实影响力。相对而言，大众文化和通俗文化追求大众、普遍、传播，这类文化活动，无论内容还是形式，都更多地需要创新、创意、创造。精英文化和高雅文化追求专业、深刻、精华，其中最需要专业性的文化活动可谓学术研究。非大众的文化活动，内容或许能更多地展现文化的积淀，但是形式必定需要创新、创意和创造。

无论高雅文化还是大众文化，都必须具有创新内涵，不是一般文人可以创造出来的。一般文人批评家不是真学者，写文化散文或者美文自诩崇尚精英文化，用各种名义根据自己口味一概贬低、谴责大众文化，是玩弄伪学术。

其实大众文化是文化的重要内容，好的大众文化产品不是随便什么人就能创造出的。文化活动是丰富多彩的，是一个国家文化魅力的体现。文化活动不等于思想道德建设，社会不可能只需要思想道德建设，常规的休闲、娱乐，是人类精神活动中的自由选择和爱好满足。繁荣文化活动，脱离不了文化活动的自身规律特征。一概贬低大众文化是不可取的。

2. 文化影响力的三个关键点

文化影响力，需要基于创新、创意、创造，然后通过文化活动在社会上进行传播，才能形成，这种传播需要进行社会管理。最能代表创新、创意、创造的是艺术创作。因此，艺术创作、文化活动和管理文化市场是三件事，也是文化影响力得以实现的三个关键点。

（1）艺术是养不出来的

艺术创造从技术上说有一定的规律，但是，从创造性的角度来说并没有固定的章法可循。

艺术创作是没有规律的，人力并不能保障未来能创造出更有艺术价值的作品，用钱养一部分人而不养其他人，是不公平的，所以艺术创作不适合"养"。

（2）文化活动市场化

市场行为的文化活动，是繁荣文化活动的根本动力。现有文化活动有三种：自发的、政府计划、市场行为。丰富多彩的文化活动需要鼓励，其中市场经济对于文化繁荣的意义越来越大，虽然它不能促进精英文化的繁荣，但是可以为精英文化提供经济基础。至于大众文化的繁荣，主要依靠文化市场的经营管理。

艺术家通常对艺术的市场化抱排斥态度，然而，假如没有市场，就不可能有今天艺术的繁荣和文化活动的多样性。实际上，艺术家们所要排斥的应当是把艺术低俗化。但是，把艺术低俗化不是市场的本质，事实是恰恰许多艺术家自身把艺术低俗化了。假如把艺术家群体内部创造力不足的问题归罪于市场，是一种懦弱的行为。

大众文化、通俗文化的艺术创作，并不意味着低俗化，普遍不等于普通。大众自然拥有审美能力，没有打动人心的创新、创意、创造，就不是好的大众文化。大众文化只不过是欣赏门槛更适合传播普及罢了，其艺术性并不低于其他艺术创作。检验通俗文化水平的最好标准就是文化活动在市场上的传播竞争。

（3）活动经济与文化管理

管理文化市场的部门应当充分重视活动经济。所谓活动经济是以各种活动来拉动经济，通过吸引参与而形成规模消费，包括会议、展览、培训、选秀、节庆、娱乐体育竞技比赛、商业交流等活动，是拉动经济规模发展的主要活动形态。例如，北京近几年庙会综合收入每年增长30%左右。

动态旅游，包括活动经济带来的交流性质的活动参与性、体验性旅游，将与自然景观的静态旅游并驾齐驱。动态旅游主要是以活动经济为依托的文化旅游。各地不仅要重视白天的旅游，还要重视夜间的娱乐，以各种活动来吸引旅游者增加消费。

四、活动经济与文化底蕴

立足"创新、创意、创造"形成的文化影响力，遵循市场规律进行文化活动，动态地发挥现实影响力，符合市场规范地将文化产品转化为经济效益，这就是文化产业。

1. 文化产业对文化影响力的正向提升

社会自身才是社会文化发展的主宰。将文化与艺术的繁荣发展置于社会市场中优胜劣汰是繁荣文化的根本动力。文化产业对文化影响力各种构成是正向的提升。

（1）文化产业需要文化产品的理性与感性并重

当把文化艺术交给社会市场审判时，在文化艺术的应用领域，对于艺术家的理性思维提出了很高的要求。虽然理性思维不能实现艺术创造、创新、创意，但是在许多领域都需要理性分析。例如，在面向大众创作一部多媒体艺术作品并转化为产品时，就需要研究其中的一些规律，而不能仅仅依靠感性的直觉。

值得指出的是，无论如何，文化产品中的感情和感觉都是必要的。比如，文学的创作与欣赏都离不开感性。狂热的是口号，浪漫激情的文学是诗歌，感慨万千的思绪是散文、词曲，大众感觉的是小说，复古忧思的是曲艺，发泄的是批评文章，没有感情的是格言。

（2）文化产业需要文化活动的内容与形式并重

当前很多人把传统文化等同于孔孟老庄，包括中文系的很多文学研究和批评者都喜欢谈思想，不再谈文学和故事如何鉴赏。他们喜欢展现自己的学问，而不是指导学生鉴赏和写作。文化活动的思想内容被过于强调。

但是文化活动在现实中面临着传播的问题，其影响力同样取决于形式。文化活动的形式和内容同样重要，缺一不可。要做好内容，一定要注重形式，有时形式对于内容也具有美化作用，特别是在包装、交流和传播中，形式的重要性显而易见。把文化活动交给社会市场决定其发展空间，个人的喜好将逐渐被大众选择的力量所纠正，只有内容和形式并重，市场的道路才能越走越宽。

内容和形式兼顾的重要性在文化活动中尤其明显，在国际交往中，包括政府对外宣传中，话语的表达方式和分寸感也是文化素质和文化表达的重要形态。任何具有攻击性的话语都是不妥当的。

（3）文化产业繁荣需要文化市场管理的全面支撑

随着文化产业的不断发展，经济诉求推动着各种文化的繁荣，市场管理者在各个方面都面临着文化繁荣的课题。或者说，繁荣文化是多种文化的繁荣，而不是一种文化的繁荣。百花齐放、百家争鸣是繁荣文化的必由之路，也对市场管理者提出了客观社会需求。

其一，全面的文化繁荣既需要引导又需要开放。繁荣文化有两种，即自主的与自发的。所谓自主，就是根据某些文化理念来推动文化的发展，包括社会核心价值的建设、公益性文化事业建设以及发展大众文化等。自主的繁荣不是某一个机构或者某些人的使命，而是全民参与的使命。所谓自发，就是文化不是一成不变的，而是变化发展的，即使没有干预，也在发展变化之中，也有许多人在创造新的文化。文化发展自主性特点要求对文化的发展方向加以引导；文化发展自发性特点要求对文化的发展不能随意限制。

其二，繁荣文化需要兼顾质和量。从质的角度来说，需要在某些方面达到一定的高度。特别是从核心价值的角度来说，它是文化的原则，也是不能违背的文化价值。对量的丰富有最低的质量要求，虽然有些注重量的文化内涵不深，但它有助于丰富民众的生活，不能因为质的要求而忽视量的丰富。有时候，需要在量的丰富中逐渐出现竞争，从而提高品质。

其三，繁荣文化还有时间性的要求。例如，根据社会发展的不同阶段，有些文化需要改造。

其四，繁荣文化需要采取包容性的态度。有些与人性和人类社会制度、公民文化建设相关的好的文化都可以借鉴，这样可以弥补自己的不足，可以为繁荣文化做出重要的贡献。

百花齐放和百家争鸣，不是统一的文化理念表达，而是不同文化理念的表达；不是一种创造，而是多样性的创造；不是自我封闭的繁荣，而是开放与竞争的繁荣。只有落实改革、落实开放，让社会的市场力量充分释放，才能从社会大环境层面真正从顶层确保文化繁荣。

2. 文化底蕴的双刃剑特点

文化一定要有继承，不是新的就一定是好的。在继往开来中一定要很好地把握继承与发展的统一。文化的历史积淀逐渐形成文化底蕴，但它并不天然推进文化产业。

（1）文化底蕴并不决定文化产业的成败

每个民族都为自己的文化底蕴感到自豪，中国历史文化积淀深厚，固然宝贵，但是文化积淀包含着"惰性"，有"思想解放"这一说，主要是因为文化积淀会导致思维惰性和观念的保守性，因此需要打破一些思维惯性和一些陈旧的观念。文化知识特别是历史文化知识深厚的人和文化理念专一的人，往往不适宜从事大众文化产品的开发和文化产业经营，他们的底蕴会妨碍他们创新，也会妨碍他们对通俗文化的评价。比如，文艺电影一般都缺乏市场吸引力。

文化积淀深厚的地方，对文化的进一步发展会呈现出一种双刃剑的特点。一方面，文化积淀深，有助于促进族群之间的内部交流，容易形成共识，做事也方便。另一方面，文化越是积淀深的地方，就越容易出现观念上的保守，这些观念会反对和阻碍变革过时文化观念的做法。

从应用的角度来说，历史文化底蕴深厚对于发展文化产业未必是一件好事情。或者说，它虽然可以提供一些可挖掘的素材，但是也会对流行的做法产生排斥。

文化底蕴并不决定文化产业的成败，关键看他们是否能够从现代文化产业的角度来使用历史上积淀的文化元素，能否创新才是产业成功与否的根本保证。况且，这些积淀是属于人类的共同遗产，谁都可以挖掘并转化为发展文化产业的素材。

（2）现有文化应用价值的相对性

从历史文化的角度来说，文化无所谓好坏，都是各自历史发展中的积淀。但是，从当下社会发展的角度来说，从文化推动文明发展的角度来说，文化里面的一些内容可能是不好的，例如珍爱生命是好的，和平沟通是好的，暴力与残暴是不好的，嗜酒和喜欢把别人灌醉的酒文化也是不好的。报喜不报忧的文化也存在问题。报喜是为了激励，报忧是为了解决问题。如果只报喜而不报忧，就不能保障长期激励；当然，如果只报忧而没有激励，也不可能改进。

文化好坏的相对性还体现在同一种文化在不同领域有着不同评价。比如，生活节俭是一种美德，但是对于经济效率来说节俭却不一定是积极的价值；竞技体育的文化精神是好的，但是对于竞技运动员本人的健康则可能是不利的。就此而言，不是所有的文化都是积极的、有正面价值的，甚至有些文化是有害的，比如极端化的思维方式或者价值观。

另外，某方面的文化对于其他方面的文化也可能产生负面影响，例如，一味推崇高雅文化对文化产业的发展就是有害的，同样的文化在不同层次的群体中的价值是不一样的。

文化产业区别于其他产业的一个要素是产品的精神价值或者创意价值，即它主要是依赖人力资源来创造价值，而不是主要依赖自然资源和物质资源创造价值，文化含量是根本。我们对文化的层次性、文化应用价值的相对性应具有理性的分析和正确的认识，才可能进一步把握文化产业的规律和要求，才可能在文化活动中推动治理和发展文化产业。

五、从文化创意到文化产业

历史文化并不是理所当然可以形成文化产业，文化基础设施建设并不必然促进文化内容产业的发展，个人创意活动并不必然就能进行市场经营。从文化创意到文化产业是一个需要遵循经济规律的建设过程。

1. 从文化产品到文化商品

文化产品仅仅具有文化含量是不够的，基于文化市场开展各种市场性的文化活动才能让文化产品拥有商品的属性。

（1）面向大众的时尚与娱乐的文化才构成文化产业

有大众才有市场。文化产业主要的内容产品是大众娱乐、通俗艺术、媒体、广告和设计等，而不是指某些少数人所理解的高雅文化。也就是说，文化产业所谓的文化，是面向大众文化消费需求的，是特指满足大众的通俗、娱乐和时尚性的文化，不是指一般的自然地、历史地形成的文化。具有广泛现实影响力的现代文化，才能产业化。

（2）面向创新的知识产权才构成文化产业

创新性的文化含量是根本。文化产业主要靠内容的创新、创造、创意，从而提供产品和服务，不是历史文化的还原和再现。要推动文化产业发展，主要依靠的是新颖的文化创意和知识产权的价值实现，而不是依靠文化底蕴、文化继承、文化历史积淀、继承文化遗产，更不是兴建各种专题历史博物馆和举办祭祖活动。对于历史文化，挖掘某些元素或者吸收某些养分，再创造、再生产、再加工，才是现代文化产业的生产方式，历史文化才能产业化。

（3）可满足大规模消费的非个人化创意才构成文化产业

虽然创意来自个人化的活动，但是文化产业是产业经济的活动，能够用工业方式规模复制内容产品、能够工业化地批量生产，才能形成文化产业。市场要求企业从消费需求来反向思考，然后再创意，而不是把艺术家和创意者、文化人的理念强制消费者接受。不是说我们身上有什么样的文化艺术感觉，做出来了就是文化产业，而是要从消费者需求的角度出发，去替他们策划和生产，并且需要工业化的批量生产满足大规模消费。这是个组织化的工业化活动。

2. 产业化经营

（1）同一创意的产品价值实现过程是跨行业的

文化产业是由许多行业构成的产业族群，不是一个单一行业的产业。当然，在这个产业族群中，各行业之间有着内在的关联性，即价值实现的关联性。比如电影，从剧本、制片、摄制到生产出电影，可以纵向地进行电影市场营销、院线放映、周边产品的延伸等，也可以横向地延伸至电视、图书、游戏、主题公园等，需要多种行业综合配合。产业链思维、规模效益和附加价值的提升是必需的，可以由创意要素或者故事而延伸至图书出版、影视、艺术授权等领域，以及这些领域共同体现的行业之间的价值关联性。

（2）竞合关系

文化产业各行业间既存在关联性，也存在相互竞争或者替代关系，竞争不只是同行之间的事。比如，现在的新媒体和传统媒体之间存在着竞争关系，网络阅读冲击印刷媒体的阅读，媒体产业之间的相互替代性具有变动的特点，选秀活动冲击传统表演艺术，小品表演冲击相声艺术，等等。当今产业变动最大的领域，在于数字文化产业发展带来的冲击，由于技术的推波助澜，手机新媒体对各种传统媒体带来的冲击和影响日益突显。

（3）文化产业的企业管理能力要求高

文化产业对企业经营管理提出了比一般产业更高的要求，需要将人才密集型、技术密集型、文化密集型和资本密集型产业结合起来，是一个需要资源整合的新兴产业集群。因此，文化产业中的大企业必须具备比制造业更强的经营能力，也需要更富于魅力的企业文化。只有达到以上人才、技术、文化和资本四个要素的融合，这时候做文化产业才会比较顺当。

对于管理者来说，"中道"的思维方式是文化产业经营者需要保持的基本态度，处理文化交流与冲突应采取"和而不同"的方法。文化产业经营者需要从内在心灵进一步强化自身的职业化、制度化建设。

3. 综合均衡的掌控

（1）均衡内容生产与顾客导向的关系

文化产业立足于创意内容，因而必须重视内容故事，包括节目、活动交流、创意和明星，这个内容需求非常巨大并需要不断翻新。而且，文化产业的内容领域，还存在着"王者通吃"的特点。比如，在游戏行业，最大的游戏项目或者公司不到十个，却占据游戏市场总额的90%以上。以硬件思维搞文化产业注定要失败。不过，在中国的一些行业领域，由于体制阻隔、知识产权保护缺失等问题的存在，内容为王并不是一般性的规律。在许多情况下，内容需要和媒体传播渠道相结合，才能避免受制于媒体运营商。例如"中国好声音"（新歌声）的节目运营商，自投成本制作节目进而再和电视台绑定，既保障了自身权益又结合了渠道。

必须注意，以顾客文化娱乐为导向的创意集成才具备产业化的潜质。文化产业需要创意，但不能闭门造车；文化产业不是个人的创意，而是产品或者产业的创意。不能转化为产品的好创意不是产业，比如中国目前的动画电影的困境就是典型的例子。内容生产，是以顾客的文化娱乐消费为导向的创意集成和融合。

（2）综合发挥文化产业的渗透性价值增值影响

在知识经济的时代，文化产业将成为许多产业中的龙头性、驱动性、渗透性的产业。其他产业和文化产业之间存在密切联系，特别是文化产业发挥渗透效应，将文化渗透入产品的工艺层面，可以推动制造业的结构升级，也可以拉动其他产业的相关消费。例如，艺术授权可以带动消费品的价值增值。因此，文化产业具有双重价值，一方面，它自身发展是经济活动的重要组成部分，另一方面，也需要通过文化产业与其他产业之间的关联互动来推动其他产业发展。例如，在IT领域，所有的硬件产品几乎都需要文化设计和内容产业的驱动。

（3）文化产业的产品必须体现娱乐性

娱乐创新是文化产业的主要驱动力，参与性、体验性、时尚性是基本要素。从消费者变动的情况分析，文化产业的产品或服务的主要消费者是35岁以下的青少年，因而文化产业主要是青春型的、娱乐性的、前沿性的产业。打造文化象征的雕塑，复兴历史名人的传统文化、搞文化标志城、举行祭祀活动，注重会展硬件的高大建筑、节奏缓慢的动画电视，以及一般的舞蹈、传统杂技等，都不能满足青少年对文化产品和服务的直接需求，因而也不可能形成规模效益。

（4）文化产业的运营内核

购买产品的消费行为源于消费者动了心。如果这种动了心的效应是源于文化的精神影响，那么，把这个过程市场经济化，就形成了具体的文化产业。文化的精神影响，其内核在于观念与价值，它具有全方位的渗透性。文化产业的经营，本质是价值观治理的过程。

观念与价值是文化的内核。文化产业是以创新、创意、创造为内核的产业，这种创造本质上是观念与价值的创新。但是这种创新不是随意的，必须符合文化自身的科学规律。文化的发展与繁荣，乃至成为一种产业，都离不开自身文化观念与价值的继承、变革、应用、推行，离不开不同文化观念与价值的交流、碰撞、冲突、融合。文化观念包括一部分好的思维方式，应该予以认同并继承下去，而有些观念则在社会发展中不合时宜，需要变革甚至被铲除。

在文化观念的继承和变革过程中，需要关注两点要求：一方面要维护已经确立的基本价值和观念，另一方面就是要求对封闭保守观念、教条思维的改革与开放。

人类的核心文化观念是人类共同的精神积淀，不是个人可以随意变革的，这是基本的规律。主流价值观变革与否，不是文化产业经营者应当考虑的工作，相反，像基本道德、法治与文明礼貌等，都需要从历史的角度来维护，都需要坚持与深化，只有这样才更具有市场影响力。比如好莱坞大片的基调，都是家庭、亲情、爱情、勇气等人类共同认可的价值观，这是好莱坞横扫全球的重要支撑。迪士尼以家庭消费为企业核心定位之一，其采纳的任何一个新角色都要考察：是否适合推崇家庭观念。

创新是文化产业的核心，但这种创新需要基于处理好文化的继承与发展。

第 三 章

商业模式与核心竞争力

文化产业的经营治理效果需要具体落实在文化企业的经营上。一家文化企业的成败，其商业模式是关键。文化企业固然需要遵循企业经营管理的基本规律，但它也受到自身所属产业的规律影响，只有适合自身发展需要的模式才是最好的。

一、商业模式与经营的本质

追求盈利是任何企业经营的本质，追求价值最大化是任何企业的根本目标。商业模式是服务于这一本质与目标的，但是很多人把经营企业与做项目混为一谈，以至于对商业模式的重视不够。项目是阶段性工作、是阶段性价值，可以与商业模式无关；企业是长期经营、是整体价值，商业模式是根本战略。

1. 经营企业不是简单做项目

企业经营的对象必须以企业为主而不能是以项目为主。存在上市的企业，但不存在上市的项目，更不存在市盈率能达到100倍的项目。往往一个项目三年就完结了，而企业才是长期经营的建设对象。

市场中的经营活动主体，其本质是营运成功的企业。对企业经营者来说，产品的生产、项目的实施等都是过程性的措施，旨在"组创成"成功的企业，做企业才是经营者的根本责任。如果把企业作为开展产品生产或实施项目的形式，企业经营者就不是在经营企业，企业不过是开发票、走财务的壳。经营者如果对此没有清醒的认识，往往会造成两个经营上的问题。

第一个问题，企业品牌得不到建立。中国有几万家影视公司，一般人很少能说出具体有哪几个知名的。我们能记住华谊、光线，因为这两个公司都是在做企业品牌。华谊拥有强大的企业品牌，所以与人合作往往是进行综合品牌投资，要求分配15%的利润。其他的公司往往是做产品和项目的，譬如电视剧《甄嬛传》中的演员都特别红，但这部电视剧是哪家公司拍的呢？没人宣传。如果连自己公司的名字都没人知道，就无法建立品牌。

第二个问题，上市主体得不到强化。上市盈利需要很高的市盈率，理论上说，如果一家公司市盈率能达到100倍，意味着市场看好这家公司，理论上这家公司应当能存活100年，这100年中创造的利润通过市盈率由股市来分。现实地看，很少有公司能存活100年，但是同时，很多互联网公司、电影公司的市盈率确实可以达到100倍。百度上市半年之后市盈率甚至将近1000倍。造成这种情况的原因是，在股市中，人们不仅买这个公司本身的利润，还买这个公司的品牌、买这个公司的市场地位、买这个公司的团队、买它的经验、买它的成熟度、买它的所有的技术水平。一个公司身上的每一个细胞都是值钱的，合起来更加值钱。人们要的并不是这个公司项目做得好，而是要这个公司本身好。

只做项目很难强化企业自身。没有强化经营企业，公司的价值就往下掉。

2. 企业的价值需要历史叠加

在市场经济的世界里，经营者所有努力的目标，都应当是做企业而不是做项目。现在世界上所有精明的投资人都是投企业，不投项目。

（1）企业经营的成功不是项目经营的成功

有前途的企业做项目，亏了也没关系。例如，华谊兄弟公司在2002年公司资金不足，需要融资5000万元，王中军当时提出了二选一的方案。其一，资本方投资华谊15%股权，不分红；其二，投资公司当时的电影项目《天地英雄》，参与分红50%。如果当时有人投资华谊股权的话，投资完公司之后是不赚钱的，但现在至少值50亿元人民币。如果不投资公司，而是投资5000万元参与拍摄《天地英雄》，最后票房是4000万元。

我们可以通过一个影视企业的发展进一步说明这个问题。假定有一家电影公司创作了10部高票房作品，高票房当然需要高投入支撑。如果每部电影成本2亿元，累计需要20亿元的投入，票房每部回收1.95亿元。就是说票房虽高但仍然每部亏损500万元，10部投资下来，要亏5000万元，这样做有规模、没利润，显然没有人愿意做赔钱的傻事。我们有理由推理，由于每部1.95亿元的长期票房口碑，这家公司的第11部电影有可能票房爆发到2.95亿元，多赚1亿元，扣除前期亏损，整体盈利5000万元。在盈利的时候如果这家公司上市，一家累计票房20亿元而且开始盈利的公司企业市值是多少呢？可能值80亿元，这就是企业整体价值。

一般而言，企业要有三年的持续经营期，才能够上市。如果一家企业前面亏了5000万元的10部电影都不做，只有一部赚了1个亿的电影，这样的企业等于只做了一件事，是没有资格上市的，因为它没有有形资产和无形资产的积累。

也就是说，其实盈不盈利，对于一个企业来说不是最重要的事情，但对于一个项目来讲却是最重要的事情。经营企业和经营项目不是一回事。

（2）企业的价值需要通过项目累计

做企业其实是一个过程，在一个个项目成功的过程中，企业也在累积价值。企业价值是成功项目的无形历史叠加，这就是品牌。华谊兄弟当年注册资本才3000万元，王中军2002年融资15%的股权要卖5000万元，没有人有这个眼光。华谊兄弟前期拍电影，有赚有亏，每部电影总体来说是亏多赚少，但到了《手机》以后，基本上都是赚的。其主要原因是华谊兄弟在认真做企业。

企业经营不是做项目，企业经营就是经营整个企业，就是要把企业做得越来越有价值。最终假如把企业卖掉了，就整体赚到很多钱。当然，当前很多人的投资想法还是投项目，因为投项目可以测算，投企业是不可测算的。

3. 企业整体价值最大化

做企业的要求意味着我们要重视企业，企业是一个平台，其价值增值是个积累的过程。企业价值的积累是几何级数的增长，是一个个项目价值倍数叠加的过程。市盈率100倍其实是这个倍数的体现。企业整体价值要达到最大化是企业运营的根本目标。

企业是一个综合体，涉及技术、品牌、管理、团队、市场地位。企业从每个角度都能赚钱。相对地，做项目只是一个角度，而做企业还有其他几个部分可以赚钱。

经济界有种说法，认为企业的价值在于利润最大化，这是不准确的。正如美国管理思想家德鲁克所说："利润是企业为社会服务、满足了社会的需要后所得到的报酬。利润不是企业的目的，而是企业达到了目的后所得到的报酬。"[1] 退一步说，即便是把利润视为企业的目标，它也仅仅是企业发展过程中的阶段性目标，而不是根本性的、整体性的目标。

企业真正的价值在于整体价值最大化，而不是利润最大化。利润最大化不代表企业的价值最高。例如2014年时，房地产公司万达利润150亿元，腾讯利润也是150亿元，但腾讯的市值是万达的16倍以上，而且腾讯市值在上涨的同时万达的市值反而在下降。因为万达的整体价值当时依赖房地产项目，而当时全国的房地产项目都在走下坡路。

1　德鲁克.《管理——任务、责任、实践（上）》.中国社会科学出版社，1987年，第130～131页。

一旦企业经营形成套路，项目是不愁的，企业会在方方面面推进整体价值。华谊兄弟虽然做电影，但它并不依赖电影，它可以并购、可以进入互联网、可以做电影公社、可以做主题公园。企业不依赖于一个具体的项目，可以与时俱进，企业可以不断地调整，可以靠品牌卖钱。也就是说，当企业做到一定程度时，一个项目都不用做，只替别人发行电影，只靠品牌参股就可以盈利。所以，企业的整体价值的最大化是需要经营者考虑的根本问题。

4. 商业模式与价值累积

商业模式不可能离开盈利模式，盈利模式是商业模式的基础；做企业不可能离开做具体的工作，做好项目工作是做好企业的基础。但是，做项目的同时，经营者必须考虑如何把项目的价值转化为公司的价值。做任何项目的时候必须与公司联系在一起，这个公司的价值才会提高。譬如曾经的曲江影视，它差不多与华谊兄弟同时成立，基本路数也差不多，但是，它现在的市场价值大概只有华谊兄弟的1/20，因为它做了很多唐朝的古装片，普通大众很少有人知道这家公司。

经营者一定要把企业做成追求整体价值的企业，而不是项目型企业。就是说，经营者除了会做项目，还必须掌握积累项目价值的模式，有形的、可计量的项目的经济价值，应当通过某种模式不断转化，积累成无形的不可直接计量的企业综合价值，这种**转化项目经济价值为企业整体价值的模式，就是商业模式**。项目型企业就是天天琢磨这个项目怎么做，整体价值型的企业首先要有战略和商业模式。**所谓商业模式，其本质就是企业打造的能够容纳各种项目持续让企业整体价值增值的平台。**

做企业，最根本的是要有商业模式。华谊兄弟的电影都是有商业模式的，他们在电影里植入广告，本身当然是赚钱的，他们并不只是做好电影本身，而是不断思考改进电影的商业模式，让电影项目能使自己的企业盈利最大化。华谊兄弟的好多产品都是自己投一点，多占一点股份，别人再投一点，从而规避风险，他们利用市场地位、发行品牌的同时，照顾到参股项目的其他企业的利益。这样一来，华谊兄弟的市值达到几百亿元，拍多少电影才能挣到几百亿元呢？

企业上市的时候，企业的未来和市场地位决定市盈率，而不是企业现在的利润决定市盈率。企业所在行业跟价值是有关的，同样利润的公司，有的公司市值很高，有的公司市值不高。香港上市的企业，凡是儿童题材的企业市盈率都是40倍左右，凡是旅游和地产题材的企业市盈率都是10倍左右。所以，企业项目的选择，一定要与公司战略相吻合，公司战略一定要有商业模式。

商业模式的根本在于让企业本身增值，这是最基本的经营思维战略。

二、商业模式的关联要素和选择

企业的商业模式是决定发展战略成败的核心要素。当然，商业模式不是一成不变的。在面临产业变动时，商业模式的关联要素有时会受到影响，商业模式也需要随之调整和改进。

1. 商业模式的关联要素

（1）商业模式和管理模式

商业模式和管理模式存在一定的联系。从总体上说，企业的总体经营模式称为管理模式，而商业模式只体现为管理模式中的一个部分（盈利模式）。管理模式往往因企业而异，商业模式则具有一定的普适性。或者说，构成商业模式的要素是可以相互借鉴和模仿的。但是，一些商业模式也依存于管理模式。所谓盈利模式的全球化并不是说每个企业的盈利模式必须跟其他企业一样，而是说可以借鉴其他企业的盈利模式的成功经验。

（2）商业模式和产业环境

思考商业模式必须基于对产业环境的整体把握和理解之上。例如，有些商业模式因为没有管理模式的基础，所以也就无法复制。以电影业为例，美国的电影业很发达，但它有许多基础性条件：第一，科技发展水平领先和制作能力很强；第二，它的市场有很好的电影文化基础；第三，有很好的院线，也就是有大规模推广电影的能力；第四，有广阔的国际市场等。这些都属于管理模式的范畴。好莱坞的商业模式是依存于管理模式的，有了管理模式才有商业模式。同样制作一部电影，如果在中国，因为中国的经纪人制度、营销方法、市场环境等管理基础与美国不同，所以商业模式上的计算方法也就不能与美国一样。例如，好莱坞拍出一部大片，可以计算出运作之后的利润有多少，但是，这样的计算方法对于中国来讲却是不适用的。

（3）商业模式和发展模式

商业模式和发展模式也有一定的联系。从经营上支持企业战略的具体方法可以称为"商业模式"，而支持社会区域发展战略的模式则称为"发展模式"。比如改革开放初期的深圳，其区域的发展模式就是密切借力香港进行综合发展，该地区的企业商业模式也极大地受到这种发展模式的影响。对国家而言，它能体现为效益；就区域和城市而言，它可以体现为规模经济和区域竞争力。国家和区域的发展模式的思考需要借鉴企业商业模式的特点。

（4）商业模式和行业化

所谓行业化的商业模式，即在文化产业族群中各个行业专业化的商业模式。这种商业模式取决于各个行业专业化的要求，或者说，各个行业领域存在一些基本的商业模式，而且相互之间是不能替代的。例如，在图书出版领域，经营教材、教辅、专业出版（如IT出版和财经类出版）是体现行业专业化商业模式的基本形态，其中，古典名著是长销书，教材（通过不断修订）也是一种长销书。而在电影领域，好的故事、明星加盟、大投入、大制作等则是获得良好票房的关键，也是进一步开发电影衍生产品的基础性条件。

在中国，行业化的商业模式和国外有显著的差异。以音乐领域为例，国外的主要商业模式是艺人经纪、演出、唱片和网络下载等，在中国则是下载、卡拉OK、歌星的广告代言等。其中，数字音乐的下载服务可能逐步形成一种商业模式：网站直接购买版权，通过为消费者提供免费正版音乐获取流量，并将广告收入与权利人分享。

任何企业进入文化产业领域，都需要优先了解各个行业相关的基本商业模式，把握行业发展的内在规律及运行特点，才能在这些模式的基础上进行合适的选择与创新。

2. 企业商业模式的选择

在选择和确定商业模式时，文化企业的商业模式一方面可以借鉴一般的商业模式，另一方面也要根据自身的特点来体现具体产业的个性化的商业模式。例如，我国的电影公司在电影作品中植入广告是从外国电影公司借鉴的模式，但是，将广告和经纪人结合做自身的经纪公司，并且以自己所经纪的明星作为主打演员从而扩大明星代言的收入，则是我国创新性的、个性化的商业模式。比如"超级女声"在模仿英美的"超级偶像"的同时，在短信参与和扩大收入上也体现了我们特有的个性化的模式。

当然，我们的一些结合自身国情的商业模式，国外也无法模仿。例如，北京的保利剧院就有比较好的商业模式。国家每年要搞"五个一"工程奖，很多地方（如各地的宣传部）都要组织班子进京，上演他们精心打造的准备参评"五个一"工程奖的节目，这其中的许多演出地点都选在了保利剧院。保利剧院基本上每天都有演出活动，这就是它的盈利模式。

从总体上说，商业模式总是处于变动之中，需要不断探索和改进。例如，当年互联网门户网站都是通过手机短信而扭亏为盈的，当然，短信拯救门户网站，可能完全在互联网人士的意料之外。门户网站善于利用这个契机，也是较好地把握了新的商业模式。

不同行业的商业模式有时是可以相互借鉴的。例如，特许经营的商业模式在任何行业中都可以是一种模式选择。一般来说，不断关注各种商业模式，对好的商业模式进行借鉴，应当作为企业战略的一个组成部分。

三、有竞争力的商业模式

有效的商业模式是企业运营的基础，在这个基础上才谈得上企业之间的竞争。商业模式需要有可行性，还需要有竞争力。

1. 商业模式是企业运营的基础

商业模式的可行性是企业运营的底线。考察商业模式的可行性，是规避和化解风险的重要工作，这意味着，当企业找不到商业模式时，就应当警惕和变得审慎，而不是盲目扎下去。例如，一般的视频娱乐门户网站就缺乏商业模式，许多企业投入巨资而盈利遥遥无期，这样的企业就是忽视了商业模式的警醒作用。

具体领域的商业模式的成功是有一定的限制条件的。例如，当一台驻场歌舞演出成功后，需要了解它为什么能够成功。假如在此基础上直接进行各地巡回演出，未必一定能够成功，这是因为巡回演出的成本要比驻场演出高得多。当然，如果在各地的巡回演出具有驻场的特点，就是说，在每一个剧场的演出能够达到一定的场次，就有可能取得成功。

商业模式的改变需要慎重。例如，默多克的新闻集团主要以并购成长作为主要的商业模式。但是，并购是很复杂的企业经营活动，不是所有的企业都有能力开展并购。又如，一个互联网公司收购广告公司也要慎重，因为它可能不具备广告公司的专业化能力。

2. 具备竞争力的商业模式

可行的商业模式还需要具备竞争力，具有竞争力的、标杆式的商业模式具有一些普遍特点。好的或具有竞争力的商业模式必须体现或反映以下一些要素和特点。

（1）具体化

具有竞争力的商业模式必须依托于某种好产品或者服务，这种产品或者服务必须具有准确的市场定位、高于平均水平的盈利能力和获取附加价值的能力。

当然，在相同的环境下，盈利能力是一个直接的指标。某些代工的商业模式优于具有自主品牌的商业模式，因为后者的基本盈利概率较低、风险性大。在文化企业领域，某些拥有品牌的院团盈利能力低于品牌知名度低的企业，原因在于存在固守传统经典等做法，它没有从根本上将企业即院团的资源转化为盈利能力，从而导致产品和服务缺乏竞争力，或者企业的商业模式不具备竞争力。

最好的商业模式，其产品是人们生活方式所依赖的对象（如人们对某种娱乐方式的依赖），并且具有规模化的效益。换言之，立足于培育人们的生活方式的商业模式[1]，是最具竞争力的商业模式。

（2）价值放大

具有竞争力的商业模式可以促进企业整体价值的提升。尽管商业模式总是可以体现在具体项目上，但是好的商业模式一般不是单一项目的概念，而是作为企业整体价值的核心部分而存在的。

因此，好的商业模式是价值放大型的。例如，一个动画大片不仅要体现出该片直接的经济收益，还必须体现为对企业整体价值的提升。为了体现这个特点，好的商业模式必须与企业战略相一致，是在企业战略框架下的商业模式。

（3）简约

好的、具有竞争力的商业模式应简洁清晰，即突出盈利上的稳定性和可控制性。商业模式贵在简洁或简约，尽可能省去一切中间环节的商业模式是最能受到消费者欢迎的，同时也是最能以较低成本获取最大商业回报的。

所以，选择和提炼具有竞争力的商业模式，需要学会"做减法"，以保障收入结构上的简洁性和稳定性，避免许多复杂的交易过程和资金拖欠。例

1　这与微软有意识培育大众对于视窗软件系统的依赖一样。

如，网络游戏与代理商或终端的关系，不是取决于代理商和终端的态度，而是取决于预付方式的保障和连续收入的保障，就此而言，交易的中间环节越多，商业模式就越依赖于外部环境。直接交易优于代理，终端企业优于生产商。再如，依赖于他人销售图书的出版商的商业模式，以及依赖于邮局代理的报刊的商业模式，都是比较复杂且充满风险的。

（4）现金流保障

好的商业模式能够保障稳定的现金流。尽管好的商业模式并不能保证在所有的时间里都盈利，但是至少必须要对现金流提供保障。没有现金流，"利润就是虚幻的数字，也许过不了一年或一年半，利润就消失了"。[1]

对于产品和服务的提供商而言，必须确保流通领域的回款速度以减少流通领域的库存，同时严格审核经销商所带来的风险。企业需要对财务有前瞻性，应该关注现金流动、资本和控制，特别是要有对现金流和未来资本需求的规划。也就是说，保障财务健全是对一个好的商业模式的基本要求。

（5）价值链高端

好的商业模式应当处于价值链中的高端部分（或合理部分），应当能够获取高附加价值的部分或全部，并力求减少规模化带来的风险。例如，中国的家电企业因受制于国外的专利技术，不仅没有获得高附加价值，而且随着规模化的发展和竞争的激烈，企业最终可能破产。就此而言，没有核心技术的自主品牌，反而不如代工。这也可以说明包括中国台湾地区在内的我国的许多企业乐于替人打工的原因。

（6）与时自新

好的商业模式不仅是对成熟的商业模式的改进，而且还必须是自我否定、自我淘汰型的。换言之，任何好的商业模式都有时空限制。因此，在某种商业模式被竞争所压迫或遭遇别人的淘汰之前，企业或商家必须采取自我否定的方式确保商业模式的创新和改进，以新的、改进的商业模式淘汰自身

1　德鲁克. 《德鲁克管理思想精要》. 机械工业出版社，2007年，第130页。

已经落伍的商业模式。例如，电影城是对单厅电影院的改进，电影城的综合经营是对播放电影模式的改进，等等。就此而言，好的商业模式必须通过不断自我否定、自我更新的方式保障它始终是行业的标杆。

（7）占据未来

好的商业模式必须具有未来性，而不是着眼于当下的可盈利方法。例如，一些民营的图书发行商过去获得过很大的成功，但是由于一些企业没有从产业形态的变化和经营方法的创新方面来保障商业模式的未来性，因而在产业变动中遭到了重创。同样，一些固守门户网站广告收入的网络企业，其依赖广告收入的商业模式是否具有未来竞争力，也正在遭遇市场的诘问。例如，在如何保障创新、保障未来的竞争力方面，腾讯就比分众具有更为扎实的基础，因为后者更依赖于广告的单一收入。

（8）注重细节

具有竞争力的商业模式都非常注重战略性细节。由于商业模式总是直接地体现着竞争水平，因此，好的商业模式必须注重细节。

注重细节首先必须是在战略指导下严格按照战略的阶段性予以落实，或是在战略调整的过程中体现出相应的变化。其次是保障该商业模式最核心部分的精细化和顾客价值的真正最大化。

例如，一个项目的营销设计可能会影响到项目的传播，对代理商的严格筛选、背景调查与否可以决定项目的成功与否。以一个电视剧节目与相应的图书出版的互动为例，好的运作可以保障二者相得益彰并带来很高的收益，而不好的运作则不然，粗放经营的结果只能带来有限的收益。

（9）本土化

好的商业模式应是本土化的。特别是对外来的项目，必须根据国情、企业情况予以调整，以保障该商业模式能合乎本土化的要求。例如，香港迪士尼乐园2006年初所遭遇到的困境，就是由于其商业模式没有很好地本土化所造成的后果。

（10）企业文化性

好的商业模式往往与企业文化融为一体。一个企业在真正体现出好的商业模式以后，一般很快就会有人模仿和跟进，但好的商业模式不怕模仿，因为它已经与企业文化融为一体了。以美国谷歌公司为例，包括雅虎和微软等在内的公司都在同样的商业模式上有过深入的思考，但在落实该商业模式的程度上却有着很大的差距，这一结果与谷歌的创新型的企业文化适合它的商业模式是有密切联系的。

四、企业的核心竞争力

站在商业模式的立场看，企业的核心竞争力并不一定是什么"独特的、不可被他人模仿的能力"[1]，被模仿并不可怕，重要的是不怕竞争，是一直用实力说话。竞争力就是竞争力，它是内部优势和外部优势的综合组合体，是系统化的竞争优势。

1. 内部优势与外部优势

内部与外部这两方面的优势，本质是战略指导下的企业商业模式的体现。企业的核心竞争力，不可匹敌才是根本的，没有必要一定独特到不可模仿的程度。

（1）外部优势

所谓外部优势，也可以称为外部性优势，指的是企业所拥有的由外部条件促成的、相对的、暂时的优势。先天禀赋、自然因素、环境因素、利用政策优惠因素、企业产品自然的独特性、发展机遇、区位优势和产品所体现的价格特点等，都属于外部优势。

1　传统管理学家和经济学家把核心竞争力说成是"独特的、不可被他人模仿的能力"，是错误的理论，这种说法违背了企业核心竞争力时常遭遇挑战的逻辑。因为假如存在不可被模仿的能力，那么企业就会自动永续经营，而这种情况是没有的。

外部优势可以使企业获取某种外部性资源，使得企业得以立足和存在，它是企业发展前期阶段的优势。但是，外部优势很容易因为竞争者的模仿和优势条件的钝化而丧失，如中国低价格的制造产品的优势正随着产业的升级和人力资源价值的提升而逐步丧失。

（2）内部优势

所谓内部优势，也可以称为内在性优势或者能力与品德上的优势，指的是由企业自己创造的、内生的、长久的优势。它包括专业化水平、职业道德、知识产权积累、战略决策能力、持续创新能力、品牌积累、严谨的工作流程、化解危机或者减少缺陷的机制，以及持续改进商业模式的能力等。

内在性优势一般是核心竞争力的主要来源，也是能在较长时间内保持竞争力的关键所在。企业的核心竞争力从根本上取决于它的内在性优势。譬如曾经名噪一时的丰田汽车的零库存管理模式，它并不是不能被模仿，丰田欢迎各方来参观学习，而且也并不是只有丰田做到了，但是丰田汽车一直是这种管理模式的最大的受益者，根本在于这种管理模式的优势已经内在化了，竞争对手不是不能学，而是追不上。

（3）内部优势的重要性

外部性优势和内在性优势二者都是企业核心竞争力的有机组成部分。不过，在市场演变和竞争中，内在性优势较外部性优势更重要。产业结构调整的重点也是通过提升内在性优势来减少对外部性因素的依赖。

就中国许多文化企业对文化产业政策的依赖和利用程度来看，这些企业依然缺乏内在性能力和品格。文化企业在制定战略时，要以获取或者提升内在性优势为重点，有效地整合外部性优势，从而形成某种组合体。并且，战略中的核心竞争力不仅要通过发展战略和竞争战略来体现，更要具体落实在可行的商业模式上。

2. 核心竞争力与商业模式

外部性优势和内在性优势系统组合在一起，就是企业的竞争力。如果各种内外要素组合的模式非常好，以至于综合竞争效果发挥得特别突出，就具有所谓的核心竞争力。就是说，**商业模式本质是竞争力组合模式**。好的商业模式是核心竞争力的具体体现，是具有战略性的。

（1）竞争力源泉

文化企业的核心竞争力的内外两种优势不是孤立的，它主要通过合理的商业模式来体现。而且商业模式是不断自新的，并且向持续增强的内在性优势方向迈进。商业模式是基于某种比较稳定的交易结构基础上的可盈利的方法，合理可行的商业模式是企业核心竞争力的主要源泉。

因此，文化企业经营需要重视商业模式的发现、选择、改进和优化。

在思考商业模式时，需要结合产业变动、消费者生活方式的变化与商机的变动，更需要结合企业内在性优势和外部性优势，以及在某些情况下需要把握自身优势的某一个具体领域。比如说华谊兄弟，不断结合中国电影行业的发展进程，发挥自己的内外优势，对自身商业模式的思考从未停止，不断改进自己的具体盈利方法。

（2）模式的制约与自新

在体现为商业模式时，核心竞争力受到商业模式所依存的相关产业条件和消费模式的制约。思考如何改进商业模式就是企业发展战略的组成部分，企业要不断改进自身的商业模式，假如商业模式没有改进的余地，就要进入不同的行业去发展。当然，商业模式的改进需要考虑产业趋势。

（3）商业模式的兼顾

商业模式的结构需要系统思维、综合落地，需要兼顾竞争优势的全面性与独特性。在有形的方面，需要兼顾企业的短期利益与长期利益，在无形的方面，需要塑造与自身优势相适应的企业文化并不断锤炼。

从总体上说，企业的核心竞争力所包含的两种优势是一种综合性的市场竞争优势，而不是一种单一的优势。在思考企业独特性方面，需要在一定程度上思考企业的具体业务选择和细分市场等要素，但是不能过多关注企业产品的独特性。换言之，独特性是必要的条件而非充分的条件。尤其在思考具

移动互联网时代文化产业商业模式

体产业领域的商业模式特点时，应当选择该产业基础性的商业模式，并且以自己的外部性优势和内在性优势来突出自身的核心竞争力。

3. 产品与商业模式落地

企业的商业模式具有战略层级的意义，但商业模式离不开具体的产品，产品需要进行战略性的规划。

（1）战略性地思考产品

产品对企业而言并不是单独的一个物体，企业经营需要把产品和服务的筹划、设计、生产和销售上升到构建和提升商业模式的要求上，或者从商业模式的角度来看待产品和服务。譬如iPhone绝不仅仅是一款手机，它的各种功能设计，从第一次开机的账户注册开始，都与整体的iTunes、iCloud等各种视频下载、音乐下载、免费公开课等功能关联在一起。

企业的发展离不开商业模式的发现和提升，否则便会陷入做项目的发展困境中，不能使整体利益最大化，这事实上是时下中国很多企业在发展中所面临的问题：如何把产品上升到商业模式？很多企业不但不知道如何提升的问题，而且还没有意识到这一问题的重要性。

（2）从产品到商业模式

对于文化企业而言，把产品上升到商业模式包含两个环节：首先是把创意或者内容进行产业化，转化为产品和服务；其次是把产品和服务提升到商业模式层面来发展，寻求企业的整体价值的最大化发展。

文化企业需要对创意和内容进行产业化，转化为文化产品和服务，然后才是把产品和服务上升到商业模式。

如何把产品和服务上升到商业模式呢？这需要企业的各个部门共同努力才行。首先，需要市场调研部门和企业家，通过调查或者洞见，找准符合消费者生活方式和价值理念的需求，也就是说市场定位准确；其次，需要企业设计部门通过创意恰当地反映这一市场定位，然后生产部门能够按照要求提供合格的产品和服务；最后，营销部门通过恰当的营销方式和营销渠道把产品和服务卖出去，并且对相关产品和服务进行售后服务等。

整个商业模式的提升过程，还需要很多的东西，比如对产业趋势、行业趋势的把握，对生活方式和价值方式变化的感知，新技术所带来的影响等，都会极大地影响商业模式的选择。

五、商业模式的战略性变迁

市场中的企业追逐整体价值最大化需要依靠核心竞争力，这是一个动态的竞争过程。这个动态的竞争过程是把企业具备的各种外部性优势和内在性优势综合起来发挥合力。发挥合力的思路、方针、方案、规划等，就是战略；在动态的市场竞争中战略实施需要的发力结构就是商业模式。这个发力结构越好，战略便实施得越好，如果没有，企业就流于只在做项目。在现实市场中，这是一个动态的过程。

1. 商业模式是企业经营的战略核心

企业竞争力的强弱具体体现在商业模式的好坏上；企业战略规划体现为具体商业模式，也通过商业模式发力。企业核心竞争力的增强、合理战略的实施、企业整体的发展，具体而言，需要通过商业模式的选择来实现。

只要商业模式够好，企业就具备核心竞争力，而并不一定需要独创或不可模仿。譬如腾讯公司，虽然缺乏原创商业模式的能力，但是它善于借鉴和模仿，特别是善于把消费者群体的资源转化为组合式的商业模式。它以IM为核心依托，以QQ为平台，低成本地扩张至互联网增值服务、互动娱乐、移动及通信增值服务和网络广告，从而形成具有规模化盈利能力的综合型的商业模式。同样，百度公司善于将自身在技术上的优势转化为可行的商业模式，并且在专业化能力和市场营销组合的竞争力方面持续增强。

优秀的产品不决定企业整体价值，商业模式才是企业根本。譬如在中国，很多音乐制作企业有好歌曲但是没模式不赚钱，与电信合作下载业务的企业不需要好歌曲也能赚钱。可以看出，产品等某方面的竞争优势并不一定能够为企业带来实际的盈利，商业模式才决定企业是否赚钱。

把握商业模式的可行性是思考构建企业核心竞争力的起点，立足于这种可行性才可能进一步发挥、利用或者加强自身的各种竞争优势。竞争优势是企业的必要条件而不是充分条件，把握商业模式的可行性，进而发挥各种优势，企业核心竞争力才有现实意义。

在动态变化的市场中，企业的竞争具体落在商业模式之间的竞争；企业战略随市场而动态调整，要求商业模式不断改进。**重视商业模式的发现、选择、改进和优化，是任何企业的战略核心**，文化企业经营概莫能外。

2. 企业动态经营与商业模式

商业模式中的盈利方法选择是丰富而多样的，有时候是单一的盈利点，有时候是组合的盈利点，有时候是交叉的盈利点的融合。

（1）经营的变迁是商业模式的战略变迁

企业的经营往往是具体的盈利项目或产品的动态经营，这种动态变化，本质是商业模式的战略变迁。以美国通用电气公司为例，美国通用电气公司虽然有点像海尔、TCL是多元化经营，但自从杰克·韦尔奇上任之后，他的多元化战略采取了两个新办法。第一个是坚持核心业务，叫数一数二。第二个是通过并购进行调整，以至于当时的通用电气公司差不多天天在并购。

国内的大型家电公司曾经想学通用电气公司的多元化经营，但有两个根本性的内容没学对：第一，以前通用电气公司主要做家电、电器之类，通过并购，现在做风能、飞机如波音787的引擎，还有金融、文化产业、高技术的领域，通用电气公司是在从传统的产业一直向高技术的产业转移。第二，它的多元化是从过去简单的多元化变成战略的多元化，它不断在多元化，实际上是一种战略性的商业模式，它通过并购，把旧的淘汰掉，把新的建立起来，这是战略转型的多元化。这两点，保证了通用电气公司在战略多元化之下的品牌一直保持着很强势的地位。

并购企业从战略上来讲是最好的快速扩张的模式。世界上有两个企业差不多天天都在并购，一个是通用电气公司，一个是默多克的新闻集团。世界上好的文化企业都是不断并购的，如时代华纳也在不断整合并购。但是，不能为了并购而并购，并购是一种很好的实现战略、变化商业模式的办法，但战略性的思考是非常重要的。

企业经营，需要经营者思考商业模式的战略变化，需要结合产业变动、消费者生活方式的变化与商机的变动，更需要结合企业内在性优势和外部性优势，以及在某些情况下需要把握自身优势的某一个具体领域。这是一个战略性的过程。

（2）经营的定位是商业模式的战略定位

有些企业以企业文化支持战略转型，如IBM并不仅仅是实施了并购性的战略，对自身战略上的再定位，决定着其内在的转化。IBM从PC生产成功地转型做解决方案提供商，把PC卖给联想以后，现在它的市值提升了好几倍。所以战略也要经过一种提炼，要给出定位，定位好以后就用资源支持它，并调整价值观。企业文化一定要和战略相通，以二者的融合为导向，而战略的引导者必须是企业家和职业经理人。

3. 从战略到商业模式

企业发展战略，是"有"与"无"的结合体，既要求高度的综合能力和抽象分析能力，也需要落实在具体的行动上。由产业分析发端的企业战略，必须通过商业模式来体现。

（1）战略的指导性

对文化企业而言，战略的重要性首先在于指导产业选择。在研究默多克的新闻集团时，我们清晰地看到该集团从报纸到电视、从无线电视到数字电视，以及从电视到互联网等产业的迁移，并且看到该企业不断并购发展的战略所取得的卓越成果。在默多克进行产业选择的过程中，他善于把握对竞争优势的分析。

（2）战略的合理性

战略的重要性还表现在确认商业模式是否合理上，特别是在已经盈利的商业机遇方面。如果项目经理经常"自立门户"，那么虽然公司仍然在盈利，但长此以往，公司肯定做不大。战略目标和战略定位的合理性是十分必要的。

（3）战略的可行性

无论怎样的战略，都必须保障它是可实现的，其具体的实现形态要以商业模式来统领。例如，索尼公司自2000年以后的战略意图很清晰，想利用它所具有的整合能力和内容来争取网络数字时代的领先优势。但是，索尼没能根据互联网的文化来塑造自己的电子产品形象，没有能适应互联网之后的商业模式。它的"电视机加电子游戏机"的商业模式虽然可行，却远没有苹果公司有吸引力。

清晰的战略和具体可行的商业模式是企业管理智慧的集中反映，也是企业核心竞争力的综合体现。只要企业的商业模式具有比较优势，是适合其自身的而又具有未来性的，它就可以表达出企业"核心竞争力"的本质。

（4）商业模式的落地

好的商业模式是战略指导下的选择，而不是任意的。例如，一个电视节目公司拍摄的某个电视剧能够盈利，但它不一定能构成商业模式，更不一定是好的商业模式。

实际上，只有符合企业战略而且具有未来性的商业模式才是好的商业模式。为此，需要了解本行业中的各种商业模式并加以改进和优化，这样所得出的商业模式必然是商业模式中最有特色和竞争力的，这实际上也就构成了企业核心竞争力的核心内容。例如，以上述电视节目公司为例，它需要理解古代题材和现代题材的差别，理解在二者中只有现代题材具有内嵌式广告的商机和产业链开发的潜力，以及理解内容授权产业的特点等。

假如该电视节目公司以品牌为战略，以产业链开发为商业模式的话，那么，有一天它便可以通过品牌入股从而享有超额的合作投资回报。这和仅仅依靠播出权的收益是完全不同的。

假如该电视节目公司能把经纪业务也开展起来，同时代理明星的广告业务，那么，其商业模式又将是另一种形态。

无论该公司是否能够不断地拓展其业务，它至少需要了解，在中国单凭一个个节目（特别是古代剧）的播出，收入是不稳定的，以节目播出为主要收入的商业模式是脆弱的、没有核心竞争力的。

（5）商业模式需要不断优化和创新

商业模式的优化和创新，需要对战略经常反思并做出必要的调整。由于商业模式的创新所带来的冲击很大，所以，如果没有把握好变化的趋势，就可能会遇到危机。战略是一种最基础的核心竞争力，同时商业模式的选择决定战略的成败，商业模式的调整（优化和创新）促进对战略的反思和调整。从这个意义上说，战略与商业模式相互促进是企业核心竞争力的具体体现，它们之间的关系可以用图3-1表示。

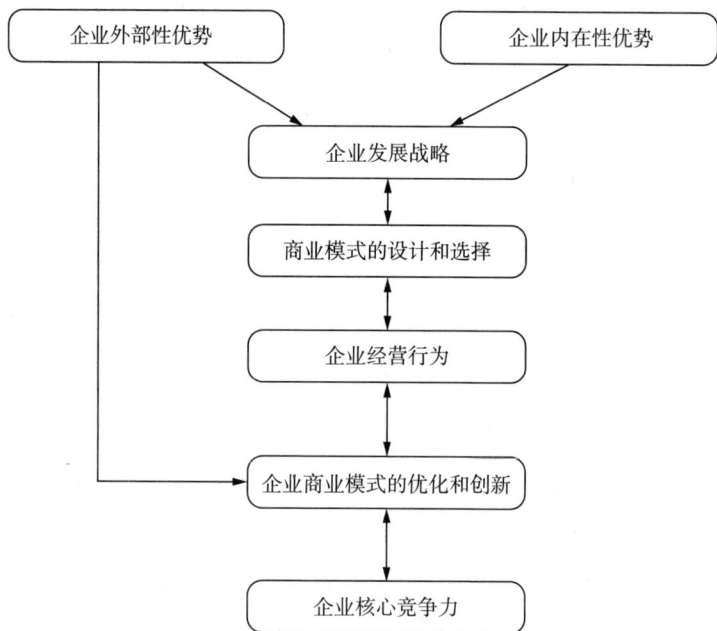

图3-1　商业模式与战略、企业核心竞争力的关系

第四章

文化产业的全产业链生态

　　有竞争力的企业商业模式是顺应时代趋势的，是动态优化的。随着各种跨界融合以及政府对文化产业的推动，文化产业的核心已经从传统的文化内涵转移为文化创意产品开发、企业经营和跨界服务。移动互联网和传统因特网决定着文化产业的主流商业模式，文化产业进入了互联网无边界的"平台为王"时代。

一、产业链全系统化态势

　　大众艺术、时尚、设计、娱乐等处于整体社会文化的外围层，这些非学术文化更多地依赖于文化创新，而不是文化继承。文化创新与经济机制结合，就构成了文化产业。文化含量的多少不是产业的关键，是否有文化底蕴不是产业的关键，是否值得流传后世也不是产业的关键，具有现实影响力的现代式文化创新才是文化产业的关键。

1. 文化产业全产业链的构成

文化产业的现实影响力不仅仅需要创意本身足够好，而且这种特定的创意要形成某种文化主产品。同时，还需要围绕这个创意举办各种形态的文化活动，从而带动产品的销售。

（1）文化创意的可延伸性

其他产业领域的某种资源或者创意是一种独有的价值结构，比如纯净水技术，就是用在水的纯净上，不能随便用到纯净石油上。但是文化领域中的文化创新、创造、创意是精神性的。文化创意资源是可以在所有文化产业的门类中共享的。比如说可爱的米老鼠，可以活跃在电影中、电视中、故事书中、挂图上、书包上、服装上、食物上、建筑上、整个公园等，贯穿一切。

围绕文化创意可以开发各种新产品，使其不断增值再增值。比如米老鼠这个创意，先拍出动画电影，通过电影院播放赚取票房；进一步地，形象授权，把米老鼠的形象应用到各种服装上、文具上，甚至搞出一个主题公园，跨界到了旅游行业。迪士尼公司的一切经营，是围绕着这个创意不断延伸再延伸。

就是说，文化产业领域天然是一种产业价值增值的产业链形态，这是文化产业的独有特征。文化资源或者文化创意，可以通过延长产业链转变为附加价值的实现。

（2）文化产业领域的产业链构成

从价值增值实现的关系来看，笔者认为，文化产业的产业结构可以划分为三个领域或四个部分，它们彼此之间构成了文化产业的产业链。

三大领域是知识产权创造领域、传媒与广告领域、衍生品领域，三者再加上为它们提供支撑服务的部分，就是文化产业的四大部分。这三个领域中，每个领域都包含若干行业。这三大块构成了完整的文化产业链，其实现价值的结构如下。

其一，内容产业，即知识产权创造领域。包括图书、报刊、音乐、游戏、影视节目、广播、明星、主题公园、活动、卡拉OK、体育赛事联赛、信息、教育培训、商业艺术表演、艺术交流推介活动、会展、美术设计等。

其二，平台产业，即内容的传播与传输渠道、传媒及广告平台、交易消费"空间"等。包括平台的媒介、各类传媒载体的传播服务、相关信息（网络）服务等。由于新媒体的发展，从收入结构和商业模式上看，传媒和平台产业的范围还包括了电信运营商与网络技术公司的多数业务。其中，网络技术含门户、搜索技术、视频、社交、微博、硬件等都是媒介化的内容、内容下载平台、交流和消费的终端平台等。

其三，周边衍生品产业，文化产业衍生产品即以文化产业制造业为主的产品，如玩具、文具、工艺美术品、乐器、数字娱乐设备与图书、艺术印刷品等，以及结合知识产权的文化产业制造业如迪士尼的产品销售等。

其四，相关服务，如人才培养、广告、创意设计、资本运作等。

从上述分析可以看出，内容产业履行创新、创造、创意的分工，是文化产业的火车头，比如拍摄米老鼠动画电影；平台产业为文化创意提供进行文化活动的空间，比如电影院线；周边衍生品产业，进一步不断增值，比如过去传统的录像销售和租赁、VCD的销售等，现当代的网络视频网站的播放授权，等等。

2. 中国文化产业链生态现状

从产业链的基本结构上看，内容产业是产业的基础，是创意的保障，"内容为王"应当是理所当然的，但经济现实是"平台为王"。

（1）逻辑上的内容为王

所谓内容为王，就是说内容创意生产是整个文化产业最主要的价值源泉。创意被产业链共享，其增值无边界。逻辑上谁拥有IP（内容版权和改编权）谁就拥有价值分配的主导权。

文化资源与创意，在产业的三大领域或四大部分中共享。创意的价值，在产业链中，从最初的内容产品不断延长增值、再转变、再附加增值。**附加价值的无边界，是文化产业不同于其他产业的独特性所在**。这四大部分，本身是区块化地分布，而且还可以进一步区块化处理，例如，米老鼠延伸到文具领域，可以同时在书包、笔袋、铅笔等各种类型的产品上同时呈现，整个领域的具体产品可以根据实际需要去生产即可，不必分谁先谁后。因此，文化产业在互联网中，运用区块链金融技术的相关思维，可以很好地操作这三个领域、四个部分的产业链交易关系，并实现延伸。

此外，因为文化产品的精神价值或者创意价值是核心，它主要**依赖于人力资源来创造**，而不是自然资源和物质资源，这是文化产业区别于其他产业的又一特征。旅游行业其实有两种类型，历史文化资源的旅游属于传统的观光旅游而非文化产业，只有通过创意和创新资源带来的旅游，如主题公园旅游或者会展旅游，才属于文化旅游或者文化产业。

（2）平台为王的现实

不过在中国，由于种种历史原因，当前整个文化产业是由传媒等平台机构主导，由它控制着整个产业链的主导权、价值分配，在中国，平台为王。

腾讯在互联网的环境下是平台称王；马云不断大举打造一个交易平台、娱乐平台。大公司就干两件事，一个是娱乐平台，一个是交易平台。三大电信运营商也是如此。

从经济实践看，现实中的大平台有两种。第一种是综合平台，2013年4月29日，阿里巴巴斥资5.86亿美元入股新浪微博，初步形成BAT（百度、阿里巴巴和腾讯）三大综合平台一统天下的格局，近两年"二马"当先，百度也被甩开，但百度仍不失为综合平台。第二种是垂直平台，相对于BAT靠覆盖面广、全面跨界取胜的综合平台模式，垂直平台锁定局部市场，占据某一个细分的垂直领域，为特定的、有针对性的客户提供专属定向服务，重在挖掘特定客户群体的专项需求，借助移动互联网深入到特定用户群体的生活的方方面面，并以此为区隔，形成独立的消费体系，如蘑菇街、美团网、大众点评网、陌陌、楼盘网等，都是垂直平台。当然，理论上还有第三种平台，就是拥有独家产品的小而精的平台。

应当说，这导致了目前中国文化产业存在三大结构性问题：①文化制造产业在文化产业中的比重偏大；②传统文化产业经营模式滞后；③文化内容产业激励不足。这些问题还需要未来在经济实践中调整。

3. 全产业链生态的机遇与挑战

在以智能手机作为最重要的综合平台的环境下，互联网公司的地位大幅度提升，很多互联网公司已经OTT（Over The Top，指互联网公司越过运营商自行发展数据业务）成为零售商或者游戏公司、广告公司，而不再是技术类的公司。

（1）被跨界的文化产业

数字文化产业的发展带来了巨大的产业形态变革。文化产业当中的各个行业之间既存在关联性，也存在相互竞争或者替代关系。比如，现在的新媒体和传统媒体之间存在着竞争关系，网络阅读可能冲击印刷媒体的阅读，媒体产业之间的相互替代性具有变动不居的特点。此外，选秀的活动可能冲击传统表演艺术，小品表演冲击相声艺术，等等。

文化产业，已经被跨界、被融合，新型文化企业不断涌现。或者反过来说，文化产业正在反向渗透到以数字产业为代表的新兴产业之中。比如，文化产业的相关内容正在改变电信业态，在某种意义上说，三大电信运营商都正在逐步成为传媒性质的媒体公司。

（2）文化资源的调控

从产业资源的角度来说，中央政府推动的围绕市场化发展的变革正在推进，业态和资源都将发生或者已经发生巨大的变化。这种变化对业态的影响是立竿见影的。比如说，以演艺公司为例，既往的许多企业的做法在今天没有达到应有的效果，是因为他们不重视市场。

（3）传统文化企业的生存危机

数字文化产业的发展给传统文化企业带来的冲击是变革性的。由于技术的推波助澜，特别是在4G网络普及运营之后，基于手机的新媒体对各种传统媒体带来了显著的冲击，网络上的娱乐和社交媒体对传统媒体特别是纸质媒体的冲击将是毁灭性的。

然而，不管是哪一类互联网公司，多数都是不稳定的，公司倒闭的情况也时有发生。从文化企业商业模式和企业经营的角度来看，以文化创意为基本方法的文化产业或者文化创意产业，是一个两极分化突出的高风险、高收益的产业，即"王者通吃"型的高风险型产业。

所谓高收益是说如果能够实现商业模式上的突破，那么文化企业的利润、附加价值、市盈率、资本投资回报等也都是会比较高的。但是在这之前，高风险和高收益并不是一种对应的关系，高风险并不逻辑地具有高收益的可能性，比如起点中文网，对传统文学创作出版领域造成了全面冲击，但它随时可能崩盘，最终被腾讯收购才拥有了成熟的商业模式，而且市值潜力极大。

然而，许多文化产业领域的政策制定者以及传统媒体产业的从业人员并没有深入认识文化产业的业态变动和资源结构的新特点。传统文化产业中企业的生存危机已经处处显现。相反，互联网上的新兴文化产业一片生机勃勃。

二、全产业链时代

文化企业的发展离不开文化产业的业态变化大背景，立足于产业资源结构变化，要在大势所趋中顺势而为。中国文化产业将处于可持续的快速发展的时期，因循守旧并不能保障生存与发展，经营成功与否，决定于经营者们能否透过现象把握文化产业价值链的变动，进而与时俱进地创新商业模式，获得领先的优势。

1. 文化产业的互联网转型

虽然国外文化产业基本上充分体现出"内容为王"的特点，国内的内容收入也在稳步提高，但是"平台为王"是现实。只有立足于中国文化产业的这个起点，才谈得上考虑如何在数字文化产业的冲击下实现转型。

（1）现有最好的商业模式

从成熟度角度看，现在已经发展出很多互联网上的商业模式。包括平台各种模式，但是，当前最好的商业模式仍然是"平台+内容服务"的结合体。

2013年，《纽约时报》数字订阅数据上升了40%左右，这是因为它是有基础的，《纽约时报》一直做会员服务的模式：《纽约时报》的新闻专业化、专家化，对新闻实现深度解读，这是会员服务模式所需要的要素。报纸电子版和手机版其实仍然有一定的生命力，只要它具备高超的专业能力。

（2）文化金融的推波助澜

我们可以看到，从2013年开始，文化科技领域的资本运作持续繁荣，通过并购和投资两个角度，金融开始介入文化科技领域，特别是数字文化领域。文化领域、金融领域里开始有很好的发展。腾讯在过去不到十年中市值翻了135倍，百度、腾讯和阿里巴巴这三个公司的市值相当于中国房地产公司前100位的总市值。

曾经很多人感慨金融介入文化产业不够多。其实，金融介入任何产业都有个时机问题，产业做大后，金融才能介入。现在，移动互联时代来了，机会来了，文化产业做大了，金融就介入了。文化金融今后主要介入到文化科技领域，特别是数字文化领域，因为，移动互联时代来了。

2. 生存逻辑

从生存逻辑上看，只有自力、自产、自贸、自销式的自力更生，经营活动才不受上下游企业经营状态的直接影响，才能自立。只要自己不作死，就不会死，这是任何时代、任何企业理想的经营起点。

当然，传统的中小企业不可能做到这一点。在传统企业创业伊始，它一定是某个产业链中的一环，上游或下游企业一死，也得跟着死，只靠自己努力并不一定就能活下去，这是经济结构和人类社会的经济分工决定的。比如钢铁厂，貌似很厉害，可是房地产市场全面萎缩，钢铁厂也只能跟着减产，自己提高生产量死得更快。只有集团性的公司，才可能在产业内形成自有的上下游综合产业链，更容易活。比如贝塔斯曼，插手了图书产业链的每个环节，全产业链地做，就不再怕死。

拥有独立的产业链，全产业链运营，才能真正在市场上不死，这是基本的生存逻辑。否则，企业的生存基本上决定于行业的产业链状态，全靠市场这只"看不见的手"施恩，自己的努力只解决好坏的问题，不解决生死的问题。而企业一旦拥有自立的全产业链生态，其竞争力急剧攀升，发展与规模将无可匹敌。比如乔布斯重新入主的苹果公司，由于以iPhone为平台的种种文化消费自成生态，公司很快从濒临破产再度转变为全球领先的状态。

3. 全产业链生态

生存危机和科技发展带来的时代机遇，让全产业链成为文化企业发展的方向。随着移动互联网时代的来临，文化创意的跨界融合特性开始发威，让一切不可能开始变为可能。在高科技的支撑下形成符合生存逻辑的全产业链的生态是企业的根本战略。

（1）新的探索

笔者认为，互联网文化产业领域的全产业链生态，应该有五方面新的探索，这些探讨不一定能成为成功的商业模式，但对传统的商业模式来讲是一种创新或者是探索。

第一种创新，从文化产业的视角来看，是符合内容重复增值使用规律的独特产业链形态的创新。有一些内容可以反复使用，在内容和时间上可以用几十年，可以把一部分内容做成电影、游戏、主题公园，在内容上可以涵盖所有的消费品，这个是文化产品独特的商业视角。比如说《愤怒的小鸟》与Hello Kitty就是文化产业的独特产业链，有很多突破。

第二种创新，是文化产业的提供模式发生了变化。众筹形态的合作将是未来的主要形态之一，这个平台合作不是单方提供的，而是大家提供的。假定本书读者的个人网页连成品牌，大家与作者一起形成一个平台，这个平台里的人全是文化产业研究精英，外面人进不来，这就形成了共建的知识产权。

第三种创新，是即兴消费。它会发生在诸如明星演唱会的直播或拳击比赛等场合中。即兴消费发挥移动消费的优势，带有"粉丝"（追星的人或群体）群的特点，在此基础上明星经济将得到强化。

第四种创新，是针对特定会员的系列性服务。它既可以针对大众也可以针对高端客户，比如移动医疗网站及其系列健康养生乃至健康旅游的服务。这样的服务可以结合各种资源，包括国际化资源，通过线下实现规模化。它是通过整体的活动形成规模化的效应。

第五种创新，是跨界服务的领域，如内容服务、平台运作、延伸开发、配套服务。这里的跨界服务指延展了因特网的服务，如文化金融中的细分服务、公益传播服务、网上拍卖、艺术品数据存储、各种技术服务等。比如从万达集团的实践看，它正在转型为全行业的跨界模式。

（2）人的需求

业态和资源结构变动，对于文化行业的经营管理者和各类从业人员是至关重要的。这对企业经营管理者提出了比以往任何时候都更高的要求，全产业链人才至关重要。

一方面，企业需要达到人才密集型、技术密集型、文化密集型和资本密集型的结合，以面向一个需要资源不断再整合、商业模式和创新层出不穷的产业。**文化企业必须具备比制造业更强的经营能力，也需要更富于魅力的企业文化。**

另一方面，文化产业还需要与时俱进地把握生活方式、技术、政策和市场竞争格局等综合的要素，尤其是要结合业态、资源结构的变化和企业自身的内在能力来把握发展机遇。

（3）全产业链生态的时代

高科技的发展，足以让中小企业甚至个人整合原本不可能整合的资源，延长创意的价值链，向上渗透到原材料的挖掘，向下渗透到消费客户个人。就是说，内容+平台+衍生产品+相关服务，都可以由一家公司借力互联网综合调配。比如"中国好歌曲"自己做节目，用经济效益绑定浙江卫视和QQ音乐（腾讯）平台，从而开展各种经纪活动、演出、授权等，达到全产业链综合运营的状态。

从发展趋势的角度看，每个企业都会发展自己独享的全产业链，"内容为王"与"平台为王"会逐渐全面结合。频道多样化、丰富化带来了巨大的内容服务缺口和商机。好的内容包括故事、作品、节目、活动等，它决定产业链的长度、广度和规模效益。畅销小说和动画电影是典型代表，像《哈利·波特》《米老鼠与唐老鸭》等可以催生出庞大的产业链。知识产权才是文化产业财富的源泉。

大平台、大数据、大市场，任何企业都可以通过互联网尝试创造独享的生态圈，开始能够做到在市场上独立生存。

全产业链生态的商业模式是企业在移动时代自建的、独享的生态圈，是企业的战略转型需要，是企业时代发展方向，是所有传统企业的挑战，也是企业做大做强的机遇。

三、娱乐无边界

对于互联网上的文化产业的发展总特征，笔者于2002年就总结为：娱乐无边界。移动智能手机技术的不断成熟，让随时随地娱乐成为可能。移动互联网娱乐无边界是主流的娱乐形态。

1."互联网+"对生活方式的挑战

娱乐无边界是主流娱乐生活的形态，特别是80后、90后的主流娱乐的生活形态。它最大的特点是娱乐不再受时间和空间的限制，可以随时随地地娱乐。随时随地娱乐成为人们生活方式的重要组成部分，诸如低着头玩手机，或者是一边开车一边发信息，或者是一边听音乐一边玩游戏。消费者不用到具体的某个时间段或空间去娱乐。

（1）娱乐无边界的影响

数字技术促进了娱乐便利化的趋势，人们要娱乐很方便，不像以前很困难；同时，娱乐化的生活方式成为驱动文化科技产业发展的一种新的动力。一种大众化的新的娱乐形态及其生活方式的出现，可以为某个企业的快速发展提供强大的支撑，使其在短时间内成为大型企业，甚至是爆发式增长的企业，比如Facebook或者是"愤怒的小鸟"。

娱乐无边界的影响可分为两类：首先，关在家里的人也会变得很娱乐，不走出门也可以娱乐，今后的"宅人"可能会越来越多；其次，娱乐的内容有可能就放在一个终端上面，不管是看电影、玩游戏还是读书，仅仅需要一个互动的、全方位的娱乐终端就行了，随时打开就可以玩。这样一来，娱乐无边界的生活方式，让"王者通吃"型企业出现的可能性增加，谁做得好就会成为非常巨大的企业，其他的企业只能跟在他后面作为一个小小的补充。企业的发展会出现两极分化：大的企业越来越大，小的企业只能面临着各种成长的瓶颈而艰难求存。

（2）生活方式再造

青少年是无边界娱乐的主体，他们已经把无边界娱乐形态作为一种生活方式。这种发展状态，对传统家庭文化而言，既是挑战又是机遇。文化产业的快速发展对教育和家庭文化建设的影响是多维度的。

首先，家庭文化面临挑战，特别是当青少年成为主流的文化消费者时，这种挑战更加突显。青少年文化娱乐注重时尚性、互动性、体验性和参与性。青少年沉迷于网络的文化消费无疑需要引导，但引导的方法需要科学研究。

其次，少儿教育和娱乐已经成为巨大的产业，而且这种产业还在快速增长当中。当前该产业以应试教育的辅导及其相关产品的开发为主，市面上还缺乏塑造品格、提升文化精神的课程及相关产品。同时，家长教育是个崭新的领域，也具有一定的产业价值。

最后，以提高知识技能为基本产品形态的培训产业，将持续快速发展，并且具有娱乐化、游戏化的发展趋势。如同早年练习键盘指法的入门游戏大为风行一般，培训业的培训过程也将越来越强化其娱乐形态。

这种情况的形成，其根本原因在于科学技术带来的变革。人们要生活，还要成长，移动互联网技术的成熟，已经不仅仅是一种技术的革新，它正在全面升级人类社会的生活方式、变革人类的生活文化、转型人类的生活模式。满足人们成长的传统产业，也将在新生活方式的基础上发展起来。

2. 泛娱乐全产业链的价值无边界

泛娱乐将成为互联网之王。一切互联网信息之中最有力量的是打动人心的信息，而最能打动大众的是和时尚娱乐、大众艺术相关的信息，这就是最具有经济价值的互联网时代的文化产业。

（1）移动终端即无边界平台

移动终端融门户和平台为一体。中国是世界上最大的智能手机市场，我们手里的移动终端在商家的眼里都是平台，手机是平台的组成部分。我们现在看到移动互联网跟互联网正在一体化，移动终端又变成了入口，互联网的门户和平台是竞合关系，移动互联网平台实际上既是门户网也是社交网，它是以平台为主的媒介。

移动互联网复制、延伸、变革传统因特网，网上有海量的内容，所以想要在网上立足，第一要求就是规模化，如果不能规模化，那么就要专业化。

（2）泛娱乐全产业链的收益无边界

互联网上传播的信息，如果具有文化性的"创新、创意、创造"特性，就特别容易传播。互联网信息的传播本身就是文化活动，所以，相比随意的信息转载，更专业化的新媒体、自媒体是移动互联网的重要应用，成为文化活动平台。

传统行业边际效益是下降的，而在无边界的互联网里则没有这种限制，数字文化产业可以构建真正低成本的商业模式。既然娱乐是天性，既然文化是满足精神娱乐的精神食粮，既然随时在身边的移动互联技术可以传递文化信息，既然互联网成本无边际效益问题，那么，看不见的手，当然要求文化产业通过移动互联网无所不在，市场当然要求娱乐无边界。

互联网平台建得越大，其成本越低。娱乐的无边界可以满足人们24小时进行消费的需要。通过交易平台，我们有移动互联网的环境，它可以提供广告、传播或者产品的推介。微信圈的应用已经改造了公司的管理模式，大的集团公司可以建立一个微信圈，微信圈、公众号、企业号等都可以实现信息传播的功能，它会带来很多文化产业的新的模式变革。

通过无边界的互联网，无论是产业链的纵向拓展还是横向拓展，都可以增加经营收益。总体上看，价值增值服务形态的产业链经营成为文化企业的最基本的商业模式。

遗憾的是，目前国内的一些内容原创领域一般都缺乏产业链，导致发展步履维艰。如何拓展产业链、开发文化产品的价值增值服务形态，是普遍存在和迫切需要解决的问题。

（3）对各种商业模式的影响

新媒体产业成为媒体产业的主流形态。传统媒体产业和传统曲艺的表演艺术产业，其中图书、杂志、光盘、唱片、数码相机、地方戏曲等都将受到不同程度的冲击，数字阅读或多媒体阅读将对纸质印刷媒体带来持续性的冲击。

当然，创新与挑战并存，对传统产业的冲击，也是转型、升级、合作的机会。就商业的模式而言，移动互联网虽然比较热，但是移动互联网的商业模式目前只占到30%左右，大概70%还是以传统互联网为主。比如说视频，它是独立的，这是一个机会。我们的新媒体发展趋势，将不仅仅是全媒体，而且是视频全媒体，也就是说，趋势上可视化更具备商业价值。知识经济、体验经济与移动终端结合也将碰出火花。

新媒体应用是移动互联网娱乐性消费的形式，娱乐无边界会形成不同组合的平台作为营销的平台，比如，广告行业将持续发展，只不过会搬到网上。一方面，与数字内容相对应的，包括植入式广告等广告服务产业和移动视频领域的广告产业都将快速发展，另一方面，品牌服务的广告竞争将更加激烈，广告企业需要更多地结合技术变动和创意设计来获取自身的发展空间。

娱乐型消费也决定了明星经济将持续活跃。明星将成为内容产业的一部分，并且通过形象代言、广告服务等促进产业的规模化，延伸到其他产业。总体上说，明星越多，特别是大牌明星越多，文化产业就越发达。中国依然缺乏大牌明星，包括体育娱乐和演艺、影视传媒、虚拟明星等，明星经济仍存在巨大的发展空间。

四、全产业链生态的土壤

文化产业的生态发展空间立足于国家的顶层设计。文化体制改革是市场与企业发展的生态土壤。通过政策解读我们可知，"三个面向"、"三个转向"以及大力发展"三好企业"可谓国家文化体制改革的核心。

1."三个面向"与"三个转向"

"三个面向"即"面向社会、面向市场、面向人民"。过去我们的社会体制是以行政资源作为核心的，以行政机构为中心，控制、配置其他资源。改革目标旨在调整为面向社会、市场和人民。

在"三个面向"当中，不管哪个角度都与文化产业有密切的关系。以前文化产业发展存在面向政府资源的情况，这种情况并不是面向社会，也不是面向市场，更不是面向消费者，而是随着改革的步步推进，需要广大从事文化产业工作的人进行全局思考，改变观念，厘清思路，顺势而为。

面向市场的过程当中自然存在"三个转向"。

第一个转向可谓"企业转向"。即以企业为主体，过去的市场叫作以市场的机构为主体，如金融机构、证券交易所、政府等，而通过转向，主体由机构变成了企业，不管是国有企业还是民营企业，它们都是经济活动的主体。在这个主体活动当中有很多政策，如金融政策，也会有很多的转变，包括扶持企业的融资、促进创业和促进小微企业的发展等，因此这一转向也会出现在金融领域里。

第二个转向可谓"体制转向"。文化管理的体制机制创新和产业政策将会转向以提升企业的竞争力为核心。在今后的企业发展中，企业的核心竞争力，特别是文化企业的核心竞争力才是企业成败的关键，竞争力的核心要素就是企业的商业模式。

第三个转向是"金融转向"。金融在企业的发展中发挥着很重要的作用，不难预料，随着各种利好政策的颁布和落实，今后文化企业上市融资渠道会更加畅通，文化传媒企业的上市板块会更加壮大。将来文化产业的上市板块可能以更具备发展潜力的文化科技为主，今后文化产业投资更倾向于优秀企业，而在企业发展中要充分发挥文化的力量，从而使企业真正地变得更优秀。

2. 三好企业

"三好企业"有以下三个标准：首先，由企业家主导；其次，顺应生活方式；最后，产品能够雅俗共赏。同时符合以上三种标准似乎难度较大，但是如果不符合其中任何一项，则显然不是一个好企业。

（1）企业由企业家主导

由企业家主导的企业拥有以下特点：其一，追求事业和金钱的统一。事实上，从企业家的角度而言，做好事业了，钱自然而然就赚到了；但是，赚到钱却不意味着做好了事业。因此，一个真正的企业家主导的企业势必是将企业作为一个可持续发展、持续盈利的事业来进行，而非简单的赚钱机器。

其二，重视企业的未来。企业需要重视长期发展，而不是短期的眼前利益。其三，注重创新，尤其需要做到自己的创新做得比同行企业要好。其四，重视人才，特别是重视聘请在各个专业领域方面比自己强的人才。其五，把资源用在主要业务上。盈利所得应尽快投入到公司的业务发展中去，而不是用来买房子或者投资股票，有人曾说真正的企业家是把企业当成自己的孩子养，养到再大也舍不得卖掉，这就是真正的企业家主导的企业，这其中最重要的内容在于长期性。

（2）企业顺应生活方式变动

文化推动融合，特别是与互联网有关的文化产业发展势头非常迅猛，这种迅猛的势头倒过来会冲击我们的传统文化产业，因此，在企业创立伊始，考虑产业选择的时候，所考虑的产业一定是人们的生活方式所离不开的、对人们的生活来说意义重大的，甚至是人们每天都与之发生某种关联的东西，这个产业才是朝阳产业。传统文化产业，如媒体、报纸、某些地方电视台，都无一例外地存在着与人们的距离越来越远的情况，大家都转向了互联网和移动互联网，这会导致以下两种情况的发生。

其一，今后大型的百货商店很可能都变成了线下的体验店，而没有独立的空间。这就是人们生活方式的变化。人们会发现，网络购物再继续发展下去势必导致越来越多的实体店倒闭，需要引起人们的密切关注。

其二，人们的生活方式发生变化。比如，现在大家发现文化形态发生了很多变化，包括快餐文化、圈子文化、宅人文化等。这些文化形态的变化也势必会影响文化产业的发展，所以做文化产业的人要密切关注消费者及其生活方式的变化。

（3）核心产品能够雅俗共赏

文化产业是面向大众的，主要是做娱乐产业，但是娱乐要有一定的度。只有大众群体说好是不够的，现在某些文化产品在搞乱社会核心价值，对青少年和儿童的身心发展不利或者不健康的产品，都需要我们广泛重视。

雅俗共赏是以服务为基础的"共赏"，但是，这种"共赏"要得到精英人士和"雅人"的认可，就需要在娱乐性很强的同时又具有一定的品位。这个品位并非越高雅越好，其思想性和艺术性还需要为年轻人着想，因为现在的文化产品的主流消费者就是年轻人，这就要求文化企业不能太过急功近利、不能太过唯利是图，在进行艺术追求的同时要具备一定的责任感。只有同时实现社会效益和经济效益的企业才是好企业。

有人认为社会效益优先意味着抛弃市场与产业，这是个思想误区。真正的社会效益优先、社会效益和经济效益相统一的要求包括以下四个方面的内容：第一，创作和生产文化产品的时候应当优先考虑是否满足社会效益的正能量，文化产品有其精神上的特殊意义，因此不能单纯地考虑经济效益，还要考虑产品有没有正能量，没有正能量的文化产品是毫无意义甚至有害的。第二，考虑社会效益的同时必须要考虑经济效益。第三，在发挥社会效益和取得经济效益相冲突的时候，要考虑究竟会产生怎样的社会影响，在充分考虑利弊后再做决定。第四，社会效益优先考虑，但是主要的目标还是要遵循产业效益。简言之，社会效益固然是优先考虑目标，但是这与企业的主要目标是追求经济效益并不冲突，我们可以将社会效益看作是一个质量标准，符合经济效益但是不符合质量标准的文化产品是有害的。

3. 文化产业生态空间现状

综上所述，政府要扶持文化产业的发展，机制改革将释放出更大的市场活力。如今各种主要媒体资源虽然仍然掌握在政府手中，但是政府将扶持大型文化企业上市融资，并且推动文化出口。

一方面，由市场配置资源仍然需要持续化的改革，另一方面，政府推动也带来许多政策性利好。同时，区域政府普遍重视文化产业发展，区域政府的推动将给文化企业提供新的发展契机。

当然，部分区域政府搞错了方向，在做法上也出现一些问题，特别是向硬件思维和历史复古思维寻找金矿的做法需要进行调整和改进。只有正确处理好"三个面向"和"三个转向"，扶持"三好企业"，才能一方面促进文化产业又好又快地发展，另一方面不断提升国家文化软实力，实现文化强国的目标。

五、平台为王的全系统实践

目前，中国文化产业发展仍处于起步或初级阶段。不过，在中国经济高速发展的带动下，以及产业升级需求刺激和各界的重视下，今后二十年将是文化产业快速发展时期。文化企业的竞争已经进入了新阶段，发展全产业链是企业运营的主旋律。因此，全系统的实践之路，非常重要。

1. 转型的基础要素

企业经营与选择、发现、创新商业模式，需要着重关注以下几个要素。

（1）思维方式的转变

产业转型或者业务转型，根本在于经营者们的"思维方式的转变"。例如，纸质媒体的经营者，必须从互联网的文化生态和消费特点来理解人们生活方式的变动以及商业模式的可行性。

（2）文化与科技相融合

企业经营者应当重视4G和未来5G环境下文化与科技融合的特点与方式。移动互联网"平台为王"的特点十分显著，企业不仅要提升创意能力，更需要思考规模化的挑战。少量的精品创意内容对于大平台而言是没有商业价值的。

（3）生活方式的融合

重视生活方式变化与科技的融合或相互关联领域的变动。在新的移动互联网技术和生活方式互动的环境下，娱乐方式将出现巨大的变化。

（4）创意与创新并重

文化产业需要创意，但是，并不是有好的创意就有文化产业。文化产业不是个别的创意，也不是一般的创意，好的创意来自一种反向思考的活动，是以顾客的文化娱乐消费为核心导向的创意集成和融合。创新是创业企业的一个特点。但在两极分化严重的市场环境下，那些创新型的企业需要加快速度，最好能够与资本市场加快结合。创新加速度，就要引入社会资本。

（5）互联网经济中的再定位

企业经营者需要重新思考新媒体的整体发展模式和企业自身商业模式的关系。在新媒体环境下，"大平台的模式""大平台结合部分内容的模式""小平台的专业化模式"和"结合平台的产业链延伸的模式"是四种基本发展模式，新媒体将特别突出规模化（海量的内容）和专业化。任何企业都应当结合一种具体的商业模式来思考如何打造品牌和延长产业链，或者如何在先做虚拟的品牌之后再继续做实体产品的产业链。

（6）抓住机遇

企业经营者应当善于把握资本市场政策转变带来的契机。国家金融政策的变革、上市融资及并购的方式都能加速企业发展。

（7）重视共享

文化传媒企业的经营者应当注重资源共享，寻找并实现可以充分体现合作内涵和资源互补的商业模式。

总之，文化企业的经营者需要围绕消费者生活方式的变化、产业的变化、业态的变化、资源结构的变化等来探索可行的商业模式，以及努力实现商业模式的创新和经营模式的创新。比如，挖掘知识经济、体验经济的互联网化。

2. 创意与创新的战略性

发展全产业链是动态的，经营者不能只把目光投向已有的业务，必须结合产业的业态和资源结构的变化，确立文化企业经营战略定位和商业模式创新的方向，进而重新调整相关的经营策略。在全系统的实践中，创意和创新是核心。

（1）创意是文化产业的主线

湖南卫视的"爸爸去哪儿"、浙江卫视的"中国好歌曲"和腾讯的微信、新浪的微博等项目的成功，告诉我们需要重新把握文化产业的本质：文化产业不是简单地"将历史文化或者民俗、道德等内涵文化直接进行商业化运作的产业"，而是与文化艺术有关的创意产业。

文化产业区别于其他产业的一个核心要素就是突出了产品的精神价值或者创意价值，即它主要是依赖于人力资源来创造价值，而不是主要依赖于自然资源和物质资源创造价值。比如说，历史文化资源的旅游属于传统的旅游而非文化产业，只有通过创意和创新资源带来的旅游（如主题公园或者会展），才属于文化旅游或者文化产业。

因此，从与文化艺术有关的"创意"的理念、方法和实践等角度来理解文化产业，就会看到文化产业的业态与资源结构处于变动之中。

（2）创意的跨界融合性

基于更好地把握文化产业的业态和资源结构，我们可以把文化产业理解为"一个产业族群"，它不是仅仅指某一个行业，而是指某些与文化创意活动相关的一组、一系列的行业，其中包含着不同水平和方法的价值实现形态的产品和服务。可以说，文化产业是经济发展到一定阶段的跨界融合的产业，也是驱动很多其他产业的内容引擎和力量，比如文化产业驱动电信移动数据服务、宽带服务、平台技术、娱乐软件开发等。

3. 平台为王的理论与实践

文化产业在中国是"平台为王"，"平台"运作者控制着文化产业经济价值最高的核心资源。例如，在2013年腾讯公司推出尚未盈利的微信5.0版之后，市值1100亿美元，比美国迪士尼公司和时代华纳公司的市值都高。之所以如此，是他做出了一个极具吸引力的将社交文化和通信结合的平台。

（1）中国的"平台为王"

文化产业天然是一种产业价值增值的产业链形态，比如，迪士尼的米老鼠产业链，从电影延伸到院线再到主题公园，文化资源或者文化创意可以在所有文化产业的门类中被共享。如果这个共享过程是知识产权保护下的合法授权，那么，该资源或者创意就能保护自己的经济收益。就是说，通过形态和做法的变化，文化创意可以不断延长产业链，不断获得更高的附加价值。

不过，在具体的产业发展过程中，这种迪士尼最为擅长的内容延伸式产业链的模式并没有在中国见效。在中国取得成功的文化产业企业，是以中国移动为代表的电信运营商，以及以技术见长的互联网企业，如腾讯和百度等。2011年，中国移动的音乐收入已经达到200多亿元；而在2013年9月，腾讯的游戏业务收入已经达到180亿元以上。在中国，平台资源更为重要，它也是大众娱乐的平台。基于平台发展全产业链非常具有优势。

（2）"内容为王"的趋势

中国从来没有出现过"内容为王"的商业模式。有三个角度的"内容为王"：第一，海量内容；第二，质量化的内容；第三，品牌化的内容。"内容为王"的"内容"，不是指一定要高雅文化，而是指满足大众文化需求的通俗娱乐文化。其主要的内容产品是大众娱乐、通俗艺术、媒体、广告和设计等。创意内容就能赢得更多的经济价值。

互联网是无边界的，对内容的需要也是无边界的，文化产业对内容的渴求越来越突显，内容生产在文化产业利润分配中的话语权越来越大。从内容出发，构建全产业链是完全可能的。从根本上讲，文化产业立足于创意内容，对内容产业的依赖是文化产业的本质，没有内容的平台是没有意义的。国家需要在政策上支持"内容为王"，因为当前平台赚钱，内容不赚钱，长期发展会造成产业畸形发展。

（3）王者通吃

从目前的产业格局看，现有的内容提供商的最好模式不是闷头做内容，而是要重视加强和平台以及媒体传播渠道的合作，这样才能避免完全受制于网络平台和传统媒体运营商的控制。当前互联网的发展，让这种合作成本极低，内容与平台的结合越来越容易。

如果文化产业的内容与平台能够结合，将打通产业链，衍生品自然随之不断增加附加值，将呈现"王者通吃"的特点。比如像游戏行业，腾讯公司拥有自己的全产业链，其收入占据了整个产业收入的近1/4，不到10个最大的游戏项目或者平台公司的合计收入占到游戏市场收入总额的80%以上。

第五章

传统企业的文化生存危机

传统企业被以淘宝为代表的互联网经济全面冲击，传统文化产业被数字文化产业全面冲击，两者都面临生存危机。其根源在于：新科学技术催生出新生活方式，科技的大变革让整个社会经济结构全面变革。移动互联网正在全面升级人类生活方式，变革人类的生活文化，转型人类生活模式。互联网信息传播本质所带有的文化性，正在让各种传统企业都面临文化生存危机。文化产业从互联网的角度正在反向渗透其他经济领域。

一、文化是渗透性经济力量

对跨界的理解有两个层次，第一个层次是功能的跨界，比如谷歌新发明的智能眼镜，它具有和智能手机一样的功能，也与普通眼镜一样有着纠正近视的功能；第二个层次是文化观念的跨界，谷歌的智能眼镜产品，打通了手机与眼镜的观念，开创了一种新的观念，于是就开创了新的文化，这是一种新的时尚文化——谷歌智能眼镜也体现着时尚。

1. 文化的渗透性与新经济分类

（1）科技的渗透性本质

科学技术是一种基础性、渗透性的融合力量，但是随着互联网时代的来临，技术不再独立构成经济增长力量。比如，马云的公司技术含量很高，比许多软件公司都要高，因为他为了建这些平台，技术必须领先，但阿里的市场价值并不取决于技术。

今后的技术会变成一种手段，但很难变成一个独立赚钱的工具。即使赚钱也赚不多。过去IBM技术服务很赚钱，因为别人技术不行，但是IBM本身在互联网上的竞争力还不够强，所以现在IBM只能赚互联网技术的钱，而亚马逊在互联网上赚的钱比IBM要多得多。亚马逊可以与世界上的四大巨头进行对抗，一点都不落下风。

（2）文化的渗透性本质

中国服务业跨界的很大一部分源于产业文化化。所有的产业加上设计、创意、文化、娱乐，这个产业会被做得很活。苹果公司的手机为什么卖得好？因为上网很方便，娱乐很方便，又能玩游戏。它当年为什么能脱颖而出？就是娱乐化。文化的渗透作用，让产业与产业的边界慢慢模糊了，这种跨界源于文化创意。所有的用品都要有创意，从个人身上的配饰到家庭的装修，从内部到外部。

（3）文化化与新经济分类

在科技与文化的渗透性作用下，线上互联网与线下的体验经济都趋向跨界融合。比如健康旅游、活动经济、体育和农业文化产业可以综合做成一个主题公园。在将来，和游玩健康相关的产业会逐步融合，这应该是一个趋势。景观农业，吃一次或看一眼就没了，未来的农业文化产业，不是传统的农家乐或景观农业，应当主题公园化，处处可以玩，可以体验。健康旅游一定是要健康加旅游，要有治疗或者理疗，这是刚性需求，健康不能是养生的，养生不是刚性需求。

长此以往，从互联网角度看，经济领域可以被重新划分为主流经济和服务经济两大部类。所谓主流经济又有两个或者三个大部类：第一，是互联网上的虚拟经济；第二，是线下的体验经济；如果还要在这两大部类基础上再加一个，那么，还有一个是物流经济。这三个领域构成主流的经济系统：一个虚拟、一个体验、一个物流。这三大类是将来最大的经济形态，与它相对应的服务类是金融等服务，这就是"3+1"四大领域。

在这个时代，没有企业能够脱离企业文化化的趋势。

2. 文化产业跨界市场营销

当前经济界的各种跨界融合都是产业本身内在的性质发生了客观变化，这种内在的性质变化是客观的，对应的新观念随之创新，因此客观上也必然对旧观念造成冲击。对这类新观念的运用，可以听之任之，也可以引入文化产业思维主动加以升级。

（1）文化观念是跨界的原动力

富有创意的新观念具有新价值，这就形成了新的产品文化。新的产品文化，具有创新、创意、创造的特征，具有大众传播、通俗传播的潜力。基于这种新产品文化组织各种文化活动，就会产生现实的影响力。现实影响力能对体现这种文化观念的产品形成营销效果，完成经济收益。文化产业的引入与应用，可以大大推动跨界经济的发展。比如三星和苹果的手机，其区别在于三星比较好看，并且比较实用，但是不如苹果手机时尚。三星宣传实用性，是功能上的营销；苹果宣传的时尚是一种文化，属于文化产业营销。

文化与科技的融合，形成了双驱动、双提升。文化和科技本身总体构成了一种发展经济和升级产业的驱动力。文化本身可以提升科技，科技也可以提升文化，文化提升科技在苹果公司表现得非常明显。文化和科技之间有一种相互驱动发展的作用。

文化与科技融合的商业模式，在同等的盈利水平下，公司的市值要比别的公司大很多，因为它代表着一个正确的方向。中国现在市值比较高的公司，比如BAT，都是以数字文化产业为核心的企业。这种公司正是代表着未来发展的方向。

与做数字文化产业和综合发展的公司相比，偏向于技术的公司一般比较小，比如水晶石、华强等公司偏向于技术，实质上很小。而把科技和文化融合起来，以数字为核心构建一个平台的公司，会做得很大。数字化的文化产业和信息产业高度融合带来的影响非常深远，不仅仅局限在产业的生态变革上，它对我们的生活方式也会带来非常深刻的影响。

（2）文化是第二生产力

文化的内核是非物质的观念与价值观，具有渗透性，因此文化产业可以和各种行业融合。事实上，不管是哪种传统产业的产品，都可以用某种文化来体现，都可以引入文化产业升级营销。文化产业的跨界融合能力，是所有跨界经济活动中适用性最强的，**如果说科技是第一生产力，那么我们就可以试着说，文化是第二生产力。**

文化形态的表现包括标志、企业文化的应用，都应当和业务在本质上形成和谐匹配的关系。比如苹果公司的电脑设计和手机设计就很匹配，所以它就很吸引人，这种吸引力、影响力之大，让许多需要花钱才能植入广告的电影厂商自愿把苹果的手机、电脑植入到电影中，而苹果公司不需要支付一分钱。这就是以影响力为本质的文化产业的实际营销效果。

3. 传统企业的跨界化发展

文化内容的驱动效应是广泛的，它体现在对数字企业的影响上，也可以对传统企业发挥更加多样性的作用。

（1）内容产业驱动信息产业是趋势

以文化内容产业为驱动力的信息产业体现了技术与人文融合的根本性转变。在信息产业发展中，内容产业是一种驱动力。以三星为例，三星公司在手机智能化方面取得了很大的成功，十年前它的市值和索尼差不多，现在它的市值是索尼的10倍。三星提供的数字化是给用户提供娱乐内容的平台，这是应用型的数字化产业，它是以文化内容为驱动力的信息产业。

这里面有几个特点：第一，内容驱动产业消费的增长。第二，内容本身的需求驱动着技术设备和终端的创新和发展。新的手机类型出来，消费者会重新购买。前一阵消费者选苹果，现在又选样式很大的三星手机。第三，电信企业成为媒体企业，中国电信现在的主要收入是靠宽带服务，宽带服务的主要收入是靠游戏和视频内容等。现在电信企业已经变成了一个媒体公司。第四，海量的内容需求促进网络应用和移动技术升级。第五，内容成为消费增长的引擎，现在包括iPhone上面的APP Store应用软件，加上内容的应用是消费的最大增长点。第六，内容消费、技术平台和文化软实力的政策扶持之间存在着相互支持的关系。今天存在一个比较大的矛盾就是数字文化产业发展的速度非常好，而国家软实力方面非常弱，这是需要解决的问题，也是我们现在遇到的最大的挑战。

（2）文化内容驱动传统企业的再造

传统企业的跨界化发展往往需要通过做文化产业的方法来实现。农业经过文化的跨界，可以做成农业文化产业。比如，可以做成一个从室内延伸到室外的世界上最大的瓜果博物馆。在文化产业跨界化的理念之下，农业产品可以变成一个娱乐产品，比如方形的西瓜。

美学艺术的元素可以融入各种应用产品当中，这就是一种文化产业的跨界方法，虽然文化内涵不是很高。中国人做奢侈品，简单模仿是不对的，应当总结奢侈品从头到脚的文化。换句话说，想做奢侈品，首先必须要研究这些文化，而且还要把这个文化落地，做出来的东西才是奢侈品。

懂得怎么用文化的元素来形成一种力量，这就是跨界。

二、借文化创意提升传统产业

发展文化产业具有双重路线，即文化产业化（文化经济）和产业文化化。从某种角度看，文化产业化仅仅是包含某个部分的文化被产业化，不是所有的文化被产业化。但是，产业文化化几乎是全方位的，通过"文化+"甚至"文化×"，达成倍率地提升传统产业的目的。

1. 产业文化化

产业文化化是一种文化对经济发挥作用的共识。产业文化化的实质就是以文化和艺术设计的方法改造和提升制造业，转变经济发展方式。或者说，未来我国的经济发展方式转变或者经济增长方式的转型，可以借助于推动文化产业的发展，即在经济领域促进产业文化化来实现。

（1）制造业的升级在于文化支撑

从产品到服务到技术，在一般情形下，只要提升一定的艺术设计与文化含量，甚至在产品销售中增加文化包装，就可以大大提升产品的附加价值。只要研究一下美国苹果公司近十年来的高速发展和我国许多地产商在产品销售情况中的文化表现形态，就可以发现文化对经济的重大推动作用。

事实上，当前我国正在面临经济结构调整和产业升级，这其中迫切需要增加文化与艺术设计的分量。制造业升级中，必然包含着对文化和艺术设计的巨大需求，只是因为传统硬件思维的制约，许多人还不能领悟其中的重要性罢了。人们经常谈到日本制造业在世界上的地位，也谈到日本人的精微和细致，其实后者和前者之间是一体两面的关系。至于美国人的餐饮连锁，包括卫生、文化氛围和品牌塑造等，都是他们制胜的法宝。

一些人只看到麦当劳、肯德基、李先生等带来的美国文化，并没有深入思考这些文化的理念所具有的借鉴意义。在一些看起来不起眼的地方，也存在着文化艺术设计和文化理念与企业经营之间的关系。例如，在中国举办的一些所谓的国际性的会展中，国外的媒体总是会报道组织上存在的漏洞、会展企业的介绍缺乏准确的英文翻译，以及产品包装不符合国外消费者欣赏习惯等问题，而这些问题恰恰是文化和艺术设计的基本要求。假如在这些细微之处进行调整和改进，做好"文化+"甚至"文化×"，就可以创造更多的商机和经济附加价值。

（2）价值观对制造业的内在支撑

制造业的文化提升需要系统的价值观支持。一方面，制造业需要充分体现优秀的行业精神，如优秀的企业就体现了优秀的行业美德。另一方面，这种支持不仅为了提升产品的附加价值，还在于深刻地影响人们的生活方式，进而引导消费者产生新的消费行为。

制造业的文化提升要求全面提升人力资源的素质。我国的制造企业很重视技术熟练工人的培养，但是经常忽视企业文化建设以及品牌管理等领域的人才培养。同时，制造业的企业需要知识与技术的不断积淀，制造业的人力资源管理文化的积淀十分重要。从某种意义上说，制造业中的核心人力资源素质需要不断提升，并且需要实施以人为本的文化管理。否则，过大的人才流动会造成企业发展可持续化的中断。今后，各类的技术熟练工人也必须接受系统的价值观教育，特别是接受行业文化和企业文化的培训，在发展中提升人力资源的素质。

（3）价值观对制造业的外在支撑

制造业是一种与生活方式变化结合的产业。随着生活质量的提高，人们购买产品不再是简单的实用化要求，而是一种体验性的享受。对生活文化的深入了解与制造业发展密不可分。因此，对中国的制造业而言，富有内涵的品牌塑造极为迫切，对生活文化的深度了解和对人性的理解十分重要。

环保文化和健康文化也是对中国制造业发展的一种考验。如果忽视了环保文化和健康文化，那么制造业很容易对人的身心造成伤害，而不是为顾客创造价值。特别是随着国际先进制造业的文化升级和技术升级，全球制造业消费市场的文化标准不断提升，也对我国制造业的升级造成了更大的压力。高标准的文化是解决文化与技术同步的基础。与其被动应对，毋宁自主创新与发展。

总之，文化在经济中的地位越来越突出，制造业可以通过"文化+"、"文化×"，借助文化创意的途径来提升自己的附加价值。作为主要从事低端制造业的中国，就必须在追求并保持制造业大国的地位的同时，注重借鉴和吸收美国、日本和德国在文化推动制造业上的一些建设经验，特别是借鉴成功转型的制造业企业，如美国苹果公司的经验。基于中国的国情，中国的制造业企业必须形成层级系统，其中部分优秀企业要稳步走向国际化市场。

2. 文化产业跨界的战略性

文化产业对其他产业领域的跨界，是企业转型变革的战略需求，不能仅仅停留在企业文化的设计上。曾经赫赫有名的宏碁近几年来连年亏损，市值只有腾讯的一个零头，原因是曾经的技术型IT业已经变为现在的时尚型IT业，即时尚加娱乐的IT业或平台的IT业。如果企业不做某种跨界并引进文化产业进行营销升级，还是单卖IT产品，基本上是不行的。

（1）企业引入文化的传统误区

当前很多设计公司专门提供企业文化设计服务，为其他的行业提供标志、企业文化等。其实这并不是企业文化，因为企业文化最主要的是内在的文化，而设计公司做的主要是外在的表现。学美术出身的人来设计企业文化，这也可谓一种文化跨界应用，因为本来美术应该是独立的，但被应用到企业的标志上，这就变成一种跨界的应用。

但是，很多美术的跨界应用忽视了两点。第一点是传播性。传播的本质是影响人的记忆，让人们记住对象。比如Logo的设计，有些Logo被设计得太复杂，人们根本没法记住它，还有些Logo太简洁，失去了独特性，是否体现企业文化很难说，比如韩国现代车的Logo模仿了本田的标志，别人看了可能以为是本田车，带有山寨版的味道，可是现代用的这个Logo又是斜的，但斜的视觉效果又不好。第二点是很多搞美术的人只懂得视觉形象，而不懂产品的内涵。搞设计的人往往只懂得线条的视觉效果，但是不熟悉线条表达的内涵。

（2）文化跨界是传统企业升级的战略性方法

企业战略上引入文化产业进行跨界大有前途，甚至可以让文化主导自家产品的市场定位与经营。以奢侈品为例，奢侈品很少用真皮，它更强调设计，强调Logo及其延续性，这是典型的文化观念引发营销的实体行业。跨界的文化应用可以用文化提升传统制造业等任何一个行业的价值。其实很多奢侈品公司的产品成本是很低的，他们只是赋予产品很多无形的附加价值，所以产品价格就升上去了。

把文化作为一种方法，作为一种元素和技能，可以和其他行业融合应用。在20世纪80年代国际上兴起一个企业识别系统或企业形象系统，叫CIS，C是核心的意思，I是核心的标志性的体系，包括视觉体系（VI）、理念体系（MI）、行为体系（BI），其实这三个方面最重要的是要落实在一种形象的标志上。CIS在本质上是企业界在经营上引入文化从而自我升级改造的一种实际应用。这种应用是具有实际效果的，比如IBM使用的蓝色，以至于蓝色成了20世纪80年代、90年代IT行业的代表色。事实上文化是可以发展的，就像乔布斯在1998年把苹果电脑做成流线型，有多种颜色，开拓了新的行业文化。将来企业要保持盈利，需要越来越多地引入文化进行跨界应用。

三、企业移动时代生存之道

互联网将物理空间浓缩在虚拟世界之中，在互联网中，空间不再是障碍。而且，企业不能仅仅建一个网站、设计一个漂亮的网页，企业经营必须全面数字化、移动化，必须做到互联网移动生存。

1. 生存新媒体化

网络可以传播信息，它是一个媒体，同时，信息在网络上可以长期留存，它是一个平台。网络既是媒体，也是平台。

（1）影响力是生存的根本

数字化的企业在互联网平台上的运营，谋求的是在互联网中生存、发展。但是，在有着海量信息无边界的互联网上，企业没有影响力就等于没有生存力。类似阿里集团提供的阿里巴巴、淘宝网，是永不落幕、无限大的企业展销会，是24小时不关门的无限大百货店，企业的产供销都是在无限的信息空间中进行的。无边界生存，要靠自己发布的信息争夺主流地位，争夺影响力。

企业要保持影响力，就需要保持动态的信息传播。企业通过互联网传播信息，就是新媒体。在互联网时代，企业安静地做一个美丽网站，等于等死，企业的新媒体化、自媒体化，是基本的生存之道。

（2）新媒体的平台性

企业的新媒体生存之道还在探索之中，从现有企业的变迁看，可以从传统媒体的实践了解新媒体运营特征。新媒体原本就具有平台性。好的平台有两种，一种是平台越大越好，另一种是专业化要好。

平台越大越好是指在成本不需要增加的情况下，比如网上商城的成本较低，所以越大越好。当前的视频平台，无论是自己制作还是购买内容，成本都很高，解决不了收入问题，做得越大越麻烦，而且，中国宽带非常贵，所以两项加起来很难盈利。当然，视频化是趋势。传统媒体在新媒体化过程中，必须考虑到无边界特征。现在互联网上转播欧洲杯的收入越来越高，传统媒体比如报纸，像体育报肯定收入差很多，因为互联网信息量远远大于传统纸质媒体。

互联网新媒体或者平台也应当尽可能地专业化。媒体或者平台尽可能自己做一部分内容，只有保持一定量的独家内容，才会保持影响力。

平台性意味着信息可以长期留存、随时检索，而且最重要的是：交互互动——媒体本身是可以进行直接现金流交易的入口。只要信息够好，它本身就可以长期吸引客户，并对接、导流消费。

（3）新媒体的盈利模式

互联网新媒体如果立足于高科技，其影响力是关键，在拥有具备影响力的信息后，只要对接消费入口就好了。

对专营的新媒体来说，植入广告是重心，媒体未来很大比重的收入可能来源于此。广告植入不是代理广告，不是硬广告，就是说，独家内容+精选内容+植入广告的收入+硬广告的收入，构成了新媒体的运营任务。

对于企业自媒体来说，植入自家产品，营销就自然实现了。

2.媒体影响泛娱乐化

在海量的信息传播中，能够吸引互联网用户才能形成影响力，而泛娱乐是吸引大众的主流。所以泛娱乐性是文化产业的根本。

（1）让美丽打动钱包

好玩、好看、好用，合起来就是文化产业的特征。好用是指它很人性化，关注你的需求、了解你的感觉，而不是指这个东西功能好。好玩、好看、好用，结合在一起能够形成比较好的体验，这就是未来互联网与线下体验经济的市场总需要。

一般制造业、服务业强调产品的功能性，由于海量信息的背后是海量的货源，必须在功能基础上强调泛娱乐体验性，比如漂亮的包，一下子卖10万元并不完全因为它的功能好。在互联网时代，功能为主被淘汰了。

线下的体验经济也是一样，比如食品，一大碗一会儿就吃饱，也就10元，而有创意好玩的食品，一丁点就要150元、380元、2000元，这才是值钱。法国人和美国人都在讲创意，任何一个角落都要有泛娱乐的创意，让有趣、美丽打动钱包。

（2）个性化生存

在好玩、好看、好用的基础上，还应当具有独特性。

无边界的互联网意味着无边界的内容，内容同质化是理所当然的，只有创意的独特性才能保持长期生存。淘宝上每一个店都必须想办法卖独特的产品，才能与其他店竞争。

换句话说，卖的东西是我独家有的，别的地方都没有，就可以解决店铺在互联网中的生存问题，通过新媒体的传播，在线上线下尽可能地延长产业链，进一步还可以植入广告。

3.传统企业移动互联网化趋势

传统企业在互联网时代的文化化，将形成新的宏观经济生态，整体产业的趋势有大有小，越来越向文化企业靠拢。

（1）数字化（新媒体或者文化与科技融合）

数字化也叫文化科技，或者叫文化与科技的融合，这也是当下中央政府正在推行的文化产业政策。数字化，意味着信息化生存是根本，有很多种细分的模式。笔者认为，数字化模式在未来5～7年中会占到中国文化产业50%以上的份额。

（2）娱乐体验

娱乐体验模式里有非常多的娱乐，以及与过去传统的娱乐体验不同的一些新体验，包括互动的体验和自我表达。比如微博，并不是日记，它还是一个社交平台，是为大家写作的日记，是一种自我表达。微博等新媒体导致传统新闻成为夕阳，因为人人都可以发布新闻，人人都是编辑记者，而且信息的消费是短、平、快，更加强调体验性，具有娱乐的冲击。

（3）延伸产业链

延伸产业链指的是同一创意通过形态等变化来丰富产品种类，其中数字化不失为一个好办法。比如原来只有图书、电影，现在可以再做动画、游戏，并且数字内容是对传统产业链的延长。

（4）平台化

互联网和移动互联网给我们提供了一个最大的无边界平台，这个平台很大，像广告平台，比如百度，而腾讯是广告和内容平台，还有一种是内容下载平台，像苹果公司的APP Store。所有的企业，都在这些平台上进一步做着自己的平台。

（5）围绕互联网消费

我们的生活越来越依赖互联网，互联网也越来越影响着我们的生活方式。谁围绕着传统互联网和移动互联网，谁就比较容易成功。如果做零售不考虑利用互联网，肯定会遇到很多问题。比如试穿数字化解决方案已经相当成熟，只要连着三维视频，就可以看到自己试穿的虚拟效果。通过数字技术，服装可以完全定制。

（6）技术支撑

市场调查、精准点击、广告等都与技术有关。比如随着高速移动中信号稳定性问题的解决，高铁会变成数字化的直播平台，这将对传统的广告行业造成影响。

我们现在解决不了非匀速状况下的精准直播，匀速没有问题，这个速度是平稳的，但速度有变动就不行了，不过这个问题很快就可以解决，总之技术太多了。假如你拥有一家音乐公司，把自己的业务特点再加上科技，就可以包装上市。科技无所不在。

（7）跨界融合

创意设计大多数都是跨界的，跨到其他行业，比如到2014年年底时，互联网上的广告收入已经超过平面媒体的广告收入，未来空间会越来越大。网络零售改变了我们的生活方式，而改变的生活方式将进一步强化与互联网的融合，这是很重要的趋势。

（8）文化与技术融合的营销

数字化的营销，包括微博的营销、博客的营销，是需要文化化的，比如娱乐广告，内容是娱乐，为了吸引人们关注，广告是植入式的，在不引发人们反感的同时实现了传播。这是所有企业需要关注的营销手段。

四、顾客导向的基础性思维

在互联网时代，无论是文化产业，还是文化化的企业，顾客导向是基础性思维。顾客导向在理论上已经深入人心，但是在实践上往往被忽视。

1. 消费者定位

在做项目的时候，一定要首先搞清楚消费者是谁。以经营酒店为例，如果是经济型的酒店，可以像如家那样的经济型的酒店一样，用连锁的方式经营。就是说，要先获取别人的投资，有足够的资金快速发展，然后再拿去上市，再去融资，这是一种快速扩张的连锁经营模式。之所以可以这样做，是因为经济型的酒店面向的消费者要求经济，因此规模比较小，把现成的房子一改造就可以了。如果要做五星级酒店，面向的消费者消费要求高，就不能这样处理，光征地就要很长一段时间，再加上论证过程和建筑工期，建一个五星级酒店的时间，可以建两百家经济型酒店。项目怎么做，要看面向谁。

当然，不同的项目对消费者的定位也不一样。例如，港中旅集团在珠海靠海边比较偏僻的地方修建了一个海边温泉，并且将温泉扩建得越来越大。之所以在这样一个没有人流的地方建设大项目，是港中旅手头有游客资源，可以强制安排游客，把那个地方作为旅游的一个选项，拼命向这些游客推荐。这是自带游客去的，这个项目属于它的产业链。假如没有客源的某个企业这样做，肯定会很快关门的，因为没有人流、没有游客。从科学的角度看，所谓海洋温泉不见得比一般温泉更健身，这里面主要是创造一个概念。它可以先把海洋温泉这个概念打造起来，然后推荐和吸引游客去消费，据说现在又不断在扩展，在旁边造别墅、造高尔夫球场。所以，不同的人对同一个项目的定位可能不一样，对消费者的定位可能也不一样。

2. 营销手段

有了清楚的消费者定位，还要研究如何吸引消费者。

（1）营销手段

一般而言，任何项目要包含着对市场营销的思考，凡是没有营销手段做支撑的，项目往往就是属于白忙活。比如，要举办论坛就需要考虑，主题是什么？有没有人给赞助？要找到赞助，营销手段是什么？某些知名高校经常举办各种论坛或培训，很多论坛或培训都是与校外企业合作。与校外企业合作，是因为校外的企业愿意承担风险，高校不愿意承担风险。不愿意承担风险，就没办法搞营销，因为营销有可能成功，也有可能失败。那么多钱投下去，有可能损失掉。

在中国的营销，曾经一度呈现只要有足够的钱，在电视上面"砸"广告，一般都能成功的局面。凡是不能够成功的，大都是因为你的消费者定位不准或者你的产品定位不准。就是说，虽然大家都知道，但是没人愿意消费你的产品，那当然不能达到预期目的。就像"五谷道场"通过广告轰炸使大家都知道了，但是"五谷道场"方便面又没油炸、又不香，年轻人对它不感兴趣，出现产品和消费者的错位，最后只能破产了事。当然，这种情况是很少的，大多数情况是只要广告一砸下去，营业额一定会猛增。

（2）项目优势

要想吸引消费者，就需要思考项目的优势在哪里。因为可能你的项目是原创的新东西，但是在我们这个世界上，所有的东西都有可能被替代。如果你说"那个"不能被替代，你一定要有独特的优势。如果你没有独特的优势，就很可能被替代，既然可能被替代，这件事就最好不要做。比如画廊就很容易被替代，画廊经营很困难，因为它很难创造自己的优势。

（3）项目亮点

另外一个要素是思考项目的亮点是什么。所谓的亮点，不仅是指优势，还指自己闪闪发光的、最吸引人的特色。例如，"宝格丽"随便做个产品，价格都很高，因为它有知名品牌。但是，没有知名品牌的企业或项目，一定要突出自身的亮点。比如，如果你是做营销的，你要给红娘俱乐部做婚姻的广告。比如说顾客皮肤很黑，就叫健康的肤色；脾气很暴躁，就称这个人敢于承担；比较懦弱，叫相当温柔。总有一个说法，来使顾客具有某种亮点。

所以，所谓亮点是"实力+包装"的结果。一个人要能够提炼出他（或她）的亮点，否则他（或她）就很容易默默无闻，就会被淹没在这群人当中。很多人有实力有优势，但是没有办法找到他（或她）的亮点。可以通过策划、总结、提升和营销突破的方式来找到自己的亮点。

（4）反思的方法

顾客导向的实现，需要"自我反思"，即"假如我是消费者，我买不买自己的产品"。很多人对产品的优势和亮点讲得头头是道，就是不善于反问一句："假如我是消费者，我买不买自己的产品？"

比如，某些城市策划国际小姐大赛，花几千万请国际小姐们来，策划这种活动有没有经济效益？恐怕没有直接经济效益。因为没有消费者，去那个地方单单看一下环球小姐就要花几千块钱，一般消费者不会这样做。也许在策划或者决策的时候问一句："假如我是消费者，我买不买自己的产品？"可能很快就会得出否定的结论，那就说明这种活动根本就没有消费者。而作为一个正面的例子，史玉柱的成功靠的是什么？史玉柱的成功主要就是由于经常思考"假定我是消费者"这个问题，这种反向思考对于一个企业的成长非常重要。

3. 品牌塑造

针对顾客的营销离不开企业的品牌塑造。也就是说，有了好的产品和企业品牌，营销就是顺水推舟；相反，则是逆水行舟，需要付出很多广告成本和促销成本。

比起硬广告来说，通过软性宣传提高品牌的美誉度和忠诚度才是打造企业核心竞争力的关键要素。近些年来，文化企业的营销除了必要的广告投入以外，还更多地选择了文化娱乐宣传的媒体新闻播报途径和主创人员的演出体验。特别是在影视领域，逐步发展出一种可行的文化整合营销方法。

企业的广告投放需要保持其持续性，这种持续性就不能仅仅体现在产品上，还要体现在企业形象上。只有通过企业形象的宣传，产品广告的宣传效果才能充分地展示出来。

企业形象的宣传不能仅仅局限在标志的变更或者抽象的企业口号上，而是必须策划一套体现企业素质、能力、个性、美德以及独特性要素，乃至企业经营团队的凝聚力等方面的方案。换句话说，企业形象与企业品牌必须结合起来，并且在丰富中持续创新，保障传播的持续性和独特性。

品牌是企业营销的文化提炼。

五、主流消费群体的变迁

虽然一定程度上的消费引导是必要的，但是，顾客不是被塑造出来的。因为顾客在一种生活环境、一种技术、一种产品的塑造当中会变形。而且，不存在固定的顾客，比如电影的顾客其实是不确定的，我们必须去实地了解当下的顾客需要什么。消费者市场是一切产业的基础。

1. 消费者市场的特征

随着恩格尔系数的降低，中国文化消费将进入一个稳定的阶段。特别是在解决温饱问题之后，文化的持续消费增长预示着文化消费具备推动文化产业发展的条件。[1]

但是，目前在中国，人们的收入水平差异很大，特别是贫富差距较大，真实地能够实现的需求其实并不多。在欧美国家，体育产业很发达，因为体育产业既是富人的需求，也是穷人的需求。体育产业是覆盖面最广的泛娱乐产业，大人带着小孩，而且年纪越大的人需求越大。中国的市场需求总量看起来很大，实际上能够实现出来的很有限，主要是因为受到收入分配不均的制约。

当然，某些领域的消费是一般性文化消费，多数城市居民的文化娱乐和体育消费比较旺盛。如果消费的是普通的东西，像看看电影、电视、演出，这本身没有太大的问题。但是这里面的需求空间也是有限的。并且，人们消费的形态与以前不一样，或者比以前有了较大的变化。总之，我们要去思考市场，要去思考整体性的市场有什么特点，要去反向思考我们的顾客是谁，

---

1 当然，一般家庭收入水平的提高不会直接导致文化消费水平的提高。

要去看市场的变动，要去看现在形成了哪些专业化的市场。

2. 青少年消费群体

互联网时代，传统企业互联网化，互联网是企业营销的主战场。无论传统企业还是文化企业，都需要从文化产业的跨界融合角度思考互联网营销新常态。

（1）青少年成为数字娱乐主流消费者

本书中的青少年主要指的是35岁以下的人群。他们围绕着互联网和移动互联网进行内容消费和娱乐体验，既是消费者又是创作者，也是活动的主宰者，成为网络阅读、互动和体验消费的主体。

青少年也是电子产品消费和付费下载的主体。数字消费的时代，技术加时尚才构成了电子产业的潮流。原来的电子产业是偏向于功能性的，现在的电子产业是偏向于感觉性的。感觉已经变成影响消费的重要因素，必须要给人提供一种感觉，感觉与时俱进，能够跟上时代的步伐，相关商品和服务就越容易引起青少年消费者的共鸣。

青少年的消费活动促使企业今后必须要选择新的产品战略，或者对于自己的商业模式进行重新定位和思考。

（2）消费能力强

中国的青少年主要以独生子女为主，消费能力相对较强。与国外不同，当前中国收入责任和收入支配权是分离的。独生子女在青少年时期得到父母和长辈的爱护和消费支持，由此造成青少年敢于消费。即使是没有收入的青少年背后，都有六个以上的"赞助商"：父母、爷爷奶奶、外公外婆。所以在中国，年纪越小，花费越多，消费能力越强。这与数字娱乐完全是对应的关系：青少年手机买得快、换得也快，中国40岁以上的人的数字消费能力就在降低。

当前中国消费者群体可以分为三种人，一种人是自己有钱但不舍得消费；一种人是赚钱自己花的月光族；还有一种就是学生，自己不挣钱但花家长的钱。现在的青少年在文化消费中非常敢花，15～35岁的青少年的消费支出占据文化产业消费的75%以上。

（3）生活形态变化

作为主流消费者，青少年追求互动体验的文化生活形态的变化趋势值得重视。文化企业需要不断研究消费者的需求变动趋势。比如旅游当中光靠"看景"是赚不到钱的，变成互动参与才有"钱途"。

（4）重视速度、节奏等因素

青少年喜欢快节奏的生活，这就要求文化企业在制作文化内容产品时，一定要考虑故事情节演进的节奏，以及音乐的快节奏等。青少年喜欢与新技术结合起来的东西，内容要丰富且节奏感要强——要有感觉，要有新技术，要比较时尚，要有明星，有好多种元素都是以前没有的，并且所喜欢的东西要表现出来。

（5）家庭因素

青少年文化娱乐与家长的态度密切相关，因此，重视产品内容健康的企业，必定更容易得到家长的支持。中国电影还有很大的发展空间，假如电影公司能够制作家长和孩子都喜欢的电影，就可以扩大电影票房的规模。

（6）非被动接受

作为消费者，青少年已经不是传统意义上的被动接受的消费者，而是属于要求参与和高度体验的消费者，因此传统娱乐的节目形态需要进行调整。如周杰伦的音乐长期获得追捧，也是和善于把握这种文化体验潮流有关。

（7）分层思考

文化产品针对青少年，一定要分成几个层次去思考，不能仅仅是一个概念。我们比较强调两个概念，一个是强调未成年人，另外一个就是"没有脑袋的人"和"有脑袋的人"。所谓没有脑袋的人，就是他没有辨别能力，你给他什么，他都能接受，这种是比较好"骗"的。为什么很多动画只能给幼儿看，或者给没有头脑的人看，原因正在此。另外，就是有头脑的人，即青少年群体，这就需要研究哪些东西比较具有参与性、互动性、体验性、时尚性，怎样设计比较好玩。

总之，在读图的时代，在视频化泛娱乐的时代，在共享文化产品无国界的时代，青少年生活方式的变化对于传统文化产业经营者是很大的挑战，但是对于创新而言则提供了巨大的商机。无论是文化产业，还是积极应变的传统企业，只有依靠顾客导向思维，特别是了解和把握人们生活方式的变化和消费主体的变化，进而顺着需求来引导，才是合乎市场规律的。

传统企业应主动进行"文化+"甚至"文化×"，顺应移动互联网时代的大势，以全系统的思维立足自身进行全产业链再造，因为这是移动数字生存的必然方向。

价 值 观

文产商业模式的解析

第 六 章

商业模式的基石与思维

企业经营各种项目，并通过商业模式，将有形的可计量的项目经济价值，持续累积转化成无形的不可直接计量的企业整体综合价值。企业经营者追求整体价值最大化。正确的战略与商业模式是企业经营的基础，是企业不断整体增值的法宝，是企业核心竞争力的体现形态与源泉。商业模式决定战略的落地，决定企业的架构与把控方向，经营者的思维正确与否至关重要。文化企业概莫能外。

一、商业模式的基本架构原则

失败的企业各有各的原因，成功的企业有共同的特点，它们是符合经济规律的。不同的成功企业，其商业模式在细节上必定不同，但是从静态看，其基本架构是相通的，这是最基础的企业经营要素。从成功升级的二次创业中，可以清晰地反映这些要素。

1. 二次创业的本质

一般来说，初次创业成功的企业往往没有经验，基本上靠着创业激情苦干而成功。为了持续成功，企业家不得不理性地寻找二次创业成功之道。

（1）不可避免的二次创业

对创业成功的企业来说，二次创业往往是不可避免的。假定公司创业时是10人，一年以后变成100人，两年之后变成1000人，三年之后变成1500人。到了1000人的时候，公司格局会发生很大变化。创业初期的代表人数已经很少了，新进的员工人数很多，在人数比例上占到80%以上。这个时候就出现一个很重要的问题：企业文化应该以谁的文化为代表？是以创业者的文化为代表，还是以80后、90后的文化为代表？

企业在经营过程中都会存在这个问题。文化是会冲突的，新人、旧人互相看不惯。而且有那么多年轻人，老人只是少数，谁来主导文化？如果由老人主导文化，年轻人可能就不配合；如果由新人主导文化，原来的老企业文化就趋向消失。怎么办？

当企业发展到一定规模，冲突是不可避免的严重问题。所以就一定要进行二次创业，否则企业文化都解决不了。

（2）二次创业的本质是不断地升级

以前很多人认为二次创业就是开辟第二种模式、发展第二种业务，觉得二次创业就是再燃创业激情。这是把重点选错了，其实所谓的二次创业是解决战略问题，不是再燃创业热情。初次创业让企业融入市场产业链，解决了企业存活问题。企业存活下来后需要发展，发展成长需要整体战略，二次创业旨在解决企业成长的问题，是企业升级。

当然，企业成长到一定的规模，就需要进一步第三次升级。升级是企业面临的持续性的阶段性战略任务。该升级不升级，就会被市场淘汰。比如联想公司不断升级，创立品牌、开发、制造并销售，再收购IBM的PC业务，一度全球领先，但是，联想面对移动互联网时代的来临，至今没有很好地升级转型，已经很难赶上BAT的发展。

2. 二次创业的关键

如同初次创业一样，二次创业尽管需要领导保持理性，但整体上需要点燃员工热情，让其一起参与。因此，经营者必须解决两个问题，一个是文化的问题，一个是利益的问题。

（1）战略决定企业文化的变迁

有人可能担心现有的企业文化，其实，企业文化应该来自未来的战略导向。除非经营者明确知道战略是什么，否则就不知道应该采用什么样的企业文化。我们不能把现有的东西当作企业文化，而必须把未来的目标当作企业文化。

企业文化很重要，因为企业文化是支撑人力资源的。人力资源出现问题的时候，燃起员工的激情、实现企业升级或转型就很难。IBM总裁郭士纳原来是卖糖果的，其出身与IT业无关。郭士纳被IBM请来做总裁，他给出新的战略定位目标，从而解决了IBM的官僚主义企业文化，也让IBM重回业界巅峰。他的《谁说大象不能跳舞》一书有一半都在讲企业文化。

（2）战略解决利益问题

员工是否配合二次创业是决定利益的根本条件。随着时代商机的变化，企业战略要跟着改变。企业战略不对，在该升级的时候不升级，就会陷入亏损；企业战略正确，就能解决利益的问题。

因此，面对二次创业，员工有没有热情都没关系，战略对了就有热情了。但这还不够，还要解决元老是否把利益瓜分完了的问题。所以企业要解决第二次分配、第三次分配的问题。二次创业也是再分配的问题。

3. 企业架构的五个根本原则

二次创业揭示的再分配问题是战略性的重新调整。面对这种问题，企业有两种做法：第一种做法，是重新办一个企业，一开始就要把架构企业的原则搞清楚；第二种做法，如果现在是小企业，可以重新确定运营原则，企业想从小企业升级变成大企业，就必须变成有原则的企业，必须重新架构。

（1）清晰的愿景

一定要有清晰的目标，哪怕幻想成为阿里巴巴第二，这也是很清晰的目标。目标不清晰，老是走走看，这种企业看到老也是看别人的成长。清晰的愿景能不能实现？不知道。可能很多人说，马云的公司的市值已经是1.7万亿元了，我们一辈子也不要想了。柳传志的公司几十年做到现在只是几十亿美元，阿里巴巴做到3000亿美元只用了15年。所以，不要害怕想，谁掌握了资源和消费者，谁就可以超过绝大多数人。现在只要谁有很好的手段，有整合资源的能力，就能快速成长；所以一定要有想法。

具体的愿景，需要经营者自己想明白：十年之后做什么事情，十年之后会是什么角色，就决定了今天的愿景。反过来说，如果企业连目标都没有，更谈不上整合资源。

（2）内在性发展

内在性就是自己能控制得住的特性。靠市场碰运气的机会主义公司没有内在性。解决内在性问题，需要以下两个方面的努力。

第一个方面是要有目标。很多人做动漫是因为政府能给补贴，抱着一个期待：万一这个形象火了呢？其实做什么事情取决于经营者的选择，碰运气试试看是要不得的。

第二个方面是应当由战略决定治理架构和制度。目标越大，企业治理要越严格。老板做企业有两种选择，一种是想做很大的企业，经营者必须很严格，首先要自律，目标越大，就越要自律；另一种企业没想过做大，经营者就不用很严格地进行治理。

（3）确定可行的商业模式

现在中国很多微电影如果没有商业模式很难赚到钱。要是能拍出有收视率的电影，不管是微的，还是大的，就一定是有商业模式的。

（4）解决元老问题和利益诉求

家族企业很麻烦，比如影视公司小马奔腾，董事长李明意外死亡后，他的夫人和妹妹两个人开始内斗，投资商自己差点被解雇。家族企业往往在开始的时候很顺利，越往后发展越不顺利。如果是办企业，应尽可能一个人来做，干干净净的，或者用外面的人。

（5）先架构战略，再架构治理

如果初次创业时缺乏架构的安排，就一定要通过二次创业实现企业的架构，其中，企业治理结构是重点。治理结构就是务必把亲属和持股人都变成股东，不要谁都插手管理。如果大家要决策，就在董事会上决策，统一行动。国外的家族企业（像沃尔玛），家族中每个人都是大股东，但没有人干预CEO怎么经营。要干预就在董事会上决定，不能董事会开完之后再对人指手画脚。

这五个原则是现代企业的基本支撑结构。在由这五方面组成的企业结构中，相对来讲，商业模式与战略更多地决定企业的发展性，另外几个方面更多地决定企业运营的稳定性。

二、企业的"六把控"与"七阶段"

商业模式的作用，离不开企业具体的经营与运营动态过程。企业结构根据五个方面运营原则进行调整，这个结构在经营活动中是个动态的过程。企业的动态发展，需要做六个基本的把控工作，一般会经历七个共同的发展阶段。

1. 企业运营的六个动态把控

（1）一定不要考虑竞争对手

做企业一定要考虑自己怎么发展，不要考虑避开别人。你想做什么就去做。对于开网上商店，马云已经开了很长时间，但微信的微店照样很火，10个月就达到100亿元。只要自己能掌控自己的企业，那么企业的生存就取决于内因。《韩非子》中有个学生跟老师比赛驾马车的故事，车、马、人三者合一才是取胜的关键，把心思全放在竞争对手身上，结果便是屡战屡败。

管理理论很多都是研究竞争对手，事实上，更应该研究自己的事情。把自己的事情做好了，任何竞争对手都不足为惧。

（2）分工

只要可能，企业的一把手应当不要做太多事情，一把手一定要把所有事情都分派给别人做，别人都做不了的事情你才去做。别人能够做的事情，尽可能一件事情都不要管，任何一个级别都是这样的。老板把70%的活给我做，我把这些活都交给别人做，我做下面的人做不了的事情，然后一级一级往下分。

什么事情是别人做不了的呢？凡是抽象的事情，二把手以下的人都做不了。企业一把手只做抽象的事情，不做具体的事情。抽象的事情有四件：其一，是用人，发现人才；其二，是思考战略；其三，是构思制度；其四，是企业文化。别人没有那么多眼光，只有企业主有眼光，因为位置决定思维。

其中，战略包括对商业模式的思考，思考这个模式是否可以自我复制。企业家的根本工作是提升企业的整体价值，做企业不是做具体产品，做企业就要有商业模式。可以自我复制的模式很重要，比如早年万达的模式，可以自我复制。如果没有找到商业模式的自我复制样板，那么可以考虑进行机构复制。比如深圳搞培训的巨晨公司，一年之内在全国开了43家培训公司，每家公司都替它赚钱。传统中最好的商业模式是连锁经营，有品牌也有规模，可以引入别人的钱和人才。但是，现在最好的商业模式是互联网上的大平台，不需要搞连锁经营，别人都替你连锁经营，就像百度，所有的广告商都可以与百度合作，是网上真正的连锁经营。

一定要先搞出一种模式，然后复制。当然，要复制的这个模式，可以是合作模式，也可以是一种线下体验的模式，也可以是一家店，具体形态要看行业。

（3）**业务一定要与时俱进并进行资本运作**

不搞资本运作，相当于不懂得运用社会资源；不懂得复制，相当于少用了人；不懂得资本运作，相当于少用了钱。完全靠自己的原始积累，确实是很原始。

（4）适时地进行二次创业

小企业二次创业是比较容易的，具备三个要素的人都可以做出小企业来。第一，创业者比较聪明。第二，创业者的模仿能力比较强，别人做企业是怎么做的，他跟着看。第三，创业者有一定经验，可以先到别人公司里工作一年，然后再自己创业。只要具备这三个要素，做一个小企业一般是没问题的。但是小企业要做成大企业，靠过去的经验也是不行的，就像村里的泥水匠没有建筑知识只能盖村里的房子，盖不了城里的高楼。除非采取两个办法，第一个办法是自己专门重新学习怎么盖高楼，第二个办法是请别人来帮我盖高楼。这两种办法，都是二次创业。

企业的老总是本企业最重要的资源，如果这个最重要的资源天天做具体业务，不把精力放在模式的布置、用人和资本运作这三件主要事情上，企业很难做大。小企业想成为大企业，必须适时地二次创业，必须要有战略，要不断反复地重新梳理，梳理完以后再发力。缺人了就找人，缺钱就找钱，这就是前瞻性。必须要有目标，知道自己大概什么时候走到哪一个阶段，应当采用哪一种办法。

（5）决策治理结构服务于决策过程

判断企业的好坏有四个视角。其一，企业应当是企业家的企业，而不是商人的企业，企业家应当想做大、想做强、有事业心；其二，要处在合适的行业；其三，有将商机转化为价值实现的能力，并且全力以赴去做；其四，决策过程有好的决策治理结构。

小的企业当然是当家人自己做决策，但企业成长到一定规模时，战略决策的治理结构就成为问题。中国的董事会以董事长为主，接下来是总经理。中国的董事会运转机制往往与美国的不太一样。在中国，董事长与总经理的关系，很像政府里的书记与市长的关系，好多决策来自书记，而工作却是市长承担。在美国，CEO既是书记又是市长，董事长是议会。

如果董事会除了董事长和总经理，剩下的成员都是副总，这种董事会就很糟糕。因为，如果还是董事长说了算，可以说，这个董事会就是形同虚设；如果董事长不想一个人说了算，此时这些副总们的视角都是专业性的，不是董事长这种战略性的，这样的董事会的战略决策是无效的，起不到董事会的真正战略功能。

如果企业股东没有办法脱离一线，董事长和总经理应当尽可能找一帮外人来做私人董事会，帮助自己做决策。历史上所有的成功者，乱世中脱颖而出的那个人，一定是顾问团队里最厉害的人，而不是武功最高强的人。

（6）企业文化

每个公司都有自己的企业文化，但是，企业成长的阶段性决定了企业文化的基本特质。所以，我们可以站在文化的角度，把企业发展的划分为不同阶段，给各个阶段贴贴标签，以方便了解阶段的不同。然而事实上，是企业发展的规模和阶段，决定了这个阶段的企业文化的基本特质。处于不同阶段的企业，需要动态把握自身的企业文化特质，并恰当地推动其改变。

2. 企业成长的七个阶段

小企业成长为大企业，一般需要经历七个阶段。从中国传统文化的角度看，每一个阶段都有不同的企业文化，每个阶段的做法都不一样。

第一个阶段就是创业，这是墨商阶段，都是行侠仗义。依靠市场底层的抱团取暖，打拼出一片生存空间。

第二个阶段是企业开始有经验了，这是农商阶段，带有一点农民的思维方式。农民的思维方式是季节性的思维，一季度就要有一季度的收获。这种思维对产品有很强的敏锐性，能够赚到钱，能够投资好各个项目，投资房子、投资股票、投资餐厅等，这种人很多。现在中国大多数人处在农商的阶段，很会赚钱，但没有主营业务。

第三个阶段是兵商阶段，开始讲战略和战术。讲细节决定成败绝对是错的，决定成败的是战略，细节只决定成败的幅度。战略对了，一定能赚钱，细节跟上了，就赚很多钱，细节没有，就赚很少的钱。战略决定成败生死的问题，细节决定好坏多少的问题。

第四个阶段是法商阶段，需要更严格、更细致地做制度，提高效率。华为和联想都到了第四个阶段。

第五个阶段是儒商，以用人为主，用文化激励。中国的企业很少进入第五个阶段，马云算不算还有待观察，可以说李嘉诚已经进入第五个或第六个阶段了。

第六个阶段是道商阶段，不管做什么，节奏感很强，顺其自然，顺应人的本性，不要总是生拉硬拽，企业的所有方面都很流畅，这是道商阶段，也就是道家的道法自然。

第七个阶段是圣商阶段，个人、企业、社会合为一体。

每个阶段的管理方法和任务是不一样的，企业文化的把控也是不一样的。对于企业的发展来说，各个环节都要平衡。就像NBA的马刺队一样，马刺队的攻守比较平衡。美国所有职业联赛当中，马刺队是每年的胜率超过70%的唯一一支球队。

对企业经营各个环节的平衡把控，是为了维持企业的稳定性，要解决企业的发展问题，归根结底，还是商业模式与战略的确定。

三、商业模式的特征与战略性思维

要掌握商业模式，首先应当理解商业模式的特征，然后才谈得上确立商业模式。后者可以通过分析现有行业的商业模式进行揣摩。商业模式当然涉及很多方面，与交易关系和盈利有关。但最重要的特征是，商业模式是一种方法，而不是盈利。换句话说，它也许需要盈利，但不一定非得现在就要盈利。

1. 商业模式的可持续性特征

与盈利模式相比，商业模式更强调的是一种可持续性，你掌握了一种商业模式，就具有可持续性，而不是当下的盈利。好的商业模式一定要有可复制性，要能规模化。换句话说，就是可以持续增长。**时间上能持续进行，规模上能持续增长**，这是持续性的两个方面。

（1）未来可持续

互联网领域的商业模式，颠覆了传统的理解，特别能体现持续性特征。传统的商业模式非常重视马上赚钱，这是它最大的特点是，越早赚钱大家认为你水平越高。互联网的商业模式，关注的是将来的地位。将来的地位越高，公司越值钱，现在赚钱没用，现在赚钱的公司反而被人瞧不起。**商业模式本质上是与资本运作相关的一个价值评估**。

商业模式涉及的面很广，它是一种盈利的方法，是能不能赚钱的方法，至于什么时候赚钱不知道，但是企业家需要向人们证明未来你的企业能赚钱。企业追求的不是当下的利润最大化，而是未来能赚钱、整体价值最大化，这就是商业模式。马云的公司为什么那么值钱？当然它有利润支撑，但是京东现在还在亏损，一个亏损的公司也值2000亿元人民币。

互联网上的所谓智慧旅游基本上都不盈利，但是很值钱，每个公司都值几十亿元到上百亿元，这就完全颠覆了传统观念的商业模式。

（2）全领域增长

全球互联网成功的公司，都在规模上不断增长，呈现为全领域进军的态势。亚马逊一直以来赚的钱都很少，有时候还亏损，但是这样一家没有赚到什么钱的公司，它的市值现在是1300多亿美元。

如果传统公司比如汽车制造厂商今年没赚钱，那它的股价肯定会直线下跌。投资人反而愿意信任亚马逊，因为亚马逊这家公司是世界上最有实力的公司之一。

第一，这家公司不赚钱并不是因为它不能赚钱，而是它所有赚到的钱都补贴给消费者了。它对供应商非常抠门，它把从供应商那儿压榨来的钱都打折给消费者，真正做到消费者至上。在全世界比沃尔玛还更照顾消费者。

第二，亚马逊的定位是一家互联网技术型的公司，它在四个领域里与世界上最大的公司竞争。在硬件领域和在内容下载领域它与苹果公司竞争；在技术领域它的云计算比IBM领先2～3年；在零售领域它与沃尔玛竞争；在图书领域它与美国所有的图书出版社竞争。亚马逊在这四个领域的竞争中都没有失败，它虽然不是第一，但是它没有失败。而且，亚马逊现在进入类似支付宝的新领域，开始了金融服务。

现在世界上所有的基于互联网技术基础的这些公司，可能除了IBM，其他公司是什么都做。最典型的代表是谷歌，中国的代表是阿里集团。对于这样的公司，股民怎么可能没有信心。

2. 战略决策的支撑

商业模式本质上是一种盈利方法，而不是盈利本身。这种方法的确立，需要有战略性思维的决策支撑。

（1）企业战略决策的合理机制

企业一把手一般都有战略思维。所谓的战略思维，要能够把握全局和变化，要能够把握整体利益。一般来说，总经理应具备综合性思维或者战略性思维，而副总往往是专业性思维。如果集团公司很多副总进入董事会，这个董事会基本是没用的。因为副总们都不站在战略的角度来思考问题，他们都站在工作方便的角度思考问题，他们考虑的根本不是战略的问题，而是战术的事情，出发点不一样。这样一来，董事会决策的后果就从战略事项变成战术事项。

花旗银行只有一个CEO进入董事会，剩下的都是从外面选董事长或者是总经理，因为这些人都是具有战略性的。公司一定要有战略性思维，战略决策才有成效。副总当然可以进入董事会，只不过，如果是以副总为主构建董事会，这个董事会就会缺乏战略决策权威，很容易被技术和业务绑架。

（2）**战略决策的思维角度**

战略决策要有四个思维角度：有前瞻性，重视积累，重视整体性，有包容性和综合性。如果运营者平时有这四个思维，就是有战略思维。

把战略弄好了，才谈得上执行和细节。现在很多企业外聘专业咨询，都把执行力提升放在第一，好像企业掌舵人对自己的战略正确性很有信心，其实是忽视了战略。企业其实应当先找能够帮助企业做战略调整的专家，先把战略做好了，再找帮助提升执行力的专家。

忽略了战略环节，怎么可能处理好商业模式问题？今天的商业模式再过一年它还会不会存在？好多人讨论的商业模式都是当前很火的，可是火一阵就不行了。负面的例子比如汉王公司，电子阅读器第一年卖得很火，第二年亏了4亿多元，然后就悄无声息了。如果有市场前瞻性，就会知道，市场就算是有阅读器，一定是iPad加手机，专门的通用阅读器没前途。做商业模式一定要有战略性的思维。

3. 战略思维的落实

（1）**战略并购**

战略的思维一定要有战略的落实。战略的落实最主要的是要考虑到两个方面。一方面，自己的企业是不是朝阳产业。如果是，可以尝试采取战略性的行动，即战略性并购。2014年并购文化产业的金额达到1600亿元，差不多所有的公司都在并购，所有上市的传统的文化企业都在并购。并购是一种战略行动，它也是一种商业模式。通过并购，一下子就度过创业期，不用再苦干很长时间了。

战略落实的另一个方面，如果所处行业已经在走下坡路，就应当快一点进行转型。这个目标也可以通过战略性并购完成，比如我现在开的是拖拉机，我买一辆小车开，就实现了转型提速。

（2）**商业模式的三个层级**

商业模式一共三个层级：通用的、行业的和企业自身的。通用的商业模式，就是所谓常规的模式，但是不同行业专业领域里又有独特的商业模式，所以，总共有三类商业模式。一类是通用的，比如连锁经营；一类是行业的，比如做图书；一类是自家企业的，我虽然做图书，但我的图书与你做的不一样。

思维决策企业的具体商业模式，考察前两层很重要，只有理解了前两层以后，才能具体问题具体分析，为自己的企业寻找出第三层的具体商业模式。通用的一定要掌握，行业的一定要了解，企业自身的一定要找到。

企业没有商业模式，再能干也没用。解决的方法就是先从通用的商业模式入手思维，比如连锁经营。以前书店连锁经营，特别是在国外，兼带做音像租赁生意，很赚钱。当然，现在大家很少在书店买实体书了，连锁经营这种通用商业模式，在图书行业就不适应。但是，通用的连锁经营方式还是有用的，只是落实在具体的图书行业里没用了，没用的不是图书的连锁经营这种通用模式，而是图书本身不行了。

企业还可以从行业内好的商业模式中来衡量自己的商业模式。再用图书行业举例，在中国历来是四类图书最赚钱：教材、教辅、专业教材、专业教辅。人民教育出版社和外语教学与研究出版社是非常赚钱的两个公司。后来出现第五类书：中信的畅销书。除了传统的行业商业模式之外，网络文学是行业内新兴的好商业模式，比如盛大网络文学。

了解了行业当前的商业模式，就更能找到适合自己企业的商业模式。

四、塑造商业模式的思维要素

商业模式有虚的成分，也有实的成分。企业的总负责人必须研究抽象的问题，具体的问题都是下面的人处理。商业模式也是这样，总负责人负责研究抽象的成分。比如，将来的微电影网站有没有前途，怎么做微电影才有前途，这都是虚的。至于怎么把微电影拍出来、拍好，找一个副总管就行了。

企业总负责人把抽象的研究透了，就成功了；研究不透，或者不能执行，那就不成功。当然，在具体过程中要注意考虑一些基本要素。

1.商业模式的可行性研究

企业总负责人开展商业模式研究，需要注意三个关键词：战略、商业模式、产品。原则上讲，任何一个公司的商业模式最后都是会被淘汰的，没有一个商业模式永远是好的。这种商业模式被淘汰，一般来说是在战略上被淘汰，就是说，这个行业已经不行了，所以，商业模式一定要上升到战略层面进行重视。当然，企业被淘汰还有一种可能情况，企业所处行业还欣欣向荣，但是产品不行，比如手机行业，苹果手机卖得很好，而别人的不行，这就是产品不行。

（1）思维方式

我们可以用"顺向"和"反向"两个思维来帮助推理商业模式的可行性。

首先是"顺向"的思考，比如要干一件事，就要分析一下这个事情符不符合产业趋势，符不符合这个业务，有没有符合消费者的生活方式的变化。如果产品或者服务能够将所有的环节都走通的话，说明这个商业模式是好的。

但是，只"顺向"还不行，还得"反向"反过来走。比如人们的生活方式有没有发生变化？如果人们以前用的是诺基亚手机，现在用的是苹果手机，说明人们的生活方式发生了变化。哪里发生了变化？人们原来侧重于通话，现在人们侧重于玩，不侧重于通话了，生活方式发生了变化。人们在刷微信、玩游戏，那手机就会跟着发生变化。诺基亚为什么被淘汰？因为我们不用功能手机了，没人用通话型手机，大家都在用娱乐型手机；因此，能生产娱乐型手机的，就是好的商业模式。

（2）可行性的推演

我们可以把所有的产品和服务放在这样一个动态的过程中进行推理。例如，合资后的中国木偶剧院，木偶剧院原来是没有商业模式的，因为木偶剧太传统，不够好玩，不是需求性的演出，看木偶剧的人很少，在剧场里买票看当然更不可能。

但是出资人进行了两个成功的模式改造。首先是产品层面，把木偶改成人偶，人偶就是真人扮演的木偶，有点像《美女与野兽》的动画片，再把形象进行改编，这样一来，就可以表演动画片。其次，是模式层面，根据新题材里面的一些喜闻乐见的情节，搞了一个类似主题公园的木偶城堡，里面有一些木偶玩具体验，可以吃喝玩乐。

北京北三环的木偶剧院原本只有一个小小的空间，不能复制。现在是木偶城堡，全国各地都可以复制。仍然挂用中国木偶剧院的牌子，保留传统品牌的名声，而且，木偶城堡变成连锁经营，成为以小孩消费为主的家庭型主题公园。产业趋势一下子就好了。

这个模式不管"顺向"走还是"反向"走，两头都能通，就具备了战略层面上的可行性。这就是一种非常典型的商业模式的改造。在木偶剧院基础上，原来传统的木偶"顺向"走不下去，但是变成木偶城堡以后就走得通了。

因此，商业模式不是孤立的，我们需要综合考虑战略、商业模式和产品。

2. 商业模式是第一思维

商业经营不能只看产品，不管做什么产品，应当先看商业模式是什么。比如搞一个网站，先看赚钱是靠广告、靠卖内容，还是靠会员制。先把商业模式想出来，再想产品。当然，这不是说不要想产品，而是综合地看，在产品思维的基础上，增加战略思维和商业模式的思维。这样就有了三个思维。

目前三星就缺乏商业模式思维。三星搞的都是务实的商务，所做的事情都是为了当下能够赚钱。三星现在碰到了很大的问题，三星手机曾经贡献了三星集团70%的营业额和利润，但现在，高端斗不过苹果，低端斗不过华为和小米，已经没有出路。三星手机本来有出路，本来应该转型成一个互联网公司，应该在早年赚钱时并购一些业务，然后转型。这至少是争取三驾马车，既有硬件，也有软件，还有互联网。结果它现在只做硬件，就像联想，也只做硬件。当它的产品被别人超过时，它就没有了任何机会。

纯硬件没文化，是造成三星手机这种尴尬局面的重要原因。时代一旦变化，行业属性开始变迁，商业模式必须跟着变。苹果手机除了好看之外，还有一大堆内容支撑，可以在平台上下载，是跟文化娱乐玩在一起的。苹果的手机是"硬件+娱乐软件+下载内容"的大平台，三星、联想、爱国者都比不了。

简言之，商业模型思维需要长期保持、始终研究，这是第一位的。因为商业模式是需要随着业态变化而改变的战略高地。

3. 商业模式的思维要素

当然，在具体的研究过程中，一些常见的角度需要运营者经常关注，商业模式需要关注以下几个要素。

（1）商业模式和产品要融为一体

产品与商业模式需要综合思维，不能单纯研究。如果商业模式好，产品不好也不行；产品好，商业模式不好也白搭。深山老林当中有很好的清泉水，但是开发出来以后价格会很贵，因为要包括修路、运费的成本，商业模式很难做。所以好产品一定要与好的商业模式对接。

（2）商业模式要考虑盈利点

在商言商，商业模式当然要有盈利点，但是，考虑盈利不等于立刻去盈利。以做微信公众号的公司为例，公众号盈利的点很简单，就是偶尔做一下广告，做点推广。但是如果要把这个业务做大，这家公司需要亏钱并购一些明星的微信公众号，这样整体估值才能做大。

因此，可以战略性亏损，以战略增长为核心，亏损到一定程度的时候，能带来战略上的立足之地，而不是盈利。盈利是有时间点的，不是要马上盈利。马上盈利是传统的农民式的做法。现在新的想法是先把市场做大，再慢慢盈利。

（3）不做引导消费

企业可以挖掘潜在需求，但不能引导需求。非洲沙漠地带的人，他们需要喝到清洁的水，这是潜在的需求；让他们穿皮鞋这种事情就算了，这是引导市场。因为没有需求，连潜在需求都没有。企业引导沙漠居民消费皮鞋，就会变成先烈。

凡是引导消费的都会变成先烈。比如艺术品投资领域，据说要引导每个家庭都买一两幅画，这事看起来很美。关键是，造假的太多，市场太冷，人家凭什么买画呢？

（4）规模化的要求

商业模式需要规模，拥有复制性是达成规模的手段之一，但目的还是规模，因为没有规模，整体价值就无法达到。比如盛大文学，先亏了好几个亿，亏到一定阶段以后才开始赚钱。这就是规模化的要求，很多人撑不到那一刻。

（5）必须不断改进

商业模式的升级是持续性的要求。三星、联想等公司，也在不断改进，只是没改对罢了。

（6）看重未来

互联网的商业模式就是未来比现在更重要。做互联网的人都是在搭架构、在整合资源，没有人谈盈利，都是在讲点击率、日活跃流量，将来能够在市场变成领先地位，都在争夺未来。在互联网上，能证明自己未来会越来越好，资本就会跟进，就不缺钱，就真的变得越来越好。

当然，有一些通用模式是一定要牢牢记住的。并购是一种通用的模式；连锁经营是一种模式；还有延长产业链、资源型互补也是一种模式。

五、商业模式的升级与全系统思维

在一定阶段内，商业模式当然是相对稳定的、固定的。但是，没有任何商业模式是一成不变的，任何商业模式都应当不断反思：能不能更好，会不会被淘汰，能不能跨界，能不能找人合作，能不能国际化，能不能推翻，能不能重新找一个行业，能不能二次创业。运营者需要不断反思，商业模式一定会更好。

1. 改进商业模式是一种好习惯

好的商业模式不怕模仿，但速度必须要快。有了好的商业模式，首先要做一件事情，就是一定要赶快找钱。当模式成熟的时候，或者是差不多的时候，快速地做。你要是做得不快，很快就被别人赶上。一旦你比别人跑快了半年，就会一直跑在前面。现在的半年相当于过去三年的时间。

改进商业模式是一种好习惯，如果改不了就去搞并购，研究别人的商业模式再加以改进。腾讯在这一点上值得称道。迪士尼进行了三次大手笔的收购，是全世界目前为止较为成功的收购，它收购了皮克斯、漫威、卢卡斯电影公司。这些收购给迪士尼带来了很多内容，可以做很多动漫和真人电影，好多品牌整合在一起。这种做法就是对内容进行新的整合。

2. 商业模式的发展原理

商业模式的不断改进、发展与升级，本质就是企业商务的不断创新，这种创新有一定的规律可以参考，关注通常的要素，可以帮助企业一把手更容易完成商业模式的研究。

（1）客户导向

企业界在概念上通常有一个误区，认为顾客的习惯是不变的，然而，这只是一个方便的经济假设，而不是事实。如果企业不能以客户为导向，跟随客户的变化而变，就会失去客户、失去市场。比如《北京青年报》（简称北青报）诞生的时候，很多人喜欢，特别是政府部门办公室的年轻人和媒体的年轻人。这些年轻人到了中年以后，北青报就开始没落了，因为它的办报内容没有变化。都市报纷纷出现以后，北青报就开始衰落了，市场下降得很厉害。

客户导向并不是放弃客户引导，客户的偶像非常重要，明星效应是现在客户引导的重要手段。余额宝的第一个投资对象就是郭敬明的《小时代3》《小时代4》，因为郭敬明有固定的粉丝，他在拍《小时代》的时候，一边拍，一边写了一本书。对这些"粉丝"，卖给他们什么，他们就会买什么。

（2）要注意需求方式的变化

互联网创造了很多满足精神需求的新型方式。比如被关注的需求，现在好多互联网TV秀，有一些小女生现场直播，有一些观众献殷勤，递一枝玫瑰30元钱。旁边有观众互相攀比，这边送100元钱的虚拟玫瑰，那边送1000元钱的虚拟玫瑰，后来的人一气之下花3000元钱给她送了一架虚拟飞机。"粉丝"打架，观众渔翁得利。这是满足需求的方式发生了巨大的变化。

（3）研究增值方式的变化

互联网让信息链接组合非常方便，这种组合也带来了增值。比如都是做音乐的，各自独立的网站一般值钱，通过资源互补的合作，组合成一个音乐频道，不是一方依赖另一方，综合价值反而也得到了提升。力量综合就可以增值。比如YouTube网站，原来是自己上内容，现在可以通过做别人的链接，让整体内容更加丰富，从而快速实现增值。

（4）跨界

跨界代表未来的方向，最容易创新。乔布斯是最大的跨界人才，他是科技和人文的跨界，iPhone是电子和娱乐的跨界。不管做什么，现在尽可能找到能够跨界的内容，肯定就是锦上添花。跨界就是延长了新的亮点。

（5）尽可能让消费者提前参与

征求消费者的意见，请他参与，他的热情就会很高。如果找明星来带动消费者，让他与消费者一起参与，商业效果会非常明显。众筹是一个让消费者提前参与的商业模式，找一个明星，设计一款东西，征求他的"粉丝"的意见。最后决定做20个产品出来，每个产品都众筹一下。一条围巾可以做出

20个系列的产品。

（6）延长消费时间和次数

互联网让消费时间延长成为现实。比如夜间9点到凌晨2点的营业时间，在互联网上做买卖一定是大有前途的。大多数人白天都上班，只有7点以后才有时间，而实体店营业时间有限，下午五六点就下班了，这就有问题。零售业最黄金的时间应该是晚上7点到第二天早上3点左右。

（7）改变营销方式

传统的营销方式是拿到钱再卖产品，但在互联网时代，由于成本的降低，可以考虑先卖货、后收钱，这就是营销方式的改变。比如微电影，可以试试把一个旅游产品植入到电影当中，再卖给别人。如果做十个微电影，里面全是旅游植入，只要有一个火了，可以肯定各地政府都会找这家企业做植入。没必要非等着人家给钱再做微电影的植入。做广告的人，不必拿到代理权再做广告，可以先做软广告，然后再拿代理。

（8）通过国际化可以做得更好

国际化的产品具有极强的潜力。比如《功夫熊猫》，《功夫熊猫》在中国拥有无限的潜能，如果拿到《功夫熊猫》的中国总代理，则从衍生产品到主题公园全系列的东西，至少赚2亿元。

（9）转型

转型有时候意味着放弃，并不是继续耕耘。比如，水皮曾经担任《华夏时报》的总编，但是报纸没法转型，到2015年年底，报纸要死85%，到2016年年底，要死99%，而水皮可以转型。据说他是与万达合作的，专门挖掘万达的广告资源，特别是电影的片前广告。

（10）挖掘潜力

很多技术与互联网结合，可以挖掘出很多潜力。比如云计算，原本是亚马逊研究计算机零售，进而发现计算机上网的时间和没上网的时间差别很大，他们就把这个空间拿出来做云计算，结果就变成世界云计算的老大，赚了很多钱。

3. 产业链的延伸

（1）商业模式的发展方向

传统企业为自身打造全产业链生态非常困难，但在移动互联时代，文化企业为自身打造全产业链生态成为可能。文化企业的商业模式的发展，归根结底是以全产业链生态为方向的。

（2）四种产业链形态

从形态上看，文化产业的产业链有两类四种。同任何行业一样，都有上下游的产业链形态，这是第一类，可谓纵向产业链。但是，文化产业的产业链往往需要不同行业之间结合，不仅仅指某个产业上下游的产业链。电影、电视、游戏、影星等各自延长到对方的领域，形成文化产业族群中不同行业之间的横向产业链，这是第二类产业链。

当我们讲文化产业链时，大多数时候是讲横向产业链。横向产业链形态有三种。

第一种，内在的产业链形态。

所谓内在的产业链就是"内容为王"和"一意多用"，和其他的产业共享同一种内容。比如《三国演义》《哈利·波特》或者金庸的武侠小说，虽然就是某一个故事，但是很多门类的媒体都可以共享这个内容资源，甚至通过里面的形象还可以生产门类繁多的各种衍生产品。这就是一种内在的产业链，即一种共享同一个故事资源的产业链。

内在的产业链，当多种媒介形态承载同一个内容的时候，就形成一整块的内容，并构成整块的价值。这样一来，在这个整块价值的基础上发展纵向产业链，就是以"区块"为单位进行的延伸，就形成了区块链的价值关联关系。因此，以区块链的思维处理文化产业的产业链，具有很强的操作意义。

第二种，协同的产业链。

所谓协同的产业链就是不同产业或产业要素在时间和空间上形成协调配合、相得益彰的关系。像长沙等地方，游客可以白天去旅游，晚上去歌厅，然后去其他娱乐场所，也就是说白天和夜间各种各样的产业、各种消费形式可以进行整合，这样就形成了协同的产业链。

第三种，整合的产业链。

整合的产业链不仅要求各个产业之间的协同，而且还要求产业的配套经营，包括资本、人才、政策、资金和环境等方面。

整合的产业链，逐步将纵向产业链与横向产业链编织成一个整体，将不断打造企业的全产业链生态。

总之，无论是一般意义上讲的上下游产业链，还是内在、协同和整合等特殊的产业链，企业在动态地拓展或延长中都有着创新发展的机遇，都包含着某些商机。全系统地进行思维，才是运营者的基本视角。

第七章

商机决定文化产业模式

　　具体构建什么样的商业模式是企业主创业时的自主抉择，或者是二次创业中的自主调整。但是，商业模式是服务于市场竞争的，抓得住商机的商业模式才是有效的，才有竞争力。商机决定企业的战略，商机决定企业的商业模式。

一、市场特点决定文化产业商机

　　所谓商机就是获利的机会。新的获利机会往往包含在变化中，例如，生活方式的变化、技术的变化、环境的变化、生产的变化、消费者的变化等，都是在现实当中发生的一些具体变化。文化产业的主要商机，与人们的需求及需求的变化密切相关。

1. 新的文化市场特点与商机

　　与工业化国家成熟的文化市场相比，中国的文化市场处于自由竞争与计划体制之间，从而体现出许多独有的特点。而且，在消费市场上也存在许多区别于工业化国家的形态。例如：

- 消费者的变动是中国文化市场的显著特点；
- 青少年成为文化产业的主流消费者；
- 许多传统产品不适合新的消费者；
- 相比于欧美等国家的消费者，中国消费者在网上娱乐的时间以及运用手机娱乐的时间明显更长。

（1）市场结构影响商业模式

这些具体市场的结构特点让中国市场中所存在的商机形态与其他市场的形态不同，同时导致在中国的具体商业模式的差异。以中国的音乐和体育为例，以创意为基础的知识产权，本来应当占有产业链的核心地位，应当"内容为王"。相反，媒体平台反而在产业链中为王，其收入一直处于独特的优势地位。究其原因，媒体平台在中国迄今为止是一种垄断力量，垄断性特点是中国文体市场结构最突出的特点。

垄断性机构不仅优先获得资质和资格，而且，政府对媒体市场有着严格的监管，这些监管使得民营机构冲击传统媒体结构的机会更加艰难。但是，从另一方面来看，一些企业善于和垄断资源结合，或者善于嫁接，却取得了快速的发展，如"汉王"利用机构用户销售电子图书，还有音乐SP企业与中国移动合作，这都是非常典型的例子。

（2）市场相关因素影响商业模式

市场中的许多相关因素也决定了市场的差异。例如，国人留学和学习英语的需求一直旺盛，而且不断变动，专业化的出版社如外研社、培训企业如新东方等，都取得了很好的业绩。随着企业家的成长，国学培训也开始活跃，这也是市场因素造成的独特商机。

（3）中国文化企业的竞争方式的差异

基于上述特点，中国文化企业的竞争方式有差异。一方面，企业的业务经营往往是源于资源机会，也就是依靠某些资源单位而从事相关的服务提供。另一方面，缺乏大的资源平台也使企业数量多而规模偏小，缺乏核心竞争力。

从总体上说，中国市场中的文化企业竞争还处于比较低级的阶段，一些具有企业家精神的文化企业，将有机会获得整合资源、整合企业、整合项目的大商机。

2. 文化商机存在的十个方向

谁先把握住商机，谁就离市场成功更近。对文化产业来讲，新的或者大的商机，往往隐藏在一些特定的领域或方向，企业家可以结合自身的力量去把握。

（1）生活方式变化中包含着商机

变化是生活的常态，我们的生活方式总在不断变化。现实生活不断创造出新的领域，相应地就创造出许多商机。即便是传统的生活也在变化，生活方式变化中最主要的一种倾向就是对生活用品、生活环境等的审美化的追求，生活审美化是一种趋势。

生活审美化正在渗透到人们的衣食住行。这种对生活的审美化追求延伸到精神领域，就是"娱乐无边界"。人们希望生活各方面都漂亮，所有东西都要求酷，不管是身上穿的，还是脚下踩的。现在的人们特别是青少年，喜欢各种各样的体验，娱乐无边界就是不受时间和空间限制，随时随地地娱乐。无线新媒体如手机的发展已经使"娱乐无边界"由想象变为了现实。苹果公司把产品设计成引领潮流的酷和炫。人们只要见到酷的东西，手就要伸过去摸一摸，摸了以后就想买，这就是商机。

换句话说，在生活用品、生活环境等方面，加一点点设计和审美元素，无形之中就增加了附加价值，而且更吸引人。比如，矿泉水瓶，只要好好设计，会比现在卖得更好，现在矿泉水瓶很多都设计得太土。文化产业可以向传统产业渗透，或者反过来说，传统企业可以文化化，这就是商机。

此外，还有各种休闲娱乐和健身的需求的变化等，这些都是生活方式带来的商机的变化。

（2）文化产业的产业链拓展和延长中包含着商机

文化产业的产业链不同于传统企业，基于创意的知识产权，是渗透型的力量，在文化产业族群中，在关联业态之间，可以非常容易形成三种横向的产业链形态。以同一个故事为基础，比如《哈利·波特》，从电影、电视、游戏、影星、图书任何一点出发，都可以很方便地拓展延伸到对方行业中，还可以生产门类繁多的衍生产品。再例如，配合旅游景点、美食、知名高校访问、主题公园，可以打造"哈利·波特"味的协同产业链。还可以进一步整合英国的资本、人才、政策、资金和环境，推进整合的产业链。

文化产业链的拓展或延长，本身就包含着某些商机。

（3）产业与市场变动中包含着商机

互联网的网络内容产业已经有300亿元至500亿元的市场规模。手机内容产业也在快速发展，近年来中国人每年至少发送4000亿条短信，短信内容有讲段子的、讲故事的、问候的，几乎都是文化内容。手机内容产业，今后在五年左右时间将会至少有十几个公司上市，并且市值少则30亿元，多则300亿元。这是一种新的市场变动和机会。移动时代，商机无限。

（4）政府推动发展中带来的商机

在我国，政府对市场的影响是巨大的。按现在的政策，政府积极鼓励大型的文化企业发展，扶持产业基地建设，并且扶持企业上市。每个地方都有一个、几个甚至几十个文化产业聚集园，地方政府希望这些文化产业聚集园实现良性发展，并出台了许多相关政策，这里面就有很多商机。

（5）城市文化发展和发展文化旅游带来的商机

每个城市在规划城市整体发展的同时，也在规划文化旅游的发展。例如规划建设宜居城市、文化强市等，就促进了文化地产及文化产业的发展。无论城市是打造城市形象、建设娱乐中心，还是打造品牌化的商业交流论坛、会展，或者打造主题公园等，都可以给企业带来新的商机。

（6）消费者本身的变化带来的商机

在中国，青少年是主流消费者，国外调查显示，欧美等国家的奢侈品

70%是由40岁以上的人购买的，而我们中国70%的奢侈品是由40岁以下的人购买的。商机存在于娱乐性强、体验性强的活动中，商机存在于积极高水平艺术设计的产品中。苹果公司就是一个善于抓住主流消费者的典范。

当然，消费者还喜欢个性化的服务，比如说现在的财经专业媒体、老外对中国文化的需求等，都说明消费者的结构在发生变化，他们的特点在发生变化，这里面就隐藏着许多商机。

（7）技术变动带来的商机

文化产业是内容和技术双驱动的产业，而文化产业的内容和技术都在不断变化。例如，下载音乐与互联网的商机结合比较紧密。其中苹果公司借助互联网的支持把握住了商机，在音乐方面超越了索尼。再如，今后手机的视频产业会促进传媒业的发展，以及火车上的移动视频技术会促进广告业的发展。

（8）市场国际化带来的商机

国际化对于文化市场的推动是双向的，一方面，更多的投资者进入中国文化产业市场，另一方面，许多文化产品的出口让企业有更多的盈利。比如，女子十二乐坊曾经在日本等国家取得空前的成功，姚明等人加盟NBA也给经纪人和国内体育产业带来巨大的收入，这与国际化运营都是密不可分的。

（9）人力资源开发中的商机

无论是职业技术学院、企业家培训、文化产业领域的专业培训、中小学教育培训、各种应考培训、私立学校，还是企业内部的人力资源培训、境外中文系列教材和教育等，都是隐藏着巨大商机的领域。

另外，随着文化产业人才需求的扩大和人才结构的调整，与之相关的人力资源开发也会拥有很大的市场规模。

（10）其他的产业需求触发的商机

中国的经济发展会催生会展产业，城市的发展需要酒吧娱乐，投资的增长会带动古玩、字画等艺术品产业的增长，其他产业服务如制造业中的工业设计和包装设计，以及营销服务中的促销娱乐活动、品牌设计和传播等，都蕴藏着很多新的商机。例如，有的赞助企业要求电视台创设一个娱乐体育的栏目并加以赞助，这就给协同组织活动的文化企业带来新的商机。

二、数字文化产业的新兴

文化产业已经发生门类更替，商机就在其中。人们把文化产业笼统地称为新兴产业，而实际上，文化产业中也包含许多传统产业的行业门类。所谓传统文化产业和新兴文化产业的说法，是一种相对而言的方便说法或者看法。一般来说，可以主要将数字文化产业视为新兴产业，其他文化产业视为传统产业。

1. 文化产业的门类更替

新兴文化产业的重要特点是数字技术的利用，以及更多地体现在可以无限复制的商业模式方面。

（1）门类更替的挑战

数字文化产业的快速发展，给传统文化产业带来了根本性的变革。数字技术包括网络技术、3D技术和电子商务的技术等，让传统文化产业的门类发生了根本性更替。例如，传统的报业收入在持续萎缩。以日本和美国为例，日本报社（收入的57.5%来自发行收入，广告只占26.4%）的发行收入从2001年的12 839亿日元下降到2008年的12 308亿日元，广告收入从9012亿日元下降为5655亿日元，减少37.25%。而美国报业的利润则从2000年的500亿美元下降到2010年3月的240亿美元。此外，美国的一些报刊已经因为亏损而出售甚至关闭。

消费者及其消费者需求的变动是一个最重要的挑战。例如，对传统演艺产品开发和演出公司而言，年轻一代的消费者可能不再欣赏传统文化的内容，也适应不了演出过程中的慢节奏。又如，年轻一代的阅读形式发生了变化，他们阅读传统图书、报纸和杂志的时间在减少，网上阅读的时间在增加，这就给传统媒体带来了巨大的挑战。实际上，随着消费者欣赏方式的变化，电视行业也受到巨大的挑战，广告投放的幅度和节奏也明显放缓。

部分传统文化产业的式微和新兴文化产业的飞速发展是一个问题所呈现的两面。

（2）商业模式变动的挑战

科学技术的发展，让文化产业门类发生了质的更替。有人责怪马云的淘宝网祸害实体经济，实际上是新兴经济对传统经济的取代，没有马云也会有牛云做同样的事。科技发展让文化变动、门类更替，新旧产业碰撞是必然的，商业模式的变动与创新是必然的，这是当代企业面临的最大的挑战。

许多企业都重新审视原有的商业模式，或者面临商业模式的创新。例如，在旅游方面，传统的旅游是观赏性的旅游，而当代受到欢迎的旅游，是活动经济形态的体验性旅游。而且，旅游的商业模式也发生了变化，旅游经纪代理这种商业模式，已经不能适应网络推广的需要。

一些文化传媒企业结合传统产业和现代产业进行对接的尝试，如网上收藏和新闻资源的全媒体化应用等，以求实现二者的对接。有的优秀企业如苹果公司则顺利地对接网络媒体资源和设计，开创出影响深远的新的商业模式。

2. 政府与企业的应对

技术创新引发产业变动，连带地消费者生活方式的变动造成了选择多样性，许多领域剧烈变化，让企业与政府不得不应对新兴产业的挑战。

（1）企业文化化的全社会调整

产业结构调整的要求是全方位的，并不是归入文化产业的企业一家子的任务。所有的企业，都应当采取积极主动的企业发展战略，不可以缺席产业调整的要求。

建设节约型经济社会的要求，让中国企业必须思考，如何通过获取较高的附加价值来解决资源过度使用的问题。就此而言，企业的发展方向是提升品牌、设计能力，充分开发高端的人力资源，并且提升知识产权的创造力。

这个过程，是产业转型的过程，也是改进盈利方式的进程，对于战略方法、商业模式、利用新技术等各种要素，需要进行综合经营创新。从提升产品和服务价值的角度看，有两个主要方向：顾客导向、学习标杆企业。当然，其中也包含着借鉴先进的商业模式的要素。

文化传媒企业的基本任务也是如此，例如，淘宝网通过借鉴国外的成熟经验，以及基于对国内消费者市场变动趋势的准确把握，创建了支付宝+网购交易平台，非常成功。盛大文学创新产业链经营，形成内在、协同和整合等的多种形式的产业链条，也值得其他文化传媒企业借鉴。

（2）政府产业结构的调整

文化产业领域因为各个行业的特点存在明显差异，因而也存在适应产业变动、进行产业结构调整的内在要求。例如，传统工艺美术、印刷和玩具等产业在多数制造业发达的省份，都占据了文化产业产值的绝对数值。这些文化艺术内涵偏低的领域，其附加价值也很低，资源消耗很大，属于国家产业结构调整的范围。

当前文化产业领域，人们对新兴产业的范围存在着很大的误区，把所有的文化产业的相关行业都纳入其中是错误的。在产业结构调整的进程中，政府应当发挥积极的导向作用。例如，深圳市政府进行产业结构优化的扶持政策就取得了良好的效果，值得其他城市借鉴。

各地政府不仅要扶持文化产业的发展，还要在发展中转变增长方式，减少对资源消耗型企业的保护，包括减少对土地消耗型的文化地产企业的支持力度。与此相对应，对于创新商业模式特别是符合未来知识产权增值或者内容增值的企业，各级政府都应当予以更大的支持。

首先，各级政府和部委主管部门应改革现有条块分割的产业管理体系，完善现代文化市场体系建设，提升市场机制在文化资源配置中的作用，让文化市场发育更加成熟与健康。其次，各级政府应转变不合理的产业扶持政策，实现以奖励代替事前的补贴或者免费的资源使用等做法。再次，各级政府应更加重视培育企业家精神，支持企业家的文化企业。最后，政府还将应低注册公司和企业上市的门槛，鼓励创业活动，并用更多的资源来支持创业活动和创业投资。

三、内容为王的趋势

知识产权是文化产业的核心，创意、故事、节目、信息、活动安排以及各种文化艺术都有知识产业，让知识产权决定产品和服务的高附加价值，是文化产业的发展趋势。这就是所谓的"内容为王"。

1. 内容是文化产业的基础

在国际上，对内容的争夺是十分激烈的，内容为王是文化产业领域的特点。在当代音乐家创作的无数歌曲中，只有极少数歌曲一直传唱下去。有些歌曲在网上的点击率极高，有些则无人问津。

（1）文化产业依赖内容

对内容产业的依赖是文化产业的本质。以中国移动为例，它在2008年的短信是4000多亿条，其中许多是娱乐内容。而中国的数字电视和有线电视难以真正快速地发展，其主要原因是缺乏知识产权和节目内容的积累。因此，从2006年起，各类媒体和企业正在花费越来越多的钱来购买国外的好作品，包括好的体育活动的内容。

电信、无线通信、互联网等行业，其最大的增值业务都是娱乐内容。从短信、彩信、彩铃、手机报、手机视频、网络游戏、音乐下载等所占的比重可以明显看出，信息产业正在通过消费者对内容产业的旺盛需求而获得快速增长。或者可以说，文化娱乐内容正成为信息产业增值业务的主要来源之一。

今后，各类数字媒体对内容的需求将更加旺盛，而内容的制作能力也将决定企业能否具有很好的商业模式和核心竞争力，并形成"马太效应"。

中国虽然拥有市场规模及内容产业需求增长的优势，但企业能否把握商机、创新商业模式、提升品牌和高附加价值，既是自身成长的机遇，也将是一个必须面对的考验。

（2）创意内容的种类

文化产业的内容，其基础是创意。对创意加以丰满和完善，形成各种内容形式：一类是讲故事，一类是活动，一类是形象性的知识产权，一类是附载在明星身上的品牌魅力。

讲故事要有想象力，故事题材要广泛，情节要吸引人。讲故事是不是吸引人，决定了这个产业继续前进时的商业模式是不是可行。以电影和故事的关系为例，中国到现在为止，显然没有多少电影是可以重复看上三遍依然不让人厌烦的。出现电影故事内容和剧本缺口的原因在于，用于提供制作内容的基础材料本来就比较少，电影、电视的内容题材基本上就只有几类：一类是言情的，一类是家庭伦理的，一类是古装的，一类是武侠的。而很多好莱坞的好电影，题材却相当广泛，包括科幻的、行业的、历史的（也包括别国的历史）、侦探的、言情的、新编卡通故事的、考古的、宗教的、人物传说的、现代战争的、演艺的、政治的，等等；素材来源也非常多，从卡通、流行小说、人物传记中都可以得到优秀素材。中国人如果真正要做大电影电视产业的话，内容制造商就必须成立自己的故事创作中心，分门别类地来寻找和改编好的素材。总之，创意内容本身具有广阔的需求，因此内容产业拥有非常巨大的发展空间。

活动项目也是重要的内容资源。活动内容的设计和创意，需要以产业链的形态才能体现其商业模式的完整价值。《超级女声》就是典型的例子。《超级女声》是从英国借鉴到美国然后绕道而来的，英国叫《超级偶像》，美国叫《流行偶像》。《超级女声》本来是一个谁都可以来演的逗笑节目，在中国则最后演变成歌手比赛的大众造星运动，并取得了出乎意料的成功，最后形成了一系列的庞大收入：电视冠名赞助、短信的收入、演出经纪还有图书的收入等。特别是《超级女声》突破了原有的电视节目在收视率和广告之间盈利的商业模式，实现了一个传媒从吸引受众注意力到开发消费者购买力的过程。随着《超级女声》品牌的扩展，短信、广告、冠名、代言、演出、销售、活动、影视、唱片、图书、服装、食品、玩具等产业形成一个巨大的、长长的娱乐产业链。这是一种很有代表性的商业模式。

重视内容也意味着要重视明星的培养。在影视、演艺、传媒、体育等许多领域，假如缺乏明星，就不可能成就规模化的产业收入。针对中国的国情，华谊兄弟注重与明星长期签约和明星经纪，这是有见识的做法，也因此具有比较合理的商业模式。体育领域缺乏大牌球类特别是足球、网球和高尔夫球明星等，极大地制约着中国体育产业的发展。

（3）内容创意人才的培养

培养众多优秀的内容创意人才是中国文化产业人力资源开发的重任。应试教育和文化管理方式中过分注重理想化和教条化的内容，严重制约了国人的想象力和创造力，需要各类继续教育领域加大培养具有想象力和创造力的人才。实际上，国家应当注重奖励各类大众文化领域的文化内容创意人才，包括优秀的小说家、作词作曲家、艺术总监、游戏内容策划人员和编剧等，而不是养着专业作家和歌舞剧团。至少，应当积极支持大众文化的创造者。

2. 内容与商业模式的可行

好的内容需要满足一定的条件，特别是为了达到销售的最大化，需要针对更加广泛的人群。以好莱坞的电影大片为例，只有吸引家庭消费的大片才是最卖座的大片。由此，好莱坞的电影在近年来就以真人结合动画和动画电影为主流。相比之下，中国的电影主要还是给成年人看的，缺乏老少皆宜的内容，因此难以出现真正有国际影响力的大片。

重视"内容为王"意味着好的内容应当获得很高的知识产权回报。这就要求中国的文化企业经营者改变思维方式，注重寻求作为"源头活水"的故事创意和内容创意，需要投入较多的资金把故事和策划做好，而不是将钱都花在导演、明星、制作流程上。好的电影电视故事有时不需要明星，这个道理就说明了在内容上的合理投入可以减少在其他环节上的损失或者开支。

当然，并不是所有吸引人的内容产品都是好产品，或者说，只有从商业模式可行性的角度来衡量的内容才有意义。因此，需要着重关注两个方面对内容的审慎处理：一方面，由于政策的限制不同，适合某些国家的好内容不一定适合我国的国情；另一方面，有些产品渲染色情和暴力等，不能污染未成年人的视听。由此而言，对于一些大腕创作的作品，也需要按照核心价值的标准或者限制性质量标准来审核其是否适合公开发行。

3. 内容为王的兴起

"内容为王"是国外文化产业的常态，在中国"平台为王"才是现实，中国的文化企业需要立足这个起点，迎接数字文化产业的冲击，谋求转型。

互联网的娱乐内容、软件、平台技术、网络和硬件（手机）平台等，是大众娱乐的新平台体系。该体系可以发布海量的内容，也可以自制内容、提供内容下载和交易的服务等。当然，这个平台的业态也并没有超越已有的文化体验本质，其表现如下：

一方面，互联网上的文化产业产品，还必须体现娱乐性、参与性、体验性、时尚性的要素，以娱乐创新为主要驱动力。从消费者变动的情况分析，文化产业的产品或服务的主要消费者是35岁以下的青少年，因而文化产业主要是青春型的、娱乐性的、前沿性的产业。

另一方面，视频网站等也是一种传播工具，因而它们也必须重视内容故事，包括节目、活动交流、创意和明星。内容需求非常巨大并不断翻新，因而要求全民参与讲故事和各界人士共同出创意，而不是仅仅依靠艺术家讲故事，或者文学家讲故事。要讲现代的故事，而不是照搬古代的故事。要培养大批明星，而不是几个大腕垄断甚至独霸市场。

在互联网的平台和移动平台上，这两个方面的要求都有充分的体现，甚至体现得更充分，比如，虚拟的互动体验和娱乐无边界的娱乐体验，都是传统的媒体无法提供的。

互联网是无边界的，它需要海量的内容，对内容的渴求让内容为王成为中国文化产业的一种发展趋势。

四、合理的主营业务

企业的任何战略决策，都是对市场商机的追逐与把握。隐藏在市场趋势中的商机，决定了企业的战略决策；企业的战略决策，决定了企业商业模式的构建与调整；企业的商业模式，体现为企业的主营业务的开展。战略决策和商业模式的完善，是企业经营的基本事项。

1. 战略决策要素

战略有两个最基本要素：战略事项与可持续增长。企业人、财、物的核心部分，都是战略性事项，可持续增长则是需要企业家关注的核心工作。

（1）战略性事项

战略的第一个基本要素，是对企业经营有重大影响的事项。也就是说，凡是对企业经营有重大影响的事项，都属于战略。

在企业中，人、财、物都是属于战略的范畴。比如企业一个副总离职，当然对企业有重大影响，这属于战略性事项。对于企业里人、财、物的管理，都需要进行一种战略性分析，比如公司总共有3000万元资金，某人一下子支出了1000万元，这就属于战略性事项。当然，大多数企业签字手续、三五千元钱的报账之类的事情，不叫战略，因为谁都可以被委托签字。

人力资源开发是企业的基本战略事项。企业家是企业的第一资源，因此千万不要把企业家这个企业第一资源配置去干那些小事，那就没有人力资源去做战略性的事情了。

企业家绝不应该从事关键活动以外的工作，也就是说，"如果某项工作能够由其他人去做，那就不应该属于高层管理工作""放弃以前从事的职能工作或作业工作，把这些工作移交给别人"[1]。

企业中的第一分工就是要让企业家做企业的第一资源，负责把整个企业的人力资源开发好。因为人力资源是企业最大的资源，也是企业的重要资产。

20世纪80年代的时候，最缺的是钱，现在最缺的绝对是人才。在市场经济初期，资金资本最重要，但是，随着市场经济的发展，资金资本的作用越来越弱化，企业最缺的往往是人才。企业有一个很好的策划方案，会很容易让人马上来投资，没钱照样能做事，但是，没人肯定做不了事。21世纪什么最贵？人才。这是思考战略的方向，即战略性的思想。

（2）可持续增长

战略的第二个基本要素是企业的可持续增长。也就是说，任何促进企业可持续增长的因素都属于战略。

用这个标准来衡量过去的或当下的大部分事情，可能都不是战略，兴许只有当下的一小部分事情，才可以归入战略的范畴。而企业家最需要做的是那些具有战略性的事情。

做企业要摆脱个体户式的思维。企业一定是一个智慧的集体，如果这个企业把大家的智慧都动员起来，它就算是个企业，如果说只靠创业者自己一个人的智慧，不管规模怎样，都只能是个体户。个体户式的企业也可能创业的时候业绩骄人，但是它一般走不远。因为创业的时候可能靠个体户式的思维是可行的，但是当企业走一段时间就捉襟见肘了。

可持续增长，把企业做大做强，是企业家的目标。企业的治理，在企业规模小的时候，依靠企业家自己的经验就足够，但当企业发展到一定阶段，就需要引进职业经理人来参与经营管理，需要董事会治理架构。企业的治理至少来源于三重智慧：企业家的经验、经理人的职业化管理和董事会的参谋咨询。

1　德鲁克.《管理：使命、责任、实务（责任篇）》.机械工业出版社，2006年，第15页。

2. 商业模式决定主营业务及其变化

主营业务是企业的核心资源。企业的主营业务不是表面所见的形态，该业务的增值方式和各种商业模式，是决定这种业务如何发展的基础。

把经营思路的方向搞错了，没有正确的商业模式，业务也就错乱了。以画廊的经营为例，画廊经营本质上是做画家的经纪人。经纪的概念是对投资人说的，不是对画家同行说的。画廊让某个画家很有市场号召力，才会吸引许多投资人掏钱去购买或收藏他（或她）的作品。画廊真正重要的工作应当是要让该画家和投资人见面，或者向投资人推荐，把画家和投资人连接起来，这才是经纪活动。但是许多画廊大多的展览与活动，只是让画家之间惺惺相惜，树立名声。因此，做画廊企业需要一个长期的计划，画廊自己至少要撑五年，才能让该画家不断地升值。画廊做某个画家的经纪人，一开始就可以收集该画家的一些产品，等到五年之后，经纪人要让该画家的身价翻好几番才能赚到钱。画廊经纪不是随便国外跑跑就能快速抬高画家的身价，有计划地、一步一步地去做，才是企业战略的核心思想。

总体上说，企业经营要根据市场商机，有一个完整的战略经营概念，对盈利形成明确的方法，这套方法就是商业模式。按照这个模式组合资源，来让企业实现它正常的经营和利润，这就是企业所做的项目。企业正常的经营，可能要依托于这种项目。这种项目可能主要有两种形式：其一是企业已有的且正在做的项目，其二就是企业要新策划的项目。这两类不断做的具体事情，就是主营业务。

许多时候，由于产业变动和商业模式变化，企业的业务往往也需要随之调整。这时候企业就不应当固守自己所熟悉的业务，而应当去选择、开拓新的业务。选择新的业务，需要了解行业的基本特点和所需要的能力。例如影视产业的价值增值主要是产业链形态的，包括植入式广告、艺术授权开发等，因此，影视公司的业务就不是拍摄影视本身，而是以影视作品为核心的产业链经营。

3. 整体价值观

主营业务的发展需要与企业整体价值实现一致。在这方面，华谊兄弟公司的上市就是一个很好的例子。华谊兄弟公司的电影业务在电影《手机》之前基本是亏损的，或者说至少是不赚钱的，在完成《手机》之后才开始赚钱。但是，华谊兄弟公司背后一直有盈利的业务在做，比如说它的广告业务，华谊兄弟公司是宝马的代理商。这个业务本身是赚钱的，在做电影的时候还能内置广告。华谊兄弟公司对电影业务有着不错的经营能力，再加上它很注重人才、品牌等无形资产的积累，持续用广告扶持电影业务的不断累积，所以获得整体企业的成功，自然是水到渠成的事情。

现在很多经营了很久的民营影视公司，价值只是华谊兄弟公司的一个零头。可以肯定，他们的经营能力不会只是华谊兄弟公司的零头，肯定不会差太远。之所以结果有天壤之别，主要是这些公司一直缺乏战略，在东一头西一头地乱撞。比如，今天拍一个唐代故事，明天拍一个当代故事，后天又拍一个神话传说故事，三个故事之间没什么业务上的连贯性。和华谊兄弟公司相比，赚钱的情况可能差不多，有时候赚、有时候赔，但这家企业没有搞品牌积累，一直在做简单的、重复性的劳动。

华谊兄弟公司则一直在传播品牌，品牌在积累，人才也在聚集，企业规模也在扩张，市场的经验也在不断总结。企业的战略和不断成长最重要。现在国内许多民营的影视公司和华谊兄弟公司相比，主要是做法上的区别，华谊兄弟一直在做公司，一直在积累，而其他公司都投资在项目上，没有企业的积累。

文化企业要规划企业的主营业务为整体价值服务，不能把眼光仅仅放到项目上。电视公司同样如此，比如华谊兄弟公司参与投资的《蜗居》其实还有几家公司也参与了投资，但最后大家还是只记住了华谊兄弟公司。

五、文化产业的模仿与创新

做企业，从对商机的理解，到战略的决策，以及商业模式的选择，直至主营业务的开展与执行，都离不开模仿和借鉴，模仿和创新要讲究方法。

1. 模仿与创新的基本原则

一般来说，小企业在专业领域里面可以做一点点创新，但总体上来讲还是要以模仿为主。企业越大，它越有实力创新，而且企业越大的时候也越有必要创新，这是一个很重要的方面。

问题是，企业进行模仿会对模仿形成依赖心理，会上瘾，会形成惰性，模仿很容易让一个企业一直在模仿，而一直进行模仿的企业永远都不容易长大。所以，需要确立一个重要的原则：企业在初期可以以模仿为主，但在中期和后期必须要不断创新。

2. 模仿与借鉴

模仿与借鉴不完全一样。借鉴是模仿的升级，借鉴就是把别人的优点的某些形态移植过来。文化产业的发展，可以从多方面进行借鉴。

（1）学会借鉴

因为模仿别人，有时候可能模仿得不像，但是可以借鉴。比如说一个脾气急的人要去模仿脾气慢的人做事，那肯定模仿不来。但是通常一个人脾气慢更可能不是因为他的脾气，而是因为他对事情比较想得开。也就是说，脾气急的人和脾气慢的人的区别，就是脾气慢的人一般比较想得开，所以，脾气急的人可以向他们学习，节奏自然就慢下来。想借鉴他的慢性子是不可行的，只有借鉴他对事情想得开的这一面。

形式上模仿不如思想上借鉴。企业经营者一定都要争取像优秀的企业家那样去思考，才能去把握别的企业的优点和特点，学会换位思考，学会综合地考察和思考，才能学会借鉴。

（2）向美国借鉴普遍化方法

对于美国企业的借鉴，应该模仿美国人不断寻求可普遍化的方法。美国人做任何事情，都会倾向于把事情做成可普遍化的东西，不断扩张，让大家都替你赚钱。美国人的连锁经营与跨国经营，良性扩张越来越国际化，比如美国的电影。

（3）向英国借鉴创意

对于英国企业的借鉴，应该模仿英国人的创意。英国人不管在哪个方面都很有创意，比如《开心辞典》《超级偶像》《百万富翁》等节目都是英国人首先创造的。英国的广告公司也做得好，广告产业相当发达。

（4）向韩国借鉴把握专题

韩国的一些做法也值得我们借鉴。韩国人拍摄的电视剧包含着一种对主题的把握，他们所叙述的话题很容易引起人们的关注，这是对一种对事物的把握能力、吸引消费者的能力。另外，韩国人现在也在弘扬韩国的历史文化意识，把很多要素结合到一块，并且结合得丝丝入扣，显示了在某些方面精到的把握能力，这是值得我们借鉴的。

（5）向互联网借鉴把握未来

在国内，文化企业最值得借鉴的是互联网领域的创业者，他们都是有学识的，出身的学校都不错，对未来的架构能力和对潮流的把握能力都是超群的。

这些精英包括百度的李彦宏、网易的丁磊、腾讯的马化腾、阿里巴巴的马云、搜狐的张朝阳、新浪的曹国伟等，还有盛大的陈天桥、分众的江南春等，这批人驾驭企业的能力可能有大有小，但是他们的见识和眼光是一流的，远远超越上一代企业家，可谓"企业家的第二代"。他们做企业的视野开阔，在用整合资源的方法做企业，他们整合了人才、品牌、专业、国际化、高科技等各种重要资源，形成了综合性的经营方法。这是很值得其他文化企业加以借鉴的。

（6）借鉴普遍适用的模式

另外，当前国内还有一些基本的做法，或者叫可普遍适用的模式，也是值得借鉴的。比如安徽卫视，安徽卫视几十年来就一招，即播放电视剧。再比如，在中国各个城市，只要有一定的人口集中，就可以办啤酒节，并且一般都会成功。因为消费者一旦集聚就一定会有消费需求，消费者是现成的，商家要做的只不过是把他们的需求转化为产品，这就是一种普遍适用的方法。

3. 模仿中的创新与同质化

（1）模仿中创新

出色的企业家既不是单纯模仿的，也不是单纯创新的，而是在模仿中创新。韩国人就比较善于从模仿中创新，其实他们的核心技术都是日本和美国的。在日本和美国开发某种核心技术的时候，韩国就追踪这个核心技术的开发状态，然后来开发这个核心技术的周边技术，把它圈住，让日本和美国开发的核心技术出不来。因为周边技术开发周期较短，等核心技术出来时周边技术已经注册好专利了，这样就可以用这个外围技术和人家的核心技术去交换，甚至共同合作生产。

我们把这种从模仿中创新的方法称为"合围创新"。就像现在索尼和三星共同打造的硅片生产厂之类，产品上面所占有的知识产权比重其实是一样的。而我们中国没有核心技术，外围技术或者周边技术也没有，然后自己只能去制造各种外围的设备。我们需要知道，产品或者商品中越无形的部分越值钱，越有形的部分越不值钱。

（2）避免内容产品同质化竞争的对策

在文化内容生产领域，当前同质化竞争依然很严重。文化内容产业领域需要加快解决同质化竞争，也需要加快打造品牌和提升质量。无论是从政府的角度还是从中小文化内容生产企业的角度来看，都需要共同努力并采取积极的措施，以解决同质化竞争的难题。

当然，文化内容生产企业自身经营能力的提升是改变同质化竞争的最基本的要素。综合目前文化内容生产企业的具体情形，可以采取以下相关对策。

第一，重视商业模式先行。所谓的商业模式先行，就是文化企业应该以商业模式作为立身之本，分析自身商业模式的可行性，避免盲目跟风或者在整体上去模仿成功的企业。文化企业必须以独特的商业模式来开发产品和服务，才能避免商业模式和产品上的雷同，而盲目跟风必然忽视了商业模式的重要性和自主品牌产品的竞争力。

第二，应该更加注重利用产业链形态的价值实现或者产业链环节的独特地位的影响力。文化内容企业应当以产业链分析为起点，合理把握自身在产业链条中的上端的专业化定位，争取实现知识产业的延长利用价值。

第三，实现产品和服务的差异化。文化企业的产品和服务应当力求具有内容或者形式上的独特性和创新性，体现出差异化的市场细分要求。

第四，持续打造和提升品牌。品牌化，特别是结合无形资产开发的高端化和精品化产品和服务，是多数企业避免同质化竞争的主要途径。显然，在品牌塑造方面，具有一定基础的文化企业不仅要重视往企业和产品的品牌化方向发展，还要避免高端和中低端品牌的混同，通过多品牌的设计，形成在品牌和产品上不同的定位和区隔。

第五，注重专业化。专业化的要点就是深化资源的挖掘和形成具有竞争力的产品和服务。例如，同样是影视公司或者动漫企业，可以选择某个创意持续带动的专业化形态的产业链经营模式，即将同一种内容资源进行持续化的深化开发。它不是依靠多样性的创意，而是将一个创意做持续化的系列化延伸产品和服务开发，如通过电影、游戏、舞台剧和玩具等系列产品，形成一个由品牌带动的产业链。

当然，避免内容产业的同质化竞争也不是等同于转向标新立异。特别是对那些实力较强的文化内容生产企业的发展而言，他们也需要在同质化领域开展以专业化水平为依托的竞争和企业并购。可以通过良性竞争和资源整合来淘汰或者并购那些过于同质化、缺乏专业化水平的文化内容生产企业，可以促进内容产业的产业生态的健康发展。

第八章

价值观治理决定成败

西方管理学从来都认为，管理学是一门科学与艺术有机结合的学科。在市场竞争中，冲动、直觉、运气也可能决定财富的归属。但是，这些外因发挥效果，从来都需要基于运营者自身的内因。运营者抓住人心的创富能力，是任何企业包括文化企业发展的根本。

一、行为的价值观基石

解决思想问题，就能促成发生购买行为。发生购买行为，达成交易，企业才能盈利，这是简单的道理。无论是消费一方的消费行为，还是经营一方的市场行为，人作为高等动物，其行为是受大脑支配的。也就是说，从行为次序上看，思想是行为的基石。

1. 思想是现实的软力量

有力量的行动，是通过行为方式表现出来的硬力量。这是力量的展现，是综合的体现，但行动是体现出来的结果，不是力量的源泉。精神层面的软力量，在于思想。

（1）思想力量不同于行动力量

思想也是一种力量，与实践行动力量相比，这是两种性质不同的力量。以企业培训师为例，做培训师的人本身可以不具备实践能力，否则他自己就去做企业了，而为何要教别人如何做企业？其实这类培训师做的就是发挥思想的力量，引发企业按照思想行动起来，是具有现实力量的。

培训师不是真正做企业的人，不是学者，但他们是思想行动派。其实企业培训师的思想往往不如学者深刻，但是在现实经济生活中，他们的思想往往更能引起别人的重视，进而引发行动。

思想深刻与否、正确与否是一回事，被别人接受是另一回事；被别人接受是一回事，让别人重视又是另一回事。不能让别人重视的思想，只能影响自己；让别人重视，就很容易引发行动。

思想要引起别人重视，就要求思想鲜明、有自己的特点，也就是要有"亮点"。四平八稳的思想是不会引起人们注意的。

学者的思想和行动派的思想是有区别的：学者是有一说一；行动派的思想是先引起别人重视然后再行动——自己动、别人也动。能引起别人重视的思想才得以交流，被交流的思想也将会影响别人的行动。

行动派的思想，是一种能影响社会行为的现实的力量。

（2）观念与信仰的力量

观念和信仰，往往是引起别人重视的思想，具有现实的力量。观念和信仰的力量可分解成两个部分：第一是愿景，相信努力就能实现的愿景；第二是乐观的希望，比如，共产主义的观念与信仰，是非常强大的思想力量。

很多领导用自己的价值观或者信仰影响其他人，有时候强迫别人接受他而不管别人的意愿。不管是和风细雨式的交流，还是强迫式的洗脑，只要别人接受，思想的力量就会影响行动。

一个人大脑中的观念可能来源多样，甚至彼此矛盾而不自知，这可以称为混合的观念。

一个人大脑中的观念和信仰，无论是对是错，无论是体系化的还是混杂的，都决定着他的行动，都是现实的力量。

2. 中式头脑中的价值观

无论思想的具体内容是什么，当一个人认同内心的它并遵从内心的它，并根据它抉择自己的言行，那么，这就是他心中的价值观。

（1）价值观不仅仅是道德

价值观有两类：一类是与道德有关的，一类是与道德没关系的。比如，相信卖纯净水的商家在害人，这与道德有关系；相信纯净水是否有害健康，这与道德无关。

价值观中所提到的价值，是人们所欲求的，是具体的。因此，价值是多样性的。每个人都有自己的价值观，这些价值观有可能与他人的价值观相一致，也有可能不一致。

（2）中国人的核心价值观

从来没有抽象的价值观，每个时代、每个民族、每个阶层、每个亚文化，都有自己具体内容的价值观。就当代中国人而言，核心的价值观包括三个层面：普世价值观、中华传统价值观、政治意识形态价值观，三者共同形成了一个价值观的系统。

其一，普世价值，是和人有关的价值，并且是和我们社会生活、和人的幸福有关的价值。比如任何人都要爱护生命，因为如果不爱护人的生命的话，其他的价值都免谈。所以，这第一个角度是幸福的原则，简单地说，这是作为社会上的人都要遵守的原则。

其二，和中国传统有关的原则。中国人古代的原则和今天的原则，有继承性但也有很大的区别，比如孝，今天仍然可以作为原则，但是"孝"不再是"以孝治天下"的政治人物的考核标准。除了孝，还有很多有益的价值观，值得现当代中国人作为价值原则，比如忠诚、负责任等。

其三，执政者所推崇的某种价值观。不可否认，意识形态对社会普罗大众的影响是深刻的，比如我们的社会主义核心价值，这也是我们整个社会的核心价值的一个部分。

这三个方面构成了大部分中国人的核心价值观，但是，这三者在具体的个人那里，影响行动的作用大小是不同的。

中国人的核心价值，一个方面，能够解决日常的价值引导，另一个方面，也是中国人作为一个整体的群体的文化共识。这样的核心价值，多方面适用，引领着当代中国文化的总的发展方向。

这个核心价值观，可以通过理性合理提炼，进而通过教育宣导再加强，但从本质而言，它是社会自身的规律，不是人为设定的结果。具体而言，第一，它是基础的、我们离不开的；第二，它是重要的；第三，是面向未来的共识，我们不能把我们的缺点作为我们的核心价值，而是把我们认为好的文化作为核心价值。核心价值应该具备引导作用。

核心价值观，是对人们的生活、对政府的工作或者说对全体中国人的存在同时都起到作用的文化存在。

（3）企业核心价值观

在企业文化里，很多人把科技创新算作核心价值，其实这一点是很次要的。企业所有的人如果都不按原则做事，即使有创新也是没用的。从优先顺序来讲，诚信至少比创造力更重要。

对于企业用人，价值观决定了人力资源情况。中国古代强调德才兼备，但是这样的人几乎没有，同样，极坏的人也很少。现实中，往往企业急速发展的时候偏向于用才，平稳发展的时候偏向于用德。

再比如，有企业强调细节决定成败，实际上战略决定成败才是真的，细节能够决定成败的程度要比战略小得多。当然，如果在战略正确的前提下重视细节，那么成功的概率会提高很多；如果战略正确但是细节比较差，那也能获得一些成功的。把什么作为核心价值，已经在结构上决定了企业的发展前景。

3. 原则驾驭行动

某种具体的价值观，往往会导致具体的社会追求行为，价值观是与行动关联在一起的。什么样的价值观导致什么样的追求行为。

价值观往往在形态上呈现为原则，原则是指导人们行为的，原则往哪个方向走，人们就往哪个方向走。比如，目前国内大学评教授的两个标准，一是评比指定期刊论文数量，二是评比科研经费，这种原则引导着大学老师埋头科研，忽视教学水平。经济原则同样决定经济发展方向。比如把GDP作为经济发展的原则，结果，各地政府一味追求GDP作为政绩。

原则是拿来做导向用的，体现了某种价值观的引导效果。有了原则就要规范地管理，因为在具体的管理中会存在很多冲突，当冲突发生的时候就必须用原则来指导。在管理方面看，战略是一种原则，企业的核心价值也是原则，用人的时候也要有原则，这是出于不同场合的需要。原则决定行动，原则规范行动，原则驾驭行动。

二、人心的价值链决定产业链

各种社会活动、经济活动，呈现着各自独特的发展规律，但所有的活动，都是由一个个活生生的个人行动组合汇合而成的。产业链并不是神秘的东西，它就是在活生生的个人行动中逐渐成形的。

1. 价值观与行动原则的多元化

人头脑中的一个个价值观，都是具体的，价值观之间各有各的作用，必然各自不同。同一个人的脑子里，价值观是多样化的。而且，人和人之间，价值观也是多样化的。

（1）价值观的多元化

事实上，不同人的价值观是不一样的。价值是多元的，每个人的价值观可以不一样，行为方式也可以不一样。这个时代的人类社会，是崇尚尊重价值多元的，崇尚尊重别人的选择。比如说幸福，有人把幸福等同于金钱，有人把幸福等同于权力，有人把幸福等同社会认同，有人把幸福等同某种信念的坚持，有人把幸福等同人生的辉煌，有人把幸福等同平淡平安，等等，都未尝不是一种人生价值的选择。

一方面，社会需要尊重价值多样性、价值多元化，但是，另一方面，价值多元通常导致生活中缺乏社会共识。比如在公共场所应当排队，不能插队，这个叫共识，但是很多人没共识，而且，还因为各种原因破坏社会共识。

在现在这个历史时代，价值多元是主流社会追求，意味着自由选择，自由选择则意味着每个人要为自己的行为负责。不同的选择会导致社会冲突，建立并维护社会共识，才能够保证社会的秩序性，减少社会冲突。

所谓和谐，就是每个人都不一样，能够各做各的，但是同时不发生冲突。过分强调不同，可能会造成没有共识，过分强调共识，可能会造成没有价值多元。社会需要有一种整体的机制，保障这种和谐。

（2）行动原则的多元化与行动混乱

原则直接面向问题，旨在尽量避免行动的双重标准。只要明确了原则，原则决定行动的应用，并没有太大的困难。但是，只用一个抽象的原则，不可能解决所有的具体问题，面对现实生活问题的多样化，原则的多元化是必然的。

当然，凡是两个原则有冲突的时候，就必须选一个原则，因此，原则的多元性，又容易让不了解情况的人混乱。比如，总有人既认为儒家好又认为法家好，既要合情也要合理，但这是存在冲突的。所以，原则是需要排序的，比如在法律上需要明确，生命的价值与经济的价值哪个更重要。

2. 行为科学背后的价值观结构

价值观的多元化，以及原则的多元化，彼此共同构成结构性的一体关系。个人头脑中价值观是个结构性的系统；同时，这个价值观结构决定着个人的行动。

（1）个人头脑中价值观的层级

各种价值观念的重要程度，在现实中是不一样的。比如，能不能分清善恶是非，比能不能分清汽车品牌更重要。

大多数人的存活是离不开社会的，道德是社会层面的价值观，是个人存活更基础的价值观。所以，在同等情况下，道德价值优先和高于非道德价值。比如仁爱优先于勇敢，因为仁爱本身具有道德价值，勇敢为非道德的价值，在某些情况下甚至可能破坏道德。

（2）个人头脑中价值观的排序

头脑中的具体价值观尽管是多样的，但是，作为独立完整的人，只要不是人格分裂，在一个人的心中，不同的价值观，会按照重要程度、层级关系构成一个心中的系统结构。心中的这个价值观结构，受制于文化的、宗教的等各方面因素。

由于受教育程度、年龄、阅历等因素的不同，每个人头脑中这个价值观结构的系统化程度是不同的。有的人面面俱到是个全才，有的人则偏科；有的人心智很成熟，有的人则一脑袋糨糊，甚至人格分裂。

总体上说，在一个人的头脑中，日常的价值观是相对外层的，居于内层的核心价值观更基础。核心价值观三个部分之间，普世价值观往往更基础，民族传承的历史价值观其次，意识形态价值观的作用最弱。

（3）价值观决定个人的行为

个人头脑中的价值观结构，是逐渐形成的，是人生成长的结果。人不一定对内心有清醒的认识，但这不影响内心的价值观驾驭自己的行为。比如，大力水手爱吃菠菜，其实是认同菠菜罐头能强化身体，至于菠菜能不能真的强化身体，他可能从来没认真科学地研究过，但是，只要接受了这个观念，选蔬菜的原则就成了菠菜第一，见到菠菜就会形成要吃的行动，这种行动甚至成为一种潜意识，"吃了菠菜立马变成大力士"。

从行为科学的角度看，尽管头脑中的价值观系统是个人行动的内在机制，但是，就行为本身看这个内在系统是隐藏起来的，它已经呈现为"人格、个性、习惯、性格、爱好、兴趣"这些内容。人和人在一起，不需要思想上交流什么价值观，只需要彼此打交道就行；人不必了解自己，只需要或者坦率真诚，或者虚伪掩饰，直接按自己的性情生活着、行动着、变化着。但是，从本质上看，价值观是决定力量。

3. 社会力学背后的价值观结构

所谓社会就是人和人在一起，所以，人和人的价值观之间，彼此互动就会形成一定的结构关系。人和人价值观的聚合与碰撞，导致行为的聚合与碰撞，有团结也有对抗，形成一次次的社会潮流，也最后构成社会历史的变迁发展。社会潮流可谓个人行为的合力结果，社会的价值观结构决定社会的发展潮流，这就是社会力学。

（1）社会价值观决定个人价值观

当人和人在一起的时候，脾气相投的人爱扎堆。因为人们的价值观不可能完全一致，不一致就容易发生冲突。彼此价值观更相近的人，更容易取得一致，更容易走到一起；相反，价值观不同的地方多，就容易彼此看不上眼，相互关系就比较远。这就是"物以类聚，人以群分"。

个人都是被时代塑造的，时代的主流价值观，往往塑造成个人的价值观。每个人，不用管自己头脑中的价值观系统化情况，这是在时光中自然成长的过程，年龄、阅历、知识、社会等各种因素会潜移默化他的心灵，自然构成他的人格。个人只需要率性地活着就足够，只不过，这个率性是被社会塑造的。

不论是日常价值观，还是普世价值观，社会价值观从来都不直接说话，它们塑造出个人的核心价值观，然后让个人的价值观在交锋中实现它的存在。

（2）社会价值观的层级结构

社会价值观是多样性的，同时，也有着重要的区别，彼此构成层级关系。即使普世价值观之间，层级关系也不一样。总体而言，自由不如平等好，因为，自由这种价值观更侧重个人，平等这种价值观则面向大众，更具有社会性。实际情况也确实如此，无论从中国传统的角度还是西方的角度，社会重视平等甚于重视自由。往往精英更提倡自由，而普通老百姓则更倾向于倡导平等。

正所谓"不患寡而患不均"，平等是人类社会最普遍的价值观，也活生生地存在于每个人的心里。它让攀比的心理无所不在，也让不同诉求达成共识有了共同的标准。

（3）人心价值链的现实经济效应

无论是消费行为还是市场行为，全部的经济行为本质，都是经济领域的社会行为。个人不用理会自己的价值观，也不用理会自己代表着什么样的社会价值观，个人只需要追求自己的人生，"物以类聚，人以群分"，经济行为就自然形成了。

在个人逐利的追求下，社会经济自然得到发展，在个人趋利避害的过程中，社会经济自然形成自己的结构。但在这个过程中，直接决定个人行动的原则，是他心中的价值观。合原则就做，不合原则就不做；原则一样，就团结协作一起做，原则不一样，就分手；核心原则一致的，小原则不一样的，就忍着协调；即便小原则一样，根本原则不认同的，也会立马反目。

交互行动中的人，价值与原则多元化，相应地行为也多元化，行为彼此交互作用、各种社会力学的效应，就构成各种社会活动、经济活动。比如，十一长假是国家规定的，是政府主导的价值行动，假日落到个人头上，有的人要出游，有的人要宅在家里，地方政府要发展旅游，维稳部门要加强治安，有公司有明确的商业计划，有公司只是想试试发财的机会，不管怎么想，大家按自己的原则行动起来，综合起来，就是长假经济。

经济活动规律，是符合社会行为的大规律；种种经济行为的交锋，根本原因是种种经济行为背后的价值观的交锋。经济产业链之所以能够形成，从直接原因看，是经济价值把大家拴在一起，从根本原因看，则是价值观认同把大家拴在一起。比如很多犯罪团伙协作害人，一旦被抓就哭天抢地推脱说是生活所迫，其实根本上是他们认同为了自己可以迫害他人。

主流的经济产业链，实际上是相互价值的认同。比如，大家认同看电视是生活的消遣方式，消费者才会去买电视，长虹、海尔才会生产电视，国美、苏宁等物流、批发商、零售商才会形成业态，电视台建设基站才有意义，影视公司才拍电视剧。当移动互联技术成熟时，一台计算机上网就解决一切，电视台的基站、电视机厂商，还有什么存在的价值呢？

三、治理结构决定管理过程

社会的价值观，决定人心的价值观；人心的价值观，决定人和人之间的聚散离合关系；人和人之间的关系，是一种价值链的关系；人心的价值链，直接决定着经济产业链的形态。"不患寡而患不均"的这一类普世价值观，是一种可以影响产业链的现实的力量。

1. 有序的乌合之众

包括经济组织在内，任何社会组织都是个人与个人组成的人群，人群的行为特征，已经被社会心理科学研究得非常深入，不懂得一点社会心理学成果、行为科学以及系统科学的成果，很难理性地把握市场。

（1）乌合之众

公司是由人群组成的组织机构，要了解人群的基本特征，有时候从偏激的角度描绘，更容易让普通人掌握。研究大众心理的大师古斯塔夫·勒庞，把社会心理的总体特征称为乌合之众。

在勒庞眼里，群体不是组成它的任何一个个人，它本身就是独立的有机活体，尽管有可能这个群体仅仅存活几分钟。比如说，现代街头艺术的快闪，一首歌的时间，这个表演快闪的群体，它也有着自己活生生的情感、特征。

研究发现，其实群体的品质就是平庸，哪怕是满腹经纶的饱学之士，只要进入群体，与目不识丁的人一样没有观察能力。群体的精神高度，绝不是组成它的个人的精神的平均，群体在智力上总是劣于孤立的个体。这个论点貌似荒谬，但科学证明它确凿无疑，大量的历史事实也证明了这一点。

群体会受到瞬间刺激因素的影响，刚刚还嗜血残暴的一群人，可能立马英雄主义地慷慨激昂。与群体讲道理是得不偿失的。群体的科学事实是：冲动、急躁、没有理性能力、缺乏判断力和批评精神、夸大情绪以及诸如此类，容易接受暗示、轻信、盲目、相互心理传染。理性在群体身上是不存在的，胡乱推测、貌似合理，才是群体的思想状态。比如，在黑死病横行的中世纪欧洲，社会发生恐慌，没搞清楚黑死病原因的欧洲人，认为这是上帝的惩罚，太穷、太富、太丑、太美等，都成了被烧死谢罪的理由。

（2）心理群体

群体的行为，是超越个人行为的社会化行为，单纯从个人行动的角度是无法解释的。这个科学的事实，实际上反映了心理科学揭示的规律：群体的行为，取决于社会群体心理。

偶然凑到了一起的群体，并不是集体，组织化是集体的特征。组织化需要一个诱因，比如说，成百上千个偶然在广场上聚集到一起的个人，不是集体性的群体，如果突然有人大喊"抓小偷"，大家可能立刻开始一起抓，这时候人群就变成了"有组织的"集体。

应当说，如果没有任何确定的目标，从心理学的观点看，无论如何也构不成一个群体。自觉人格的消失，以及感情和思想都转向一个明确的方向，这些是一个即将成为组织化群体的人群所表现出来的最初特征，这时集体的心理就形成了。

"群体"是一伙聚集起来的个人，不管他们的民族、职业或性别是什么，也不管是什么样的机会使他们走到一起。从心理学的观点看，不管什么原因，当集体心理出现的时候，哪怕是短暂的，也会成为组织化的群体，或者叫心理群体。

集体，或者说有组织的群体，是一个单独的存在，其中的个人心理与行为，服从于群体的精神统一体的规律。在集体中，所有的个体，他们的情绪和观念选择了同一个方向，他们的自觉人格消失了。比如在演唱会中，大家跟着舞台中心的明星，一起喊、一起唱、一起跳，一言一行都变成被明星支配的"傻瓜"，完全没有了个人。

毫无疑问，在集体心理中无意识是其奥秘。

（3）有序的混沌

无意识不代表无规律。事实上，表面的混乱，本身可能蕴含着规律。社会心理学揭示的社会集体无意识，现代系统科学则从中看到了规律。

现代系统科学发现，动态的个体汇聚在一起的时候，刚开始都是各自独立地运动，随着个体们在同一环境中不断地运动，彼此影响是不可避免、始终存在的。虽然各自独立运动似乎是永恒的事实，但是，当满足某种条件时，一个开放的混沌系统就会形成。这个条件，科学上叫作阈值，即临界值。这种变化叫作"突变"，混乱开始自成一种有序的"耗散结构"。比如说，一壶水放在火炉上，水温逐渐升高，但水开后水蒸气不断蒸发，壶中的水和空气就形成了一个开放系统，一个水壶与外界环境自由地进行物质、能量和信息交换的系统。水壶周围的空气带走了火炉提供的热量，水温不再升高，达到了新的稳定状态。

社会中的个体，走到一起就是一群人，某种心理的变化，是让一群人突变为组织化群体的阈值。集体无意识是表面上的混乱，而这种混乱是有规律的。社会心理支配着集体行为，社会心理的规律，是包括市场、公司在内的耗散结构的规律。

2. 内外两个结构

市场竞争，是动态开放的耗散结构系统。就像是水流构成的瀑布，在悬崖峭壁那里，上游的水不断涌来，倾泻而下形成瀑布，瀑布落入深潭隆隆作响后慢慢流走。水流是动态的，但是，瀑布的形状基本上保持不变。当然，随着不同季节水流的变化，瀑布的样子也在发生变化，甚至会因为断水而消失，但是只要水来了，瀑布会按老样子再次出现。

商品涌入市场，在市场中不断被消费，市场就像瀑布一样。企业在市场中，就像某股水流，它组成瀑布，但瀑布的样子自有其规律，不取决于水流。企业内部的组织机构，也是由人群组成的，也是一个小型的耗散结构。就公司内部而言，它也有着自己的小瀑布。

生存能力强的企业，不能仅仅做一股水流中的一段，否则当水流的上段没水的时候，自己这段也会消失；如果下一段被人扔块石头挡住停水，自己这段水流也只能改道。有能力的企业，应当争取自己拥有上、下游，全产业链生态性生存。就算下游被人扔了石头，改道就改道，反正这股水流都是自己。

而且，企业并不是市场上孤立的个体，事实上正如瀑布，企业这一股水流，与市场上的消费者共同构成市场这块大瀑布。对企业来说，企业与消费者群体共同构成一个集体无意识。

企业生存在两个耗散结构中，第一，企业自身是个耗散结构系统；第二，企业与消费者共同构成一个耗散结构系统。

3. 耗散价值观结构的经济学逻辑

企业涉及两个耗散结构系统，企业在两个系统中动态地行动，谋求着存活与发展。企业的行为，取决于两个集体无意识，取决于两个集体心理状态。企业运营者需要面对两个集体心理。

（1）企业管理的价值观结构

企业作为经营管理的对象，本身就是一个系统。系统科学中的控制论，最早的成果就是在管理学方面的成果。

从控制系统的角度看管理，结论很清楚：管理系统是一种典型的控制系统。用术语说就是，管理系统中的控制过程，在本质上与工程的、生物的系统是一样的，都是通过信息反馈来揭示成效与标准之间的差，并采取纠正措施，使系统稳定在预定的目标状态上。

当然了，老板以及管理层就是做出控制的人。但是，控制论告诉我们，系统是会反馈的，或者正反馈，或者负反馈。比如老板发奖金，可能鼓舞员工的干劲，提升管理效果，这是正反馈；但是也可能让员工觉得可以不劳而获，于是开始投机取巧，造成管理上的混乱。所以，管理层要根据公司整体反馈的动态效果，进一步强化或调整自身的行动。

企业组织结构是怎样的，往往运行情况就是怎样，组织结构上的直线制、职能制、直线-职能制、矩阵制、事业部制、模拟分权制等，是公司管理的起点。在什么样的结构下开展具体管理活动，就会有什么样的运行情况。

企业聚集的人群当然不是广场上临时召集的人群，企业这个集体更严密、更具有组织性，但是这丝毫不影响它集体无意识的存在。

管理学往往从理性角度谈管理，而事实上，企业管理所面对的企业，是个集体无意识，是个非理性的活体，需要管理者从更深层的角度干预、导引、推进企业行为。

企业行为是企业组织结构下的综合行为，是结构化的行为。企业的结构化行为，本质是集体无意识支撑下的特性，企业的行为结构，本质上是心理结构。就是说，企业结构本质上是员工与员工之间的价值观结构。

企业真正管理的对象是企业价值观结构。价值观结构对了，组织结构就对，组织结构对，行为就对。如果不对，那么企业运营者的任务就是通过反馈不断调整价值观结构，让企业价值观结构向正确的方向靠拢。

（2）市场营销的价值观结构

从科学系统的角度看，企业老板和管理层所进行的工作是在企业内部进行的，老板也是系统各个环节中的一分子，并不是外来户，因此，企业这个系统是反馈系统。

从更广阔的角度看，人类社会都可被看作是高度复杂的政治—经济—文化—生态综合的多级递阶控制系统，更不用说经济系统。企业其实并不是处于市场之外的，企业与市场的关系，也是反馈系统关系。比如海尔的售后服务很好，形成市场正反馈，给企业发展带来相当正向的推动。

市场在整体上是由消费者与企业共同构成的群体，是经济关系的群体，是有目的的，也有着各种各样的关系，有着各种各样的动态结构。市场结构，同样就是市场行为本身，结构与行为是不可分的。

同样，市场是个综合的集体无意识，市场行为结构背后体现着价值观结构。市场治理本质上是治理与企业相关的市场价值观结构。这个价值观结构，决定着市场行为结构的变迁。

四、价值观结构的纠正治理

企业及其所在的市场，都是一个活生生的有机体。从科学的角度看，是能通过本身的发展和进化而形成具有一定的结构和功能的自组织系统。企业管理层在企业中对企业进行自我调控、自我生长，企业在市场之中对营销进行自我调控、自我生长。

1. 治理结构是管理的根本

自组织系统的重要特点是反馈性。系统的后果会以信息的形态被采集、处理、反馈，系统据此自调整其行为，信息流是一个闭合环路。比如产品投放市场后，各种销售数据、评测意见、消费者反响等，都会被企业接收到，当然了，接受了之后，可能积极回应，也可能无动于衷。积极回应的往往不断进步，无动于衷的往往是"官僚主义害死人"。

（1）结构治理

好的企业，应该具有自动积极回应的能力。就是说，市场一有反馈，按照企业的规章制度和结构，员工自动就可以做出出色的反应，代表企业正确回应市场的反馈。

同样地，好的企业，内部的管理结构如果健全，员工改进工作就会得到更大的利益，员工就会积极工作。比如稻盛和夫的企业，员工在内部的财务结算结构中，节省本部门的成本、提高效率，就会有切实的利益，而且得到保障；员工发明专利，就会得到长期收益，稻盛和夫的企业就自动野蛮生长。

因此，企业运营者的工作，本质上是建设企业的良性自组织结构。当然，这是个渐进的过程，需要企业运营者不断进行调整。

好的管理者要致力于结构治理，而不只是简单地快速反应，或者完成日常行政。管理者根据各种反馈信息进行反应，这些反应是具体的行动，但是，这个具体行动的目的旨在引发企业的整体行动，甚至是企业整体结构上的调整，进而调整企业与市场的结构关系。比如百胜集团面对肯德基鸡肉来源的央视曝光，立刻正面道歉，积极回应，快速整改，在各个门店推出健康鸡等营销活动，割掉毒瘤，面对市场危机做出正确回应，基本维持了自己在快餐领域的发展态势。

（2）治理结构

有标准好于无标准。如果没有市场标准或企业标准，行为就没有自组织依据，反馈是混乱的；如果有标准，行为就有依据，结构治理就有依据。标准不是因人制定的，而是因事、因职位来制定的。有了标准，就需要执行，有执行好于无执行。

执行是一个动态的过程，执行是对标准的执行，因此标准本身也具备着动态调整的特征，让标准动态调整的要素也同样在实践中构成更重要的标准。在众多标准中，我们要区分出什么事是最重要的标准，即参数。在哲学上我们称为原则性的规则。原则性规则的重要性在于提出一种内在指导性，通过这种内在的指导性来不断进行规则的调整，从而制约原有规则中的漏洞。而这种调整也不是偏向某个人，而是在于制度的完整性。

这一切都取决于一个关键性问题，即谁是标准的制定者、监督者、执行者和改动者。这之间存在怎样的互动？这便需要一种治理结构。

企业、大学、政府都有一种治理结构。我们要研究的就是什么样的治理结构能实现相关者的价值观诉求。价值观的诉求意味着经济价值和道德价值的最大化，只满足经济诉求是不够的，要利益的同时也还要正义，也需要满足道德价值。比如，通过改变行政人员的服务来体现人民的福利，以及改进行政人员在体现正义制度当中的激励机制，这一切都需要通过管理来实现。

治理结构，构成管理行为的执行者即行政人员与被管理对象的关系，是构建管理过程中其他具体标准的根据，是管理过程中其他具体标准动态调整的基础，是管理过程的最核心要素。对治理结构有能力予以制订、监督、维系、执行、改动的人员，是管理过程的最基础推动者，是管理的最核心掌舵者。

2. 价值观治理是结构治理的根本

经济行为是社会大系统中的行为，市场结构的治理、企业结构的治理，本质是对集体无意识的心理结构的治理，这种心理结构治理，不可能不受到社会核心价值观的底层影响。

在治理结构中，治理者的任务根本上是对价值结构的治理，进而影响组织结构，再进而影响行为结构，最后达成治理目标。比如，凡是管理者，其治理的核心任务是处理好"不患寡患不均"的"不公平感"，换句话说，就是正义问题。正义诉求是人类普遍的文化现象，这种不公平感的存在来自利益关系的发生。如年薪同样为5万元的两个人，如果将其中一人的年薪调为12万元，另外一个调为15万元，情况会怎样？科学实验证明，前者宁愿将其年薪维持为5万元，也不愿在涨工资的前提下，他人的工资高于自己。这种不公平感的文化问题是难以解决的，容易解决的是管理的标准问题。在上述实验中，如果有一套行之有效的治理模式存在，便能很好地促进公平感。

关注公平和正义是任何组织最底层的诉求。甚至在任何时代，从全球国际到社会，再到身边的琐事，几乎所有的人都认为存在不公平，即便是受益者也是如此。与知足常乐相比，愤愤不平更是常人的常态。

自组织的人类治理结构，必然是稳定发展的系统，稳定发展的系统，必然是解决了"不公平感"的系统，消除了不公平感的市场结构，以及消除了不公平感的企业结构，集体潜意识当然被导向正向发展，从而使企业实现自组织。

稻盛和夫的经营管理秘诀，本质上就是致力于价值观治理，他无论到哪里，"敬天爱人"都是经营核心。京瓷的核心理念始终是"在追求全体员工物质和精神两方面幸福的同时，为人类社会的进步发展做出贡献"。

3. 治理结构的框架性纠正

治理结构是推进价值观治理的组织保障。同时，对治理结构自身的治理也是动态的。比如稻盛和夫，最初提出"敬天爱人"的管理原则后，也是逐渐在发展中才完善了"阿米巴"结构。

只有治理结构被正确地动态治理，才能确保推动整个被治理系统管理执行的动态完善化。这其实是在针对"不公平感"不断进行改正。就是说，企业管理的价值观治理，不是实现什么特定的正义，而是逐渐改进。能改进就是正义，这叫"纠正正义"，在原有不正义的基础上来纠正存在的问题。

现实生活中我们不可能事先去建构一个所谓正义的东西，而只能在实践中发现不正义的现象并对其进行纠正。稻盛和夫就是不断纠正自己的正义，需要指出的是，这里的不公平感是包括企业所有者在内的公平诉求的，出资人的投资是企业存在的基础，员工对资本人如果是"吃大户"心态，反对资本分配利润，从所有权的角度看，那也是一种不公平。

纠正正义需要制度的保障，需要治理框架的保障，这就形成了组织结构，从而满足最基础层面的结构需要。管理执行者与被管理者之间，在组织结构中相互反馈动态治理，日常纠正正义，进而治理框架也在不断"纠正"中得到加强。

企业与市场的形态是具体的。但根本上，都在追求被平等对待，不管在什么领域，人们都需要被平等对待。客观的公平与否并不是最重要的，集体无意识中最直接感受到的才是最重要的。"公平感"的实现，从政治层面的取信于民，到市场层面的"消费者是上帝"，被关联者都接受的价值结构框架，才是治理的核心。

管理方与被管理方都接受的框架需要双方都认可才行。这种双方包括全社会共同的认可的主观价值就是正义。正义是治理结构的框架构成基石，它不是来自事先的规定，而是形成于社会历史的自身实践，它不仅仅是一种理性的理论表达，它更是系统相关者的真实感受。

五、基于工具性美德的能力

并不是随便谁都能够进行价值观治理。从管理学对能力的区分来看，战略的能力、关系的能力、技术的能力之间有着本质的区别。价值观治理能力，是战略的智慧和能力，管理者必须具备这种能力。

1. 五商俱全的智慧

优秀的管理者，能够冷眼旁观，拥有理论能力和实践能力完美结合的常识与智慧。冷眼旁观是在集体无意识中看得清、看得深，看得清是保持头脑清楚，看得深是具有洞察力。冷眼旁观是状态，其效果则是智慧。

智慧不是聪明。一般意义上的聪明大部分情况下是指某人领悟力较强，或反应快。同时，某种专业能力掌握得比别人要好得多，也是一种聪明的体现。而我们日常说的聪明，在某种程度上是不可持续的。只有能够可持续的聪明才叫真正的聪明，或者叫智慧。智慧其实是一种能力。

能力不是人天生具有的，能力必须和愿望、智慧相结合，"世事洞明皆学问"需要多方面提升。当然，要真正提升能力必须还包括野心。优秀的人可以说是"五商俱全"：智商、情商、德商、美商和财商。真正具备实践意义的智慧，理性和感性真正统一，是在实践中真正解决问题的必要条件。

企业家面对市场，需要拥有看透全产业链并把握其本质的智慧，需要因应市场要求构建调整企业价值链、价值结构、组织结构的智慧，需要拥有抓住人心集体无意识背后价值诉求的智慧，需要拥有理性与感性会通的财商智慧。拥有这些智慧，才能把价值观治理的具体工作做到家。

创富，是需要基本功的。价值观治理的能力，就是这种基本功。

2. 工具性美德与伦理性美德

价值观治理，治理的内容是人心中的价值观，人心中的价值观，有道德层面的，也有非道德层面的。被社会主流认同的价值观，比如家庭、亲情、爱情、勇气等人类共同认可的价值观，在一个人身上体现为相应的品质，这在西方哲学术语中被称为"美德"。

（1）两种美德

美德并不是仅仅讲一个人有道德，还要考虑到一个人情商和他的处事能力，以及他是否具有能够帮助别人的能力。这就好比人们会觉得跟一个比较强大有能力的人在一起会很安心，而若和一个道德上是圣人但是身体弱不禁风的人在一起就会没有安全感。所以，能力的支撑是很重要的。

在中国古代，"德"字原本是"本性"的意思。在甲骨文中，"德"字的左边"彳"形是表道路、表行动的符号，其右边是一只眼睛，眼上一条垂直线，表示目光直射之意。所以这个字的意思是：直视"所行之路"的方向，遵循本性，这就是"德"。万事万物都有自己的本性，金有金德，木有木德，人的德呢？道家认为人的德由"道"赋予，比仁义更根本，儒家则强调人德的伦理性。随着历史的变迁，现代普通民众认为"美德"仅仅是好的伦理道德。事实上，从古希腊的"四德"说，到中国文化中的《易·乾卦》"君子进德修业"，德都有才能的含义在。

我们讲道德问题的时候，有时候用"伦理"这个词，"道德"这个词一般更关注涉及道德层面的问题，而"伦理"这个词关注的问题更多，如人际关系、人的内心平衡、社会价值、个人的幸福等。"伦理"偏向于一种个人的思考，是内心的要求，还可以指很强的社会关系要求。

通俗地说，一个人具备的优秀品质，都可以叫美德。美德有两种：道德美德和非道德美德。非道德美德可以看作帮助每个人的生活更幸福的"工具"，谈不上必定道德或不道德，可谓"工具性美德"，比如勇敢就是非道德美德。因为好人、坏人都可以很勇敢，坏人勇敢可能做更多的坏事，好人勇敢可能做更多的好事，这种非道德美德也叫作手段性美德，它不是内在性的美德。道德美德带有强烈的社会关系特性，同时是一种内在的追求，可谓"伦理性美德"，或称目的性美德。

（2）美德是价值观治理的对象

伦理性道德往往具备很强的社会要求，伦理本质上就是价值观。

价值观有两类：一类属于和道德有关的，一类属于和道德无关的。和道德相关的价值观又分为两类：一类是对社会层面道德伦理的认同，比如期望社会对自己公平；另一类是内心私密的道德伦理品性，比如认为自己高人一等就该占别人便宜。和道德没有关系的价值观，一类是在想象中自己认同的，比如运气；一类是现实中认为自己可以追求达成的，比如健康。这种现实中自己可以追求达到的价值，往往都对应着自己拥有某种工具性美德，通过这种美德达成自己想获得的价值。比如，一个人想让自己成为合格的职业精英，他就会努力掌握时间管理的能力；或者一个人喜欢混日子，他就会找出很多打发时间的办法，享乐的能力就很强。

无论是伦理性的美德，还是工具性的美德，美德在个人身上呈现为一定的稳定性特质，是个人内在精神原则状态的外在体现。优秀管理者需要把握的价值观治理能力，其实就是有能力精准把握什么是当代人们认同的美德，然后按照当下时代认同的美德进行"大势所趋"的运营。比如稻盛和夫倡导企业最大化追求员工和客户的幸福，这就是在实践价值观治理。企业社会责任不是简单地作秀，它可以形成综合的价值转化。

国外的团队有很多相关经验值得我们吸取。比如，足球队里的每个队员练习各自的角色，把自己的角色提高到极致就可以了，这样分工很明确，权利和责任也很明确，负责防守的人也不会羡慕前锋如何。而且他们评价球员也不会只关注球员的得分，而是会分别看防守、助攻等各方面的表现，也就是说评价以个人的形态进行，这样一来，反而把所有角色所承担的责任和权利清晰地体现出来了，这样的评价方式更加公平，也有利于团队合作。团队合作需要我们在合作的环境下清楚地界定自己的角色、权利和义务。

美德，是胡萝卜也是大棒，价值观治理的武器就是美德。企业主需要以身作则，也可以基于此要求员工，基于此培养客户。这样一来，价值观治理就得以从心理层面开始展开。

3. 结构化的架构能力

企业家需要站在价值中立的立场看待"有序的乌合之众"，以中立的思维原则面对现实实践问题，可以采用架构化的架构方法展开。

（1）结构化的架构

所谓结构化的架构，就是指把一个含糊的问题做成一种立体的结构，一种可以具体地加以描述的结构。比如当一个人握紧拳头的时候，在这个状态下是无法去描述他有几根手指头、哪根手指长、哪根手指短的，而当他把手指张开时，一切就一目了然了，这便是一种结构化的方式。比如，如果问教育要不要产业化，就过于含混，因为它没有结构。如果对教育结构化分类，一类叫基础教育，一类叫继续教育，问题就转为"基础教育要不要产业化和继续教育要不要产业化"，这就很好解决了。

所谓结构化的架构就是：用结构化的方法，重新把一个问题进行解构，从而在其中找到更多的切入点，进一步得出解决问题的办法。当然，这个过程还要关注分步骤进行虚实的结构化、具体的结构化，就是说，碰到问题先从性质上去分析，然后再从数量上分析，先定性，再定量。

（2）回归真实的综合架构

需要重新架构出来的结构意味着完成了一种新的架构。从企业的角度来看，从某种角度而言，小企业就像过去乡下的泥水匠，泥水匠盖楼凭直觉，再聪明、再努力，也盖不成五十层的楼。同样，中小企业主再努力也做不出大企业来。因为中小企业的结构与大企业架构完全不同，就像泥水匠盖的小楼房与五十层大楼架构完全不同。只有调整架构，中小企业才能转型为大企业。

一个企业要想有大的改变，企业主必须改造企业的内在架构，而不能在原来的治理方式、管理结构、思维方式、企业特点的基础上不断地增加业务量，如果一味地扩大规模，到最后就会像泥水匠不断往上盖房子那样，由于根基不稳，整个企业会轰然坍塌。

我们可以从现实的经济活动中分析如何在实践中应用架构方法，这种方法可谓"回归到真实的架构"。比如，在现实竞争中，我们总是把竞争对手想成对我们是有害的，其实真实情况未必如此。

在企业发展中，不同的企业之间既要相互竞争以提升自身的竞争力，又不能造成一种两败俱伤的局面，最好的状态是形成相互依存的关系，特别是跟所有的利益相关者形成一种依存的关系，这就是一种健康的生态系统。

好的架构需要有竞争对手的存在，这样企业的成长性就比较好。如果没有竞争对手，企业自身也很难获得大的成功。所以，一定程度上竞争对手的存在是必要的。

一个好的治理结构，并不是仅仅建立在自身能掌控的领域上，而且应当尽可能延伸到社会关系相关方，甚至延伸到消费者，从而形成综合性的治理结构。

架构的方法并不是旨在简单消弭冲突。在现实社会中，冲突是随时有可能发生的。人们在社会交往过程中因为文化思维、价值观等不一致而产生冲突也是必然的，但是解决冲突的时候绝对不能把冲突扩大化。也就是说，在解决冲突的时候尽量做到求同存异，力求增加不产生冲突的部分，转移注意力，而不是用过激的手段去加大冲突。综合架构的方法满足这个要求。

例如，在有红绿灯的交通路口经常会出现被堵死的情况，这就是因为大家都想往前蹭一点，这种大家都想占先或者怕他人占先妨碍自己的心态最后造成的结果就是交通拥堵，谁都动不了，这就是加剧冲突的例子。

因此，在碰到冲突的时候尽可能不要加剧冲突，而是扩大互利的选择，减少极端手段造成的冲突。回归真实的架构，就是架构一个尽可能包括社会相关方在内的综合治理结构，在这个结构中利益相关方相互依存，从而当发生冲突的时候，理性可以切实地发挥作用。这个综合治理框架，既包括组织主体，也容纳主体活动的社会环境，它满足了现实经济组织发展的需要。当然，构建这种综合架构，需要对构成架构的结构予以全面的正确认知。

第九章

打造生命型文化企业

在一百多年来的人类文化创意活动中，一方面，探索出了许多至今依然极为实用的商业模式；另一方面，由于技术的发展和生活方式的改变，商业模式一直处于不断创新之中。从实践证明行之有效的基础型商业模式开始，不断全系统地成长，发展出企业的全产业链生态，让企业成为生命型有机体，是任何企业的发展需求。

一、基础型商业模式及其延长

任何企业都是从基础的商业模式起步的，在拥有了基础型商业模式后，进一步具体问题具体分析，延长产业链，不断发展。

1. 基础型商业模式

所谓基础型的商业模式，是指在企业生存和发展过程中作为立足之本或者基本方向的可盈利方法选择。俗话说，各人有各人的缘分，公司可以起步于任何可盈利的地方，但是企业基础型商业模式的获得，来自对于文化产业的基本认知和整体性把握能力。基础型的商业模式有以下八种。

（1）把企业作为整体价值进行经营的商业模式

经营企业的根本目的是不断提升企业的整体价值，而企业的整体价值并不等于现有的可辨认资产的价值之和，企业可能蕴含着一些难以量化的因素，这些因素可能不在企业内部，比如口碑、品牌等也能体现企业价值。这些都属于企业的整体价值。

企业经营，不以某个项目的得失论成败，而是着力于思考什么业务和结果对企业整体价值是最重要的。也就是说，这种商业模式的一切工作，都致力于"捧红"企业。比如百度、腾讯等公司，一直致力于企业整体价值的提升，华谊兄弟公司也是如此。

（2）价值增值产业链经营的商业模式

文化企业可以致力于价值链的纵向拓展和横向拓展，进而建立自有的商业模式。文化产业的横向产业链拓展，是区别于其他产业的最重要的商业模式之一。比如迪士尼的主题公园，横向协同拓展，以整个产业链来做影视、旅游、餐饮、娱乐、电子游戏、传媒网络、玩具、文具、服装等，形成了庞大的产业集群。延长产业链的价值增值，不需要明星捧红企业，企业的整体价值照样不断提升。

（3）产业集聚的商业模式

产业集聚不仅可以扩展产业链，也可以形成规模化效应。文化产业聚集园从整体上看符合产业集聚方向，但是必须有三个条件才能成功：第一是企业总部的集聚，第二是有规模化的交易，第三是产业链形态的集聚。

产业集聚的要素是通过产业集聚园的方式来体现的，也可以由某个企业来整合资源和体现，这个过程必须体现为一种既整合资源又进行产业集聚的方法。也就是说，彼此有着优势互补的基础，才能彼此抱团。比如北京的东朗文化创业产业园区，汇聚了导演、编剧、明星、制片人、经纪人，形成了自己的小生态。

当然，最理想的产业集聚形态是全产业链的模式。

（4）资本运作与企业并购成长的商业模式

并购（兼并和收购）作为企业实现快速发展或者盈利的方法，是部分具备资源整合能力的企业的基本商业模式，几乎没有一个企业是完全靠自己的积累成长起来的。

（5）定制的商业模式

随着信息技术和互联网的普及，定制越来越成为一种基础型的商业模式。定制可以是固定业务的定制，也可以是咨询式的定制服务，还可以是个性化定制。在定制领域，主要应该结合垄断企业或者大型企业，这样比较容易形成规模化或者增进可成长性。如手机领域，中国移动和中国联通公司向某些企业定制动漫内容和音乐等，就是固定业务定制的商业模式。另外，某些大企业的技术外包和顾客服务个性化定制，也属于定制的商业模式。

（6）连锁经营的商业模式

连锁经营是以寻求可普遍化为轴心的商业经营之道，也是一种最基础、最广泛应用的商业模式。连锁经营的商业模式要求企业拥有系列化的品牌和知识产权，一般采取产权特许加盟的方式开展经营[1]。图书、教育培训的连锁经营是最常见的。此外，各种音像租赁、文化产品特许专卖店、文化会馆、演艺活动等都可以采用连锁经营的商业模式。

（7）城市主题化的商业模式与发展模式

城市主题化，可以充分彰显城市的个性和特色，它既是以打造城市文化名片为中心的城市发展模式，同时也是品牌突出的文化旅游商业模式。城市主题化不仅通过会展和综合娱乐来吸引游客，也可带来持续化的品牌效应，促进各种项目及资源的进入和活动的丰富化。如一些赌城、设计之都、音乐之都、文学之都或者会展之都等，都是城市主题化的发展模式。

（8）品牌先行的商业模式

所谓品牌先行的商业模式，就是企业将品牌作为获取商业价值的主要要

---

1 虽然从理论上分析，连锁经营可以有直营连锁、合意连锁和特许加盟连锁等几种形式，但从实际推广来看，特许加盟连锁往往是最能体现连锁经营本质的，也是最有活力的一种。

素，它不是通过企业的业务拓展来提升品牌，而是利用设计和传播品牌来奠定业务的基础。

品牌先行的商业模式可以借助于影视作品或者动画游戏作品，关键是应当实施预先设置在内容的名称或者内容道具等场景中。比如图书《杜拉拉升职记》在被改编成电影之后，项目的经营者进一步将"杜拉拉"注册成为服装和化妆品的商标开发衍生产品，进而项目组继续推动杜拉拉系列图书和影视拍摄等，通过品牌知名度的不断提升来促进这些商品的销售。不过，有些影视或者图书内容与业务并不对应，如《穷爸爸，富爸爸》图书作者希望进行财经培训业务，其品牌形象对业务并没有带来积极的影响。

在品牌先行的商业模式中，品牌的塑造是优先考虑的事项。由此，就需要保障品牌策划与传播的深度和广度。简言之，仅仅设计品牌是不够的，其基本条件是，必须使品牌在消费者群体中具有较高的知名度和美誉度。如美国总统特朗普经商时曾经把电视节目《徒弟》转化为培训业务的品牌。

2. 产业链延长与全产业链方向

延伸产业链，是任何文化企业都必须面对的，产业链延伸对于文化企业塑造品牌的重要性是非常明显的。

（1）产业链延伸方法

对于同一资源的价值增值产业链的延伸有多种方法。

第一种方法，对有价值的创意资源进行双重延伸。双重延伸，是指纵向与横向两个方向的延伸。比如《玩具总动员》的纵向延伸，是电影本身的产业链，有票房、DVD、授权播出；其横向延伸，延伸出了《玩具总动员1》《玩具总动员2》《玩具总动员3》，还有一部迪士尼冰上表演、在迪士尼海上巡游船表演的音乐剧、一部以80光年为主角的电视电影、两款电子游戏、销量达2500万个的电动玩具、一条服装生产线，以及迪士尼主题公园里的场景。一部动画片中，可以挖掘出这么多延伸产品来，知识产权全是自己的。

第二种方法，重新定义业务范围。比如，现在中国院线规模趋于饱和，院线不能再做了，做院线的公司必须考虑新的业务，说不定能找到一条新的生路。

第三种方法，转变自己在产业链中的角色。比如，一家影视公司原本为了自身业务的需要，在IP低迷的时候，买断了很多网络小说的改编权，现在IP受到极度重视，这家公司就可以转变成IP内容提供方，靠参股就可以赚钱。

第四种方法，创立新的产业链。比如中国木偶剧院，民营力量参股后，开发木偶城堡，做木偶剧体验，里面有木偶的延伸产品，有吃，有玩，这是小的主题公园，还可以进一步复制形成驻场连锁。这是一个新的产业链。

第五种方法，转变业务重点。比如腾讯原来是搞即时通信的，后来QQ成了游戏大平台。

第六种方法，转变经营模式。比如植入广告，原本是有广告才植入，现在可以自己创意品牌，先植入品牌。如果火了，自然就拥有了知识产权，会被抢注。自己先提前抢注，就可以先植入后变现。广告公司如果按照这种思维去做电影和电视，优势就可以发挥出来。人物都可以植入，比如日本有一个老板，把他的老婆、女儿同时植入到电影里面去。

（2）全产业链商业模式的方向

传统经济环境受种种客观因素限制，让一般的企业只能作为全产业链的某个环节生存，全产业链生存是企业的奢望。移动互联网让企业打造自有的全产业链成为可能。从基础型商业模式出发，延伸产业链，最终形成自有的全产业链生态，是所有企业的发展方向。

"全产业链"是文化产业最典型的一种商业模式，当然也是最能体现文化产业独特性的商业模式。就建设和提升文化产业集聚园而言，"全产业链"同时也是一种最好的集聚形态和发展模式选择。

全产业链在实践中，往往是以各种专业化的产业链形式来展现的。

二、品牌价值基于商业模式

品牌是企业无形资产的重要组成部分，是企业整体价值的体现。所有的企业的经营，都旨在提升企业整体价值，都需要以全产业链为目标，从基础业务与项目入手，立足基础商业模式，延长产业链。这个动态的过程，就是品牌的累积过程，是商业模式不断升级创新的过程。

1. 品牌经营

品牌的经营也就是对无形资产的经营。在商业模式运营过程中，做好品牌无形资产的经营，提升品牌的附加价值，需要考虑以下一些重要因素。

（1）时间的持续

品牌作为一种无形资产，它是日积月累长期形成的，而不是一蹴而就的。人为的努力，包括对品牌的形象塑造，如广告设计、品牌推广活动等，可以增强品牌的吸引力和竞争力，以求在短时间内提高品牌的无形资产的价值。人为的努力可以加快无形资产的积累。但是，不能因为短期内的成功而忽视长期苦心经营的必要性和艰巨性。

（2）立足产品

品牌虽然是无形资产，但它是靠有形资产来推动的；如果没有好的产品，或者没有足够的投入，最终是形不成具有竞争力的品牌的。所以，一定要把产品质量设计等各个方面的工作做好、做到位。

一个品牌的产品品质会造成很大的影响。这就要求在管理上非常细心。企业要有一套战略规划，还要有一套可靠的监督方法，并要重视与顾客之间的互动关系，经常了解顾客对自己产品或服务的反应。

同时，企业还要投入足够资金来推广品牌，努力传递品牌文化，与消费者进行持续的沟通。就是说，对品牌的经营是通过有形资产的投入来促进无形资产增值的过程。如果在这一点上做得好，那么其无形资产的回报就会比当初有形资产的投入大得多。

（3）无形价值的系统性

不同的无形资产相互之间是有关联的，有很多种无形资产，如注册商标权、特许经营、研发能力等。企业的特殊能力等很多东西也都是无形资产。

对无形资产的经营需要一定的管理水平，否则就会削弱品牌的价值。比如搞连锁经营，复制同一个模式，用同一个品牌来号召人们，在这种模式下，它的管理水平与其品牌的无形资产的增值与否是息息相关的。一些品牌的管理难度很大，如果没有能力进行有效管理，就一定会减损品牌的价值。

（4）品牌管理

品牌的扩张需要优先考虑如何保障品牌的品质，而不能因为不多的加盟费而损害品牌形象。为了保证某个品牌的无形资产能够增值，应该找到那些爱护品牌的人来参与连锁经营。

未来的加盟者未必是最懂该行业的，或者未必是营销经验最丰富的，但必须是对品牌的品质最能负责的人。哪怕他是跨行业的人，如果他比同行业的人负责任，就可以请他来加盟。如果加盟店越多，而品质也跟着越是下降，就说明这些加盟品牌经营的人或者企业可能存在价值观或者经营能力上的问题。

品牌作为一种无形资产是需要管理的。一个品牌的品质可以从顾客的满意度、忠诚度的反馈中得到衡量，因此，顾客反馈是品牌管理中的一个很重要的环节。即使企业的自我感觉已经很不错了，也是远远不够的。

（5）专业能力支持

不同的品牌类别需要不同的技术维护能力。例如，有些城市找一些知名的策划人策划品牌项目或者城市形象，但是那些策划人却缺乏对该项目所在产业的专业知识和整体把握能力，往往就出现抓不住重点的情况。总之，专业能力包括专业化的服务能力等，是维护品牌和培育品牌的重要因素。

（6）综合性经营

品牌的经营具有相当程度的复杂性，需要各个方面的努力和能力的结合。除上述提到的诸多因素外，同行业的人对某品牌的专业化水平或能力的评价或认可也是很重要的，它也关系到该品牌或无形资产价值的传播力度。

此外，要做好一个品牌，需要企业家有综合的眼光。也正因为如此，目前国内真正懂得做品牌的企业和企业家实际上还是比较少。总之，品牌经营不能靠直觉、随机和随意，而要靠信念、眼光和能力。

2. 商业模式创新的要素

品牌的经营，需要依靠商业模式的持续运营而落地。商业模式要符合现实情况特别是目前的国情，商业的可行性是第一位的。可行性的商业模式，需要企业家主导，而不是艺术家、策划人主导。在发展中，具体企业的商业模式，还需要一定的前瞻性，关注商业模式创新，关注"二次创业"，是企业家的战略工作。

（1）创意

只有创意不是产业，但是企业必须把创意作为首要事项，因为创意是商业模式创新的基础。

创意是具有某种独创性的创新，它可能是全新的，也可能是对业已存在的东西的再造。也就是说，并不是只有全新的形态才是创意。例如，现实中的许多创意是通过微调或改变营销模式就可以获得的。比如，一个图书公司从热衷于经营"畅销书"转变为经营"长销书"，就是一种在经营方式上的创意思考。一个玩具制造商从动漫产品授权生产玩具到自己设计玩具，然后给玩具编造一个动漫故事，从而推动玩具的形象推广和最终规模化的生产，这也是一种重要的商业模式的创意或创新。

（2）升级

在商业模式创新的过程中，首先应当立足于对原有产品和服务的改进和完善，或者说在原有成绩和客户群的基础上进行创新。商业模式的创新，无论是日常改进，还是"二次创业"，是升级，不是破坏。索尼没有领先性地顺利实现从Walkman到MP3和MP4的转型，让苹果公司捷足先登，造成了自己的被动局面，并出现了严重的亏损。

一些商业模式的创新可以围绕产品或服务功能的拓展来实现。如现在手机的未来发展方向，经营者需要重新定位和思考。在某些领域，围绕核心产品来拓展产品的种类，也是商业模式创新的一般途径。例如，在苹果公司的MP3流行以后，美国的一些电子厂家和玩具厂家就围绕这个产品开发了系列产品，围绕iPod设计了卡通扬声器、随音乐舞动的电子宠物、连接iPod用的婴儿摇椅等。

（3）来源

彼得·德鲁克曾经指出创新的七个重要来源[1]，从文化企业的情况出发，商业模式的创新需要对此予以充分关注。

第一是出乎意料的情况。有些时候，许多企业在力推自己的主打产品的时候，却发现自己不重视的那款产品十分畅销。例如，一家图书公司力推的财经书不畅销，反而一款人文类简易读本十分受欢迎。

第二是"不一致"，主要是现实与假设之间的不一致。例如，一些音乐公司强调唱片市场的不断扩大，结果遭遇了盗版的严重打击，而一些以演出经纪为主的公司反而获得了较高的利润。

第三，以需要为基础的创新。事物发展过程中的需求基于内在的需要。例如，图书出版商借助于版权交易，可以通过把图书改编为影视作品和游戏作品从而获得很高的收益，因为好的内容产品可以决定产业链的长度。

第四，产业结构和市场结构的改变。这是最重要的创新领域。例如，互联网技术的发展决定了网络和手机内容的需求将持续增长。

第五，人口统计数据和人口结构的变化。随着全球年轻人数量的增长，对体育和体验性的娱乐、时尚电子产品的需求将持续扩大。

第六，认知、情绪和意义的改变。比如在人们对医疗保健或者体育活动的重视里，隐藏着创新的机会。

1　德鲁克.《创新与企业家精神》.机械工业出版社，2007年，第32页。

第七，科学的及非科学的新知识。例如"饮茶有助于健康"的认识与茶的流行，诸如此类所引发的商业模式创新都与人们的某种新的看法或知识有关。

三、文化产业商业模式的动态创新

有效的创新才是真正重要的创新。有效的创新，就是有意义或者有商业价值的创新，衡量创新有效性的标准是商业模式。只有牢牢把握商业模式，才能对创新的价值进行评价。

1. 创新的方法

文化企业的商业模式创新，需要注重一些基本的策略与方法，包括形成对于某些创新技能的系统把握。

（1）对新产业和新发展模式的关注

社会发展日新月异，新事物层出不穷，必然要求经营者经常关注和把握产业和产业发展模式的变化。例如，在互联网时代，"注意力"是眼球时代的营销传播的重要切入点，也是一种商业模式创新的要素。这种商业模式要求创意、品牌、活动营销与明星代言的一体化。音乐领域由专辑到单曲的变化，由销售音乐唱片和下载服务到把音乐作为形象代言的变化，就体现了"注意力"经济的新潮流。

（2）对需求替代的关注

在文化产业族群中，各门类的替代品的出现是对产业结构具有直接影响的重要因素。例如博客写作代替传统文学、微博代替博客、游戏代替电影、手机代替电脑、虚拟空间代替物理空间等，其中都蕴藏着许多商业模式的创新机遇。

（3）促进内在价值链的延展

内在价值链是产业链的基础，产业链的打造必须从内在价值链的延展来着手，比如在影视领域，内容、明星、广告代言、旅游等是一体化的产业链。

（4）持续挖掘文化产业大潮带来的商机

结合文化产业与其他产业，可以形成附加价值的提升，例如房地产的文化内涵和设计、产品的艺术包装与设计、明星营销的长盛不衰等。而且，消费品与娱乐产品可以相互推广，例如"魔兽世界"的游戏和可口可乐饮料之间的捆绑营销，就创造了双赢的局面。

（5）围绕核心产业的跨行业的商业活动去寻找

一般来说，某一核心产业的迅速发展都可以带动一片相关产业的繁荣，例如，手机的发展造就了手机的内容产业。

（6）把握产品形态与交易方式的新变化

产品形态与交易方式的不断变化也是商业模式创新的重要节点。如网络虚拟物品交易、游戏代练和其他玄幻武侠书的畅销等，都是新的商机，也出现了许多新的商业模式。

（7）跟踪并实现市场的扩展性的变化

消费者需求的变化可以通过推而广之的产业扩展来满足。如成年人看漫画引发的出版业的扩展。另外，文化产业领域的服务外包等，也蕴含了许多代工和定制的商机。

（8）在促进产品升级中提升商业模式

产品升级必然相应地要求商业模式的更新。例如，在玩具领域，机器人玩具将成为玩具领域的新潮流之一，把握机器人玩具的变化，提升玩具开发水平，可以进入一个新的多媒体体验性玩具的商业模式领域。

（9）把握国家和区域的战略性规划带来的产业集聚和新的商业模式

政府出台的促进和支持文化产业发展的规划，会为商业模式的调整提供某种契机。如某些地区建设的文化中心、酒吧一条街、文化产业园区、将公园改造为演出娱乐中心等，都是政府战略规划所带来的结果，这需要企业相应地对原有的模式进行调整。

（10）采取品牌先行的新做法

品牌作为一种重要的无形资产，具有巨大的整合能力和带动效应，因而成功地借助或者打造一种品牌可以快速地推动企业的发展。例如，黄磊在《美好的生活》电视节目中塑造"黄小厨"餐饮品牌，然后开始在现实中搞餐饮，未来还可以做餐饮连锁。

（11）顺应技术变革并转化技术利用

技术变革或提高，能形成技术领先性的商机。例如，谷歌和百度就是典型的技术变革的商业模式受益者。当然，技术领先性带来了长期立足的挑战，假如没有跟上技术的变化，商业模式很快就会过时。

（12）实现规模上的要求促进新的商业模式出现

产业规模由小到大的扩展，不仅仅带来量的变化，也可以为新的商业模式出现提供舞台。如贝塔斯曼举办的图书俱乐部，就可以实现定制图书的商业模式，并能保障可靠的盈利空间。

（13）根据产品结构上的特殊性形成营销捆绑的商业模式

某些产品由于自身的专业性和领先性，其运行可能需要特别的软件等与之相匹配。

（14）通过积累拓展新领域的商业模式

一个企业在某一行业长期经营，就自然需要向相关行业拓展，以完善自身的业务。例如，电影公司一类的内容提供商进入有线电视，可以通过内容的积累获得创作能力和内容服务能力。

（15）把握细分市场所孕育的创新机遇

有时商业模式的创新会带动技术的创新，并促进新的细分市场的形成。如幼儿教育产业、留学服务、对外汉语教学和教材出版、专项文化旅游等，都可能创生出新的发展机会。

（16）在产业或者业务的基本环节上创新

根据内容产业的规律，可以通过改进故事和活动内容来提高产品质量，特别是提升产品的体验性效果，从而促进产品的持续化经营和品牌的价值提升。

总之，政策跟进、政府扶持、高度重视已有人力资源等，都能让企业持续扩大自己的内在性优势和综合竞争优势，从而在商业模式的提升上取得创新性改善的实际效果。

2. 创新的持续性

一个企业要实现商业模式创新的可持续性，必须同时关注创新的局限和创新的可能性两个方面。也就是说，一方面，要充分了解创新的局限，包括社会环境和市场环境等的限制；另一方面，需要保障如何通过创新而体现竞争力的要求。二者兼备才能实现可持续性。

（1）创新的局限性

在中国，创新局限性体现在许多方面：

第一，政策上的限制。包括媒体的特许资格垄断造成传媒平台和内容提供结合的难度，以及许多领域被视为"禁区"或者"雷区"等。

第二，来自文化保护的要求。特别是历史文化资源相关的旅游开发往往与文化保护相冲突，包括保护国粹及非物质文化遗产而限制创新等。

第三，消费者分层。例如一些娱乐性很强但是只适合成年人的文化产品，可能不适合未成年人，否则，就存在低俗化的问题。

第四，媒体的垄断格局和行业性、区域性分割，造成了全媒体资源整合的极大障碍。因此，除了要打破媒体垄断之外，还要打破行业垄断和区域垄断。

总之，商业模式的创新就要避开或者暂时避开受到局限的领域，才能保障商业模式创新的有效性。

（2）创新的可能性

保障商业模式可持续创新的条件或者基础更为重要。这些条件或者基础包括：

第一，应当具有整体性的创新意识和支持创新的系统的企业文化，包括对于商业模式创新的意识。

第二，对创新条件的充分认识。例如，有的企业引进了英超联赛的有线收费模式，区别于免费收看的卫视和中央电视台的转播模式。但由于国内有线电视缺乏整合性的系统以及各自为政，同时整合的成本又太高，使得该模式不能奏效。

第三，容许失败。一般来说，创新的过程就是风险经营的过程，因此需要包容失败。但是，创新需要有很好的研究作为基础，假如是盲目选择的失败，就是不能容许的失败。

第四，需要大幅提升人力资源的价值。人是创新的主体，需要得到与创新结果相对应的激励或者奖励，创新活动才会不断持续。在国内，人们把创新的结果视为投资带来的效益，创新的价值就被忽略，对于人才也就不能带来积极的激励作用。因此，需要人力资源收入比重的持续增加以及由此促进人才的持续化积累。

第五，保障必要的资源或者资金的投入。没有一定的资源或者资金投入，是难以支持商业模式创新的前期较大成本支出的。

第六，应当学习优秀企业并吸收和借鉴其优点。有些具有创新能力的企业，可以提供许多方面包括创新方法上的借鉴，同时注意学习它们的企业文化。

第七，从模仿到创新。也就是把模仿作为前期的基础，然后再适度进行创新。可以不必做全新形态的创新，而是做改进形态的创新。如一部电影可以引入植入式广告，或者将部分城市形象广告融入电影作品中，这样对于一直没有做这种形态广告的影视公司而言，就是一种重要的改进型创新。

四、企业的战略升级

企业从基础型商业模式开始，不断向全产业链生态方向发展，商业模式的创新是具有战略意义的，同时，上市与并购也是需要重视的战略性路径。

1. 商业模式创新的战略性

竞争对手创新特别是商业模式创新对于企业的影响是全方位的。假如企业没有创新或者忽视了竞争对手的创新，其后果或是失去了机遇，或是被边缘化甚至被淘汰，前者有雅虎，失去搜索技术的领先机会就至今追不上谷歌，后者有美国在线，已经被边缘化。

（1）竞争对手创新带来的影响

即使在市场居于领先的情况下，忽视竞争对手商业模式创新也是很危险的。比如诺基亚曾在世界范围的手机市场中占有最大份额，但是近年来却遭遇利润的持续下滑，主要就是源于苹果的iPhone和黑莓智能商务手机的商业模式创新和企业整体竞争力的提升带来的被离弃或者被否定。在这种情况下，诺基亚就不得不面对重新调整战略和改进商业模式的问题。

因此，企业不在于现在是否在市场居于领先的地位，关键在于商业模式时时居于领先。这要求企业或者自身进行商业模式的持续创新和改进，或者是并购成长的具有商业模式创新的潜在对手，如当年雅虎可以并购eBay或者谷歌一样，以保障商业模式的领先性。

关注竞争对手商业模式的创新，是企业获取竞争优势的基本要素。在国内，人们更多地去关注竞争对手的产品、项目和市场规模，而不是去关注商业模式创新的动向，以及关注竞争对手核心竞争力的提升。这往往就会对企业的发展带来潜在的巨大危机，转眼之间，这种潜在的危机就可能对企业的发展造成致命的打击。

（2）商业模式创新的管理要求

商业模式创新首先需要战略上的管理。特别是对于新进入某个领域的企业和转型的企业而言，探索商业模式的时间太长，有些企业就通过投资或者并购来进入该行业，并且通过参与投资来实现模式的创新，如阿里集团的"娱乐宝"就是阿里集团的创新。

2. 上市与资本运作的战略性

从现代企业制度的角度讲，所有好公司都会上市，凡是没有上市的公司基本上都不是好公司。

（1）上市与融资

简单地说，所谓上市就是通过发行股票，出让一部分股权来获得企业发展资金的一种融资方法。这种融资方法，融资风险比较低。从总体上讲，上市是一个企业最好的融资平台。因为企业上市之后，企业的价值会被真实地反映出来。当企业发展缺乏资金的时候，就可以拿股权去抵押融资，这样和以前融资就不一样了，以前都是要拿厂房、设备等去抵押。

如果企业实现了正常的上市，如在美国纳斯达克等上市，企业就可以发行债券、增发股票等，就等于给企业找到了一个长期固定的融资平台。这时，企业的资金大体上是不会缺乏了，唯一的风险就是创业者股权可能会受到稀释，对于公司的控制权可能会受到威胁。当然企业可以一开始上市就设立一个控股条件：当它发行股票的时候，只发行那种非投票权的股票。《纽约时报》就是这么设计的。

企业上市还有另一个意义，就是上市能够充分显示企业的实力，给公众留下良好的印象。银行一般很愿意贷款给上市公司，甚至银行会主动找上门。还有一个很大的变化可能有助于企业品牌的传播，因为上市公司可以通过定期在媒体上披露公司的信息，增加一些品牌传播的机会。

（2）上市与品牌

上市公司品牌的传播与营销和广告不是一回事，营销和广告还是要做。因为虽然股民知道该公司，但是他们不一定知道公司的产品。并且同一种产品，做营销和没做营销相差很远。

（3）上市与并购

上市的另一个好处，就是企业上市以后可以进行并购，也就是兼并和收购。并购竞争对手，这是"分众"的一个做法：凡是我的竞争对手，我都把它收购过来，所以分众最后在楼宇电视领域占了最大的份额。

（4）上市的优劣

上市可以促进企业规范管理，当然也可以套现一部分股权做企业经营者想做的事情，又不影响企业持续发展。企业在中国上市比较赚钱，但是企业继续融资的程序很烦琐。企业在美国上市比较容易，企业可以持续地进行融资。因此，如果企业成长性比较突出，最好在美国上市；如果成长性不太好，就在中国上市为佳。

（5）上市后的管理

企业上市也会给企业带来不小的潜在威胁。第一，实业精神的丧失；第二，并购以后可能消化不良，没办法消化就会带来问题；第三，成长性可能存在不足；第四，富裕员工会离职；第五，在做事的时候大手大脚，不顾成本；第六，可能产生傲慢的官僚习气，认为自己很了不起，企业都上市了，别人的意见根本都听不进去了。这都是企业上市之后必须要解决的问题。

（6）成长性

只有具有成长性的企业才真正适合上市，企业有什么事值得持续去做，说明它就具有成长性了。

3. 企业并购的战略性

世界上大的文化企业集团，大多数都是靠并购起家的，很少有自己做的，它们都是不断地并购别人的企业或者品牌。但是，只有企业上市以后才有一个融资的平台，才能够不断地并购，这是一个很重要的道理。当然，实施并购的时候一定要注意，比如相比国内，国外并购环境更好。

很多人都说并购的成功率不高，有人开玩笑说并购就像离婚一样，第一次离婚很痛苦，第二次离婚很痛苦，第三次离婚以后就喜欢离婚了。并购也是一样的，第一次失败的概率很高，第二次失败的概率还比较高，第三次的成功率就比较高，到了第五次的成功率超过80%，第十次的成功率超过95%。

并购不能按照经济学家的说法来看待。经济学家是站在行业的角度统计，认为世界上并购的成功率不如失败率。然而，企业发展需要站在企业的角度看概率，企业并购的次数越多，成功率越高。第一次并购时一定要小心，明基公司并购德国西门子的手机部门，第一年就亏了100亿元，从此再也不敢并购了。TCL的并购也是亏得一塌糊涂。其实第一次并购的规模不能那么大，应当先并购小的，累积经验，再走向成功。当然，并购有并购的原则。例如，并购不能去韩国，去韩国只能参股，不能控制它的公司。韩国人是民族主义超强的群体。并购最好的地方应该是美国。

文化企业并购的主要原因是因为企业成长性比其他行业要慢一些，而且人才的积累也是一个企业获得发展的关键要素，需要通过并购来获得关键人才和各种经营人才。

并购是必要的，但是要按照以下的要求：第一，并购盈利或者成长性好的企业或者项目。第二，并购时以战略为主要考虑因素，而不是以扩大规模为主，即从大处上补不足。第三，第一次和第二次并购时要很小心，因为缺乏经验的并购，成功的概率低。第四，海外并购更需要关注制度和文化，或者以文化为主，法律也特别重要；要获得并购中的资源，人才第一。第五，能否消化企业文化很重要。第六，事前要仔细调查什么东西是遗留问题或者潜藏的漏洞。第七，要考虑并购标的物已有的发展模式和商业模式是否有较大的改进空间。

五、生命型企业的打造

健康发展的企业，是能够在自我革新和"二次创业"中不断成长发展的企业，打铁还需自身硬，面向企业自身开展革新，开展价值观治理，才能抓住商机，实现市场营销的价值观治理。商业模式的内在价值模式的理顺，将打造出自动自发的生命型企业，终究会成就企业的全产业链生态。

1. 企业不断二次创业保持发展

顺利完成"二次创业"是文化企业发展的重要战略。从本质上看，二次创业最重要的是需要重新架构企业，而不仅仅是激励员工再燃创业热情。而且，在企业发展阶段中，可能会多次通过二次创业实现自身的不断升级。比如，通用公司就不断转型再转型。

（1）假创业

二次创业不同于一次创业。一次创业是真创业，二次创业是"假创业"，二次创业的目标，是在一次创业的基础上为企业的顺利发展扫清障碍。由于企业在一次创业之后，存在许多治理结构上和利益冲突上的问题，需要开展二次创业，让企业发展再上新的台阶、再拓展新的空间。二次创业是对于一次创业的护航。不仅仅是商业模式问题，其他关乎企业做强做大的可持续发展问题，都是二次创业需要解决的问题。

（2）基本架构的再定位

二次创业需要重新思考和定位企业发展的基本架构。

首先，企业文化建设是二次创业的重要课题之一。实际上，二次创业也是企业文化的一次系统化的再造过程。

其次，从所谓人性化的口头管理到规范制度化的管理，即从人治走向法治，是二次创业的另一个重大任务。二次创业需要以职业化管理和企业文化转型为主题，进行包括观念的改变、发展战略的调整、元老与新人之间利益冲突的解决等在内的系统革新。

最后，在二次创业阶段，企业需要思考是否根据产业变动和自身的特点调整战略。一些企业需要调整战略，而有的企业则需要强化战略管理。只有保持战略方向正确，才能促进企业可持续发展。而有些企业虽然在战略上是正确的，但是执行战略的方式存在缺陷。

（3）元老的分化

由于创业时元老们垄断了企业的主要利益分配，因而在企业发展壮大之后，利益冲突逐渐显示出来。特别是新人中做出卓越贡献的员工，需要予以各种激励。由此，企业需要进行激励机制的调整，包括某些企业需要解决股权的再分配问题。

元老问题是二次创业面临的最大课题之一。在企业的发展过程中，元老们出现了不同程度的分化，如有些元老不再适合原来的领导岗位，有些元老在观念上落伍甚至反对变革，有些元老虽然占有很大比例的股权，但是不能做出相应的贡献，有些元老和新人之间的冲突很厉害等。这些问题都需要企业对元老进行分类分流的改革。

二次创业一般都面临解决元老问题，但解决元老问题是"带电操作"，需要智慧和方法。解决元老问题是要保障他们既有的利益或者存量利益，对于增量利益则要有很大一部分分配给新人。同时，解决元老问题一般要选择企业业绩处于上升时期进行，要及时果断，不能拖拉，更不要错过时机。

有些企业虽然做了二次创业的工作，但是目标选择不对，问题没有解决，因而失去了通过改革获得发展的契机。在本书作者看来，企业的整体价值经营和二次创业的成功是做强做大企业的必要条件。

2. 利益冲突分析

二次创业能否落地，关键是能否妥善处理利益冲突。适当的利益调整，是企业可持续发展的基础性条件。一般来说，企业里面存在着两大类利益冲突。

（1）创业元老们之间的利益冲突。

元老们之间的利益冲突，最主要的是一些元老不能适应成长的企业对于其能力的要求。结果这部分人占了另一部分能力比较强的元老很大的便宜，又占了企业差不多份额的股份，那要不要把他们赶走？另外，大家应该拿出来一部分股份给那些新的员工。假如要拿的话，谁拿？平均拿，还是能力差的人少拿一点？这就会有较多的利益冲突。

（2）企业新进来的员工与元老之间的冲突

某些元老的理念在企业变革中不能与时俱进，在企业推行职业化管理特别是引进职业经理人和技术专家的时候，往往会极力排斥和压制。另外，企业每年都有新进来的员工，而新进来的员工越来越能干，那么，如何采取办法激励他们？这里面就存在利益冲突。

（3）利益冲突类别的细分

凡是存在利益冲突的地方，冲突可以再进一步细分成两类：一类是利益冲突能够解决或调和的，另一类是利益冲突不可调和的。没有合适方法解决的，就是不可调和的冲突。不可调和的冲突往往是因为没有办法达成共识，没有共识就没有方法。但是如果能达成共识，就可以用冲突各方认可的方法来解决冲突。这些方法包括有的时候设置一些利益冲突的解决机制，建立职业化管理的制度，进行股权的调整、股权的转让或者一些期权转让等。

（4）利益冲突的解决方向

一般来讲，解决企业利益冲突的主要办法就是用经济核算的方式，将股权赎回再卖给新的员工、新创公司保障新员工权益等。凡是能用经济核算的方式解决的冲突，就是可以调和的，相对来说也是比较容易解决的。

3. 经营模式的价值观治理

凡是能够用经济手段解决的就用经济手段解决，这是好企业化解利益冲突的做法。也就是说，好企业一定是以利益而不是以人情作为一种解决冲突的方法。不过，企业家还要考虑到一些人情，但是计算方法上不能以人情来计算。

（1）人情与制度的管理学冲突

如果该企业人情占的比重太大的话，这个企业就回到人治了，所以企业的职业化管理作为一种法治是一定和利益挂钩的。在解决利益冲突的过程中，特别重要的是：要保障企业里面优秀员工的利益，而优秀员工的利益应该是一个群体。

企业家要偏私的话，一定是偏私一批优秀的人，千万不要偏私一个人或两三个人。

（2）价值观治理的制度化

高明的经营者，面对企业这个集体无意识，不会回避企业管理中的心理因素。反而会针对企业的经济特征，以理性的方式治理非理性的集体无意识行为，实现企业的管理发展需求。比如，稻盛和夫的所谓实学中的会计七原则与阿米巴，本质是价值观结构治理。会计七原则提供了一个部门间的经济结构关系计算模型，这个模型的设计原则是"公平"，而且在实施中，部门与部门之间的协调仍然用"公平"的原则进行协调。消除"不患寡而患不均"的"不平等感"，成了稻盛和夫经营的重心。

中国古代的管子系统地提出了以价值观为出发点的治理系统建立的理论，在现实实践中，他辅佐齐桓公快速成就霸业的实例，也充分证明了其理论的可操作性。

（3）生命型企业

在经济关系中统一起自己的价值行为原则的企业，是生命型的企业。生命型企业的内部与外部，价值原则都是统一的。企业内部价值原则统一了，行为就有了标准，原则指导下的行为就得到了统一。在市场中，企业价值原则统一，与市场相适应，企业行为也有了原则，就能在市场中更好地竞争。

当企业文化不仅仅是吹拉弹唱，而且进化到企业价值观治理系统的时候，将让企业成为自动自发的有机体。比如稻盛和夫入主日航，一个丝毫不懂得航空为何物的外行，从价值观建设入手，短短600天就让破产的日航成为盈利1400亿日元的企业，全体日航人精神上进行了一次蜕变，据说连眼神都变了。稻盛和夫的价值观治理，真正赋予了日航第二次生命。

理想的企业，一开始就能够理性地构建出自身的商业模式。而在现实中，企业往往首先通过打拼获得第一桶金，初步获得喘息的机会。然后，企业开始以商业模式为调整与建设核心，不断理性地进行"二次创业"的升级。企业从基础型商业模式开始，不断把握商机，运用价值观治理的要领，不断在动态中创新、调整、升级商业模式，延长产业链，从而不断地向全产业链生态方向发展。

第十章

文化产业经营之魂

商业模式有三个层级：通用、行业、企业。企业自身的模式，需要企业自己在实践中思考而找到。行业层面的模式各有特色。文化产业的通用层级，则有着共同的可供统一把握的特征，文化产业的各具体行业都可以借鉴。

一、软实力之道

从本质上讲，软实力是文化产业获利的根本。依靠软实力取胜，是文化产业商业模式的灵魂。文化对现实具有切实的作用，是一种软实力，但是并不是所有的文化都是软实力。把握真正的软实力，文化才能为我所用。

1. 软实力之所在

并不是所有的文化都是经济软实力，文化至少具有两个层次，内层的历史文化是学术关心的对象，外层是经常变动不居的文化。

（1）非软实力的文化

文化至少在以下三种情况下不是软实力。

第一种情况，文化是一种圈子文化，只有某些人拥有这种文化，其他人对这个文化可能不懂或者没有兴趣，对圈子外而言，这种文化就不成其为一种软实力。

第二种情况，文化具有惰性。比如它可能在历史的某个时期是好的文化，但是过了一段时间以后，它就可能变成了糟粕，并且难以改变，比如"三纲五常"，我们把它叫作文化的惰性或者文化沉淀中的杂质。

第三种情况，文化没有发挥软实力的作用。比如一本书特别好但是只有十个人看，其他人根本就没看过，根本就谈不到软实力。这种情况下文化也不会成为软实力。

（2）社会时尚是一种软实力

科学技术是第一生产力，但只依靠科学技术未必有生产力，诺基亚的技术很好，但是现在也面临发展甚至生存的危机。文化是无形的渗透性力量，同样可以提高生产力。文化能够让产品在感觉上和人们达成一致，能够让消费者支持自己，同时也让自己的产品满足人们的需求。

居于社会文化大系统外层的文化，与人们的衣食住行相关，具有大众性和现实影响性。往往外层的文化才和文化产业有关联。发挥现实影响的社会文化，往往以"时尚"面目出现，它和现实的生活密切相关，时尚在多数的情况下都是一种软实力。

凡是流行的东西，特别是引导潮流的东西都让大家至少关注它，具有一定的吸引力，所以，流行的东西也许比较浅薄，但是它在某一个阶段就代表着某种软实力。

（3）基于时尚的产业

社会的发展进步是永恒的。随着经济和社会的发展，人们的生活方式也必然发生变化，这些变化往往与技术手段的发展进步有关，比如都是了解社会公共信息，但是，有的人通过电视了解，有的人则用笔记本电脑、平板电脑或手机来接触这些信息，不同的接触渠道经过日积月累，就形成了不同的生活方式。生活方式有着变动的趋势，这种趋势就是时尚。

时尚作为一种外层文化的通常形态，通过社会的流行性，把文化转化为一种力量，转化为一种现实生产力，转化为一种经济价值。基于时尚，可以形成社会产业。

文化产业是基于时尚的产业。比如奢侈品公司，比大多数的公司更能够及时地把握时尚和潮流，甚至能够引领时尚。于是在时尚的基础上，代表时尚的奢侈品投社会之所好，自然容易赚钱。原来成本500元钱的鞋，贴上标志就变成10 000元了。

投社会之所好，不只是奢侈品公司的诀窍，传统行业也可以。比如，苹果公司的产品与人们感觉的更相应，与流行的一些特征的匹配程度更好，因而在相似的技术情况下比诺基亚、三星的手机更有市场号召力。苹果手机的市场占有率与三星相差很远，但是苹果公司的品牌价值比三星的高一倍多。也就是说，苹果公司用户的忠诚度更高，或者说人们对苹果公司的评价、估值更高，人们愿意花更多的钱买苹果手机，而三星手机达到一定的价格人们就不愿意花钱购买了，苹果公司只要推出新的东西，即使很贵也有很多人愿意买，这叫品牌溢价。

品牌溢价，是奢侈品价值提高的一个来源。当消费者对一个产品的忠诚度达到一定高度的时候，这家生产产品的公司就有定价权，反过来，如果消费者对某家产品不具备忠诚度，那这个商家在产品定价上就不具有主导权。

当然，奢侈品或定价较贵的商品在一定程度上需要较高的技术含量，但是，技术含量只是必要条件，投社会之所好的文化时尚含量才是充分条件。

文化产业基于现当代社会变迁中的时尚创新要素而盈利。

2. 文化产业软实力的源泉与体现

一时流行的文化，未必能够被历史积淀下来。创造时尚的产业，没必要关心自己的创新是否能够被传承下去、文化是否能够积淀下去，应当交给历史决定，而不是由文化产业从业人员来选择。文化产业人员应当关注软实力的当下影响力。

（1）知识产权

文化产业是基于现代文化的，是面向创新的。有创新，就有产权。面向创新的知识产权，才构成文化产业。文化产业主要靠内容的创新、创造、创意，提供产品和服务，不是历史文化的还原和再现。历史文化只有经过再创造、再生产、再加工，才能产业化。没有历史积淀，完全靠创新，也可以发展文化产业。

精神层面、文化层面的创新，是文化产业链的内在骨架。但是，这并不是说创意、创新、创造是文化产业的全部，产业链是由多个环节构成的，但不可否认，某种文化创新是产业链的起点，围绕这个起点构建的各种相关系列权益，就是知识产权。

知识产权是Intellectual Property（缩写为IP）的直译，全称为Intellectual-Property Right，也称智力成果权，指"权利人对其所创作的智力劳动成果所享有的专有权利"，是一种无形的财产权。文化产业作为行业集合，其中的IP特别重要，以IP为具体形态，围绕IP系列化、IP品牌化、泛IP跨界产品，形成"文化+"的文化产业跨界融合。

（2）品牌是软实力的体现

品牌战略，是经济界企业运营的普适性的战略任务，是企业无形资产的重要组成部分。品牌本身，是企业整体价值的文化性体现。品牌反映企业的整体价值，也需要企业不断维护、运营、累积。但是，品牌的价值不取决于企业主的意愿，品牌取决于市场对企业的评估。就是说，品牌反映着社会对企业整体价值的认同情况，这种认同程度可量化为品牌价值。

品牌本身是具有精神性和文化性的，是软实力的标志，也具有现实影响力，体现着企业软实力的大小。品牌管理是全面渗透到企业运营中的可操作性经营行为，比如可口可乐品牌，并不仅仅是一个Logo标志，企业围绕可口可乐品牌形象进行市场营销、产品定位、产品包装生产，品牌管理作为目标全面渗透企业经营。

品牌本身就是精神性的无形的要素，带有文化产业的特征，因此，文化产业的经营原理，可以渗透到很多传统行业中。

3. 文化产业软实力的经营

高明的经营者，能够架构一种综合治理结构，面对企业内部、企业与竞争企业之间、企业与市场之间的结构关系，这个架构可以在遇到冲突的时候避免冲突扩大化，而且通过这个架构尽量求同存异，转移注意力，致力于向互利的方向行动。稻盛和夫的成功就是构建了这样一种经济关系结构，在企业内部、企业之间以及企业与消费者之间，行动上可以趋向互利。

在现实中，企业和员工之间的冲突是不可避免的。在现实中此类情况不在少数，从员工的角度来说，很多人都在谈工作和人生规划中的自我实现；而就公司的整体架构和运作而言，其实大部分情况下公司既不知道，也不想知道多少员工有自我实现的愿望。除非员工所选择的工作与自己的自我实现的利益是相一致的，否则员工就必须服从公司的利益，因为公司不可能服从员工的个人利益，这是前提之一。

企业运营者所做的关系架构，本质上是价值观治理。这种治理不是改造员工个人的价值观，而是构造一种经济机制。这种经济机制面向各种价值观冲突，在精神层面能够求同存异，在行动上导向企业的经济诉求。稻盛和夫的所谓会计七原则的实学，就实现了这个目标。

致力于价值观治理，是经营者的核心战略任务。价值观治理能力是一种企业的核心竞争力。

二、泛娱乐主义

从商业的角度看文化产业是否有价值，与从日常的角度看，标准是不一样的。比如做电影，从日常的角度看，获奖是证明能力的重要标准。但是，获奖与否证明的是学术能力和艺术能力，并不能证明吸引观众的能力。从商业角度看，票房市场才是衡量电影成功与否的标准。

1. 文化企业的五个功夫

从商业的角度看，如果是做内容的文化企业，需要掌握五个方面的功夫。

（1）小文化

文化企业一般要坚持做小文化，要把文化元素提炼出来，一定要突出娱乐的主题，用艺术来表达娱乐。当然，娱乐的主题不能太低俗。《变形金刚4》不需要低俗，娱乐了就有票房。

小文化意味着千万不要表现一个宏大的主题，比如《白鹿原》这部电影，从商业的角度看，绝对不可能成功，它的时代跨度太大、人物太多、每个人的角色时间太少，还没有表现就没了。小文化一定是讲一个小故事，打动人，做得很细腻，娱乐性很突出。

（2）现代性

尽可能不要做古代题材，而要满足人们当今的生活方式。就算是做古代题材，也要做成人们喜欢的方式，比如《武林外传》就充满各种现代时尚元素。

（3）想象力

要有新的想象力。比如《功夫熊猫》给我们两个启示：其一是组合式方法，以熊猫的概念，组合成一套与功夫有关的新的故事，被组合的题材全部都是中国元素，但是组合是新的，效果极好。其二，富有想象力，要么有创意，要么是惊恐的，要么是戏剧的，总之一定要有高潮。

这个高潮一定是要由情节本身带来的，而不是由人为动作带来的。《功夫熊猫》里面的情节，利用中国功夫把敌人打来的炮弹都推回去，这是对太极的一种阐释。

（4）持续性

要有持续性。美国一部电视剧可以做十年。美国人做《变形金刚》做了很多集，一直在做，这就是做持续性的事情。

一件事情做好了之后再做下一个。企业确定一个主业，就要把它做好，把它做透。确定一个形象，把它做到无人不知，再做第二个就有经验了，很容易成功。《变形金刚》也是先开始做一个形象，后来发现自己驾驭形象的能力很强，就变成了一系列的形象。

（5）人性化

人性化的主题特别重要。原本好莱坞也做很艺术的电影文化，但是现在他们不做文化，都做娱乐。好莱坞现在所有的产品都淡化文化性。

在市场上，文化可能有很大的冲突，而娱乐就没冲突。讲爱情故事、讲英雄、讲正义，无论在地球上的哪个地方，大家都接受。娱乐的非文化的人性主题，通过人性使人产生共鸣，这是文化企业需要做的。

有了以上五个功夫，一家企业就可以打造产品，进而打入市场，创造自己的IP，进一步地进行产业链延伸。比如，做一家电影公司，就要想办法拍一部娱乐片，就像《非诚勿扰》，既可以做电影，又可以做主题公园，还可以做电视剧。当然，要有形象，要有植入的东西，而且植入的东西要连贯。

2. 泛娱乐的六个特征

综合文化企业的五方面功夫，可以提炼原则性的要求：文化产业的内容，要做大众文化、娱乐产品。

比如，央视春晚上表演魔术的人每年都有，但大众只记住了刘谦。因为刘谦所有的行动都符合娱乐明星的规律，把自己打扮得很时尚，同时找一个托儿，对着镜头讲话，就像在和观众在说话。因为明星出场，都需要一个托儿反复地叫他刘谦，观众才知道他叫刘谦。别的魔术表演，表演者演到最后也没有人记住他的名字。刘谦表演的内容不太多，只表演一两个，却给观众留下很深的印象，让观众急不可待，这是饥饿营销。

任何娱乐都应具备六要素：娱乐性、体验性、参与性、时尚性、技术性、新奇性。这六个要素，如果文化产品不能全部具备，那也尽可能体现两三个。一个要素都没有的产品，绝对不能做。

好玩、好看、好用，本质上，文化产业就是娱乐产业。文化产业除了新闻、艺术品投资、艺术产业，其他大约都是娱乐产业，占据80%的份额。

做文化产业一定要搞清楚谁是主流消费者，一定要反复琢磨自己的产品是给谁的。比如在中国，做电影就是以18～38岁的人群为主，做动漫就是以3～11岁的人群为主。3～35岁的人群是中国文化产品的主流消费者，青少年拥有家庭收入的一部分支配权。

简言之，文化产业立足于大众文化，生产的是娱乐产品，泛娱乐是文化产业的基本特征。

3. 泛娱乐化趋势

在移动互联网时代，泛娱乐化的无边界、集中化、生活化，成为整个领域的特征。

（1）移动互联网的娱乐无边界

现在人们可以随时随地娱乐，WiFi成了随时随地的需要。任何需要现场欣赏的演出，都开始受到冲击；比如听音乐会，不需要跑到现场去，开始可以在家里听，可以一路上边走边听。

娱乐无边界就是不受时间和空间限制就可以娱乐。比如现在飞机上的娱乐，内容就太单一。如果把飞机上的报纸用可以植入广告的娱乐平板取代，让大家玩得不亦乐乎，下飞机再回收平板，将会非常受欢迎。

（2）娱乐内容集中化

如今，只需要一个平板电脑就可以把所有的娱乐都容纳进去。今后的文化产业集中度会越来越强，竞争会越来越激烈，大的企业会很大，小的企业只能很小，中间企业会被大企业吃掉。按照未来的发展趋势，中国今后只有两类企业，一类是大企业，另一类是小企业，没有中间类企业。将来的中间企业，要么做成大企业了，要么被别人并购。

并购是今后大企业的重要战略方法。比如深圳有一家艺术培训公司，在全国各地并购艺术培训公司，快速实现了上市。从这个趋势看，团购网基本上没前途，专业网站有前途。比如专门卖高跟鞋，有可能卖成世界第一。但是团购网没有自己的专业性，中间企业很难生存。

（3）生活的娱乐化

移动互联网的应用成为十分主流的趋势，特别在30岁以下的青少年当中更是如此。移动互联网娱乐的内容、娱乐的形式、对娱乐问题的认识都与传统方式不一样，全面渗透网络生活。因此，文化产业企业的艺术总监年轻一点，可能会更理解市场。

三、全系统思维

基于移动互联网泛娱乐化特征，围绕知识产权构建文化产业的商业模式，一定要充分发挥文化产业不同于其他产业的特点，努力构建企业的全产业链生态。

1.文化企业的产业链战略

文化创意产业特别容易延伸产业链。其他产业只有一次性的资源，文化产业的资源延伸是无限性的，这是文化产业跟别的产业最大的区别。

（1）版权不等于原创

文化企业往往只干一件事，因为同一个创意可以一直消费，可以一直做成各种各样的产品，依托同一个卡通形象或者故事，可以改编成无数种类的东西，可以与很多公司合作，可以做成一系列的公司，所有的公司干同一件事：只消费这个故事。比如Hello Kitty，每年什么事都不用做，只需要推广它，每年就有几十亿美元的纯利润。

这是文化产业商业模式的一个重要特点：文化产业并不是做原创，文化企业虽然以原创为基础，但重点是，做版权，特别是核心版权和品牌，这是最核心的要素。然后在知识产权的基础上，不断地进行复制。

所以文化产业真正需要关注的是两件事：第一件事是培育自己核心的知识产权，第二件事是把东西复制出去。复制的东西，可以是一个模式，可以是一个产品，也可以是一个方法。

（2）文化企业的起点与努力方向

文化产业只做两件事：第一件事是做文化，第二件事是进行跨界的融合。正是基于跨界的理解，文化产业的产业链分成四个环节：第一部分做原创，以小公司为主；第二部分做平台，以大公司为主；第三部分做延伸；第四部分做服务。

任何一家文化企业创立伊始，都是从上述产业链的某个环节开始的。从企业的层面来看，文化企业应当关注三件事：第一，做一件事，把这件事情做成很好的知识产权；第二，想办法延长产业链；第三，如果自己是内容提供商，想办法给自己打造一个平台。实在不行的话，利用别人的平台，借力内容跟平台合作分成，不能只做内容。这就是全系统的思维。

文化企业应当面向全产业链，以全系统的思维推进企业自身的进步。现在世界上这四个部分全做的公司只有迪士尼，比较而言，其他的文化企业都仍然在路上。

（3）借助王者的力量

在中国，现在是平台为王。中国文化产业的利润大多数都被平台赚走了，做内容的大概只占5%。做内容的企业应当争取与平台合作共同运营，内容自己投资，播出则与平台分成。前期投入虽然增加了，但分成的机会增加了45%，比纯做内容要好。灿星公司是目前国内产业链延伸最好的做内容的公司，灿星公司原本致力于内容制作，后来引进"英国达人"的版权制作《中国达人秀》《舞林争霸》等节目，灿星公司借力"中国好声音"（中国新歌声），以"制播分离"的形式与浙江卫视广告分成合作，事实上构建延伸了自己的平台。浙江卫视《中国好声音》第一季的收入大概有20亿元，灿星公司至少分到12亿元。没有平台的《甄嬛传》制片方只赚2亿元，电视台则大概赚58亿元。做内容的企业只有延伸到平台才是战略发展。

互联网时代，做内容的企业依托全系统思维，可以利用互联网向平台方向延伸。在互联网上，做内容的公司一定不要只做内容，需要思考加入植入广告。延长产业链是文化产业当中最基本的商业模式。产业链越长，商业模式就越好。

2. 产业链延长的基础

借助王者力量的办法，其实也是文化产业基本要做的两件事中的一件：通过知识产权即版权的授权获得收益，也就是延长产业链。

（1）知识产权的授权

平台可以分为消费平台、娱乐平台、技术平台、资源整合平台、物流平台、规模化的平台和特色化专业化的平台。只要有规模化的平台，卖一个东西都可以达到几亿元的营业额。比如《来自星星的你》电视剧很火，借助淘宝平台，卖都教授和他的女朋友相关的消费品，卖到5亿元也有可能。

但是这个销售需要取得合法的授权。文化产品的价值可以通过艺术授权实现，把它开发成各种各样的产品。艺术品授权是世界上很流行的一种经营模式。

（2）创意的产业立场

产业链可以往前端延伸，也可以往后端延伸。后端就是授权，授权之前必须先做内容。不管是做动画，还是电影、电视剧，开发衍生产品的时候一定要先设计内容。内容的设计涉及商业思维，比如拍电影，在没请导演之前，制片人就应当找一个做植入广告的专家一起研究怎样植入广告。如果先找导演，他很可能不同意放广告。

文化产业的创意内容不是艺术创作的创意，是需要遵循市场导向的，这是文化产业的基本立场。

（3）品牌定位的目标管理

商业性内容的创意植入，需要综合考虑品牌运营。迪士尼对自己的品牌角色有六个要求：其一，要求这个东西将来要成为商品；其二，要求这个商品能扩展到不同的业务类型；其三，要求与迪士尼品牌及其所有品牌价值紧密相连；其四，要求能引起全球观众的共鸣；其五，要求拥有一个由内容支持的长久计划，必须不断传播，不断讲故事；其六，它还要具有长期经济增长潜力。这个原则如果贯彻得很好，这样打造出来的品牌就会很有内在逻辑。

迪士尼要求角色形象能引起全球观众的共鸣，因为迪士尼做的是全球的事，它的品牌必定是全球的。如果企业做的是专业人士的市场，品牌共鸣的对象就应当改为专业人士。

迪士尼的角色是给家长和儿童一起看的，迪士尼这家公司的定位是以家庭娱乐为主，以青少年娱乐为辅；环球影城是以青少年娱乐为主，家庭娱乐为辅。所以两家公司选择的电影形象不一样，这就是不同的品牌定位。

3. 依托版权的产业链延伸

版权的授权，让文化企业得以生存并形成产业链。迪士尼参加了《玩具总动员1》的一部分投资，同时，迪士尼再作为发行商，要了好多衍生产品的开发使用权。《玩具总动员》带给迪士尼的收入，除了票房、DVD、授权播出之外，还有两部续集、一部迪士尼的冰上表演、一部在迪士尼海上巡游船表演的音乐剧、一部以巴斯光年为主角的电视电影、一本计算机故事书、两款电子游戏、销量达2500万个的电动玩具、一条服务生产线，以及迪士尼主题公园里的9个场景。很多小孩都喜欢《玩具总动员》里的主角牛仔迪克穿的牛仔服，迪士尼就专门弄了一条生产线来生产同款服装。

文化企业应当考虑投入到影视动漫，原因是它的产业链很长，影视动漫是最值得做的一项业务。当然，关键是要做好，做不好的话就毫无价值。

影视中可以植入多种广告，场景植入、对白植入、情节植入、形象植入、铃声植入，比如电影《普拉达的女魔头》就植入了很多时装。美国75%的电视剧收入主要来自植入广告。福特汽车公司已经在140部电影里植入了广告。

做电影动漫的人一定要想到植入广告，植入得越多，说明商业模式越成熟。不懂得植入广告，说明根本没有商业模式。光靠票房和卖广告肯定是不行的，植入以后再卖衍生产品。植入自己家的产品也行，把家里的旅游景点植入一下，为家乡做点贡献也可以。迪士尼乐园的回头率是很高的，过一阵增加新的场景，游客自己会做回头客。所以一定要做活电影，要能植入广告。

授权只受想象力的约束。Hello Kitty在中国台湾创下了4小时卖掉50万只玩偶的纪录。从手表、眼镜，一直到服装、鞋子、帽子，所有能想到的东西，全部都有，只手机套就能卖很多钱。当然，这个授权的过程，其实也是文化产业基本工作中的另一件：不断地进行对其他产业进行文化性影响和改造，实现跨界的融合。服务与跨界是文化产业的第二个增长点。

四、明星制经济

泛娱乐的创意内容知识产权化，然后通过版权的授权，不断向后延长产业链，同时，授权还可以通过文化性的影响，跨界改造其他产业，形成横向产业链延伸。这个泛娱乐的核心创意往往被加以形象化体现。这个形象就是明星，最好的创意形象化，是活生生的、能跟其他人交流的、有感情的人，最抽象的形象也应该是一个Logo或一句口号。明星制经济是文化产业的普遍形态。

1. 明星职业的经纪

明星可以被当作一种产品，其出现有偶然性，也有必然性，必然性在于它是一种商品包装的结果。成熟的明星是整个经纪团队支撑下的理想形象，代表着一种美好的事物。

（1）明星类别

明星有两类，一类是属于时尚的明星，一类是属于娱乐的明星。或者还可以有第三类，如贝克汉姆既时尚又娱乐，他应该算兼具时尚和娱乐的第三种明星。当然，一般来讲还是分为时尚或者娱乐两类明星。

在国外，体育明星往往比演艺明星更大牌，是最大的广告代言人。体育明星在国外有很多，而且体育明星的影响力比多数演艺明星要大。比如日本的名叫一郎的棒球运动员，长得比较英俊，竞技水平也比较高。

明星应该代表一种美好的事物，往往代表社会时尚、社会潮流，经常与奢侈品需要相互匹配。

（2）经纪的专业化

明星需要知名度。无论人为炒作、专业包装或者偶然因素，提升知名度成为名人，并保持知名度，是明星的基本工作。因此，明星要和所有的名人一样，首先要有心理承受能力，别人诟病自己的时候不苦恼，骂自己也不在乎，善于把鱼骨头挑出来，剩下都是好吃的鱼肉。对于明星而言，成名之路就是一条荆棘路。

但是，名人不等于明星，明星代表着一种人生形象，是一种品牌。无论在体育领域还是文化领域，明星是依靠品牌知名度赚取经济收益的一项职业。职业工作，需要专业化的支持。知名度、美誉度和忠诚度是明星品牌建设的逐级发展的过程，专业化地理性运营，是明星不同于名人的地方。在一定的时代条件下，偶然因素可能让一个人成为明星，但是，成熟的明星经纪制度、团队专业作战，才能保障明星的职业成长。

最好的明星是活生生的人，活生生的人才能和公众心贴心地交流，真正做到让公众对明星拥有忠诚度。明星都有经纪人，但是，真正的经纪人不是提提包、倒倒水，真正的经纪人是明星的参谋，会帮明星研究怎么能做到最好。

活生生的人都不是圣人，不会完美，而明星代表着理想，必须完美。所以，明星的私人生活和公众形象之间必然存在着冲突。经纪人、经纪公司的作用，就是专业化地处理这种冲突，让不完美的个人能够为公众呈现完美的理想形象。

2. 明星经纪制

经纪人的出现，满足社会分工的需要，他让明星不再仅仅是一个人面对市场。经纪制度是一种适合工业时代的成熟经济产业。在成熟的明星体制中，经纪人不是底层可以随意替换的助手，而是通盘运营的核心操盘者。对于成熟的经纪公司，经纪人不仅仅是明星的合伙人，甚至是明星的导演、导师、老板。整个美国，无论体育明星还是娱乐明星，无论多大牌，事实上都掌握在CAA、WMA、ICM三个经纪公司手中。

明星的经纪公司让个人成为明星，是一种市场经营活动。经纪工作需要让明星第一步知道自己该干什么，然后要对明星有一个好的定位，制定很好的未来规划和传播规划，最后采取行动。明星应该使自己的风格与表现方式相匹配。有的明星演员去当歌手，对他有加分的效果，但是有的就没有。这就是因为明星有多种定位，他们的表现方式要与定位相符。

明星或经纪人要分析受众，然后让自己定位在某一个合适的层次上。早期的经纪服务是比较粗放的，明星的标准基本上定位在年轻、漂亮、清纯等方面，这种简单的包装是没有生命力的，一旦美女变成老太婆就白包装了。成熟的经纪公司不是短视的公司，真正的定位不是定位在吃青春饭上面，也不会刻意宣传他当下的特点，而是更多地宣传他与产品的匹配度。这样，随着明星不断成长，这个职业就可以一直进行下去。比如刘德华不断转型，品牌不倒，始终盈利。

一般来讲，经纪人公司与影视公司是不能混业经营的。经纪活动最好是独立地专业进行，比如华谊兄弟是影视公司，但同时也做经纪业务，这就造成经营的问题，因为公司自己本身就做演出，内部的经纪人无法公平竞争，分不清应该让谁来参与演出。

3. 粉丝经济

明星制的经济价值，在于明星让粉丝经济能够制度化。时尚潮流尽管有趋势，但社会的多变让流行不可捉摸，具有市场价值的创新、创意、创造需要一个经济机制。

（1）明星的力量

社会大众的消费是集体无意识的消费，市场上的消费者，能满足消费就交易，不能满足消费就流失，是最不忠诚的非理性群体，见异思迁最正常不过。依靠技术，是不可能解决市场黏度的，只要别人的技术超越自己，客户就会立马消失。

明星制很好地解决了消费者黏性问题。专业的人士，面对社会集体无意识，在价值观的层面把人群潜意识中的心理理想提炼成文化要素，进而将这些文化要素形象化，凝聚在一个具体的个体身上。这样一来，这个个体就成了大众的心肝，他的一举一动就成了大众自己的梦想，如果他还能满足大众的泛娱乐需求，这个个体就成了大众的明星。

明星制，是形象化地塑造社会大众的理想形象。这个理想形象，对应的是社会大众的精神诉求，比如赵本山对应着中国草根形象，甲壳虫乐队对应着英美当时的精神状态。

专业化的明星，是大众的最爱，将大众团结在自己身边。从经济的角度看，"粉丝"追明星，就是消费者稳定地黏附在明星身边，明星通过交易活动，可以稳定地获取经济价值，同时，明星也成了一种职业。最好的明星，是活生生的人，可以直接与大众产生共鸣。著名演员即使本人去世，这个大众心目中的形象，也仍然可以继续活在大众心中，也仍然可以用这个形象黏着大众，形成经济消费，比如邓丽君、张国荣。完美的明星形象与生活中的明星本人，原本就是两回事，而成熟的专业经纪活动可以让二者统一在一起。

体育界和娱乐界都是文化产业的重要领域。明星需要有才华，但是明星的成长不能只靠自己的才华，成熟的专业化、职业化的经纪制度，才能帮助明星成长。体育界与娱乐界的明星，不同于政治界、社会生活的名人，本身是职业，需要专业地运营。

明星也不必一定是活生生的人，这类明星不能直接与大众共鸣，不容易被塑造成明星。但是，这类明星知识产权更容易处理，更听经纪团队的话，让它做啥就做啥，而且一旦被大众接受，可以永远不老，也可以随时代而变，比如米老鼠、名侦探柯南。

形象性最弱的明星，就是公司的品牌，往往只是以一个Logo的形态存在着。企业品牌战略，本质上是还没有成熟起来的明星制经济。明星制经济，是形象化、人性化、成熟化的品牌运营。

（2）时尚的黏着性与"粉丝"经济

文化产业是时尚、流行文化的知识产权化，进而获取利益。时尚的创新性、文化性刺激着社会大众的精神，引发社会大众的不停追逐。文化产业各个领域，都是制造被追逐产品的行业。明星本质是流行文化的代言人，代表了时尚的潮流。只要把内容做好并通过好的方式进行传播，一旦被大众接受，就会病毒性地流行起来。

流行文化的形成主要体现在对未成年人的影响上，当然也体现在对艺术精英的影响上，还体现在对大众的影响上。但是，流行时尚不一定只面向大众，也可以面向小众，关键看时尚软实力的影响情况。比如奢侈品不需要很深地影响大众，奢侈品代表流行文化的一种比较高的水准。当大众的生活水平达到一定高度的时候，奢侈品就会对大众产生越来越大的影响。

从本质上讲，"粉丝"经济是一种结果，而不是一种方法。方法还是明星制经济。明星主导"粉丝"的消费行为。只研究"粉丝"经济没有用，一定要研究明星。明星被找来了，"粉丝"就跟来了。

其他产业一旦借力明星的"粉丝"黏附力，请明星代言，就拥有了潜在的消费者。当非文化产业借力明星的时候，就需要分析关注该明星的"粉丝"构成。在中国，文化娱乐消费最大的群体是自己没有收入的人，特别是3～26岁的人群。在3岁到硕士毕业之前，这个年龄阶段对文化产品是最有消费力的，但对其他产品就说了不算。比如房地产开发商如果请郭敬明代言，恐怕房子未必卖得好。

五、创意产品化

泛娱乐的明星制通过文化对心灵的影响，黏附大量的潜在消费者。同时，这种影响需要不断创意，把创意形成各种产品，这样，产业链才能不断延伸，文化才能创造直接的消费收益。

1. 有效原创

没有创新、创意、创造，就没有文化产业，原创很重要。但是，有效原创才最重要。如果仅仅是原创的数量很多，这并不能起到产业的作用。能产业化的原创，一个有效原创就足够了。

从全产业链的角度看，需要把一个创意做到底，比如讲一个故事，把这个故事开发得非常好，就叫有效原创。并不是有很多原创就是好，99.9%的原创都没有市场价值。原创不一定就好，这只是第一个条件。没原创不行，有原创可能也不行。

2. 创意知识产权化与品牌产业链

有效原创，一定要持续做下去才能形成品牌，才能形成产业链。持续最重要，比如美国人做电视剧，一定是今年、明年、后年持续做，同一个题材做下去，很容易做成品牌。有了品牌，产业链就会延长，延长得越长，品牌效益越好，这就形成了良性循环。

对文化企业而言，创意能力的积累不是战术上的事项，而是战略核心要素之一。积累与积淀不同，它不是自然的结果，而是努力经营并实现既定目标的稳定而持续化的行动。

人力资源是文化企业的核心资源，因此，创意能力的积累也就是开发人力资源并转化为无形资产的积累。首先，企业经营者和专业人员的稳定性是能力积累的重要保障；其次，把握创意的规律或者实现目标的能力是需要努力的中间环节；最后，持续提升某些领域的专业化水平和作品、产品的综合创意化表达的能力。在时间上，创意能力的积累需要理论与实践的重复和反思，也需要阶段性的试验和来自市场的反馈。

中国的产品走向国际市场是需要创意能力的持续提升的。例如，尽管中国电影的票房在不断上涨，但是，中国电影的海外票房在近年来却持续下降。这说明我们仍然缺乏面向全球市场的创意能力，也忽视了这种能力的积累。当然，因为缺乏这种能力，所以其知识产权也缺乏对应的价值或者缺乏较高的价值。所以，中国电影缺乏衍生产品的后续开发能力，在很大程度上与创意能力的不足是有关的。

保护知识产权包括三个环节，其一，提升著作权等知识产权的价值；其二，主动实现知识产权的价值，包括授权复制使用等；其三，从企业自身为主进行知识产权保护的规划和行动。

文化企业经营者需要认识到，创意能力的积累与知识产权保护，是企业可持续发展和企业整体价值的根本。

3. 完善创意方法与商业模式

文化产品的内容创意不是随意和随机的一般创意，而是在战略和商业模式视野中的创造力的发挥。内容创意需要按照一定的适宜于商业模式的规律来进行，才能达到事半功倍的效果。

第一，创意是整体的，不仅是一个点子，它是一组点子的集成过程。也就是说，在作品创意中，包括内容的各个方面、形式与内容、包装、宣传与营销等是一体的。在开始将作品创意转变为产品创意的时候，需要全面把握各个方面的相互联系和如何集成的方法。

第二，文化产业的创意和其他的创意不同，它一定要有文化艺术的内涵或者形式的魅力。"创意产业"不是所有行业的创意，而是文化艺术和娱乐、品牌等的创意，因此，创意产业实际上是文化创意产业，是文化艺术与传媒娱乐界的活动，而不是所有有创意的产业的活动，如科技发明。

第三，有了创意，还要把创意转变为可行的创意产品。从产业的角度来说，仅仅有好的创意只是个开端，需要将各个不同的创意整合集成为创意的产品，才能达到初步的要求。从创意到内容再到创意产品，是创意实现自身丰满和完善的过程。因此，创意产品的管理者必须指导创意发明者的工作，使他们注重如何思考创意产品中的创意表达。

第四，可以反向获得创意，即从消费者接受的角度来审视创意及其产品生产。产业经营中的创意是为了给顾客带来享受和增值效益，并且通过服务顾客而发展企业。假如没有采取反向的思考方式，就容易陷入自我中心主义、孤芳自赏或者产品导向不符合市场竞争的境况。

第五，还应当从人性的视野和深度来展示创意产品的魅力。在国际化时代，创意和创意产品不能局限于对区域人群或者少数文化特性人群的理解，还需要理解和洞察人性，了解不同国家的人们共同的喜好和文化感受。比如中国功夫片的成功，就是通过动作表达戏剧冲突，超越了具体文化的限制。

第六，有了创意，需要保障创意以及创意产品的持续性。连续制作同一创意的能力越强，商业规模就越大，其中的品牌和知识产权就越具有高附加价值。

第七，遵循各类的创意产品自身特有的规律。每个类别的创意产品都有一定的规律。好的创意需要遵循创意产品自身特有的规律，通过合乎商业逻辑的运作，转变成一种可行的商业模式。

第八，创意是个人性的，但创意产品却经常是集体智慧的结晶。例如，一部电影往往是编剧、导演和演员等共同创作、相互交融的结果。因此，创意产品必须是高水平的创意点的同步化和集成化。也就是说，要能够把各个部分都做到位，特别是同等水平的到位。

第九，创意人才的持续培养十分重要。由于创意需要经验积淀，因而不能临时凑合人才，而是要不断对人才以及人才团队进行培养和提升，包括总结经验和接受新知识等方面的培训、能力提高的培训和实践中相互促进的提升等。

第十，保障有产业经验的人作为内容创意各种要素的集成者。没有产品制作经验的人也可以很有创意，但是，只有有产业经验的人才能把握创意产品的整体价值，并且通过协调各个部分来完成一个目标。例如，有时候，一些杰出的创意点可能与作品创意的整体风格不协调，就需要果断舍去。

第十一，有些创意可以通过借鉴或者改造而来。好的创意不等同于全部原创，也可以吸收借鉴其他的创意。例如，各种"侠"类的作品之间是可以相互借鉴的，侦探中的技法也是可以相互启迪的。什么东西都靠自己从头来的做法是不可取的。当然，借鉴和模仿要以不能侵犯知识产权为底线。

第十二，在创意产品中必须思考可以打造产业链或者生产衍生产品的一些要素。一般说来，在创作作品时，就需要考虑怎么销售、怎么延伸开发。为了开发衍生产品，需要前置今后在作品之外加以开发经营的创意产品设计。几乎所有的美国动画电影都很注重衍生产品的前置设计。

第十三，应当进行必要的调查研究和市场检验工作。为了使作品顺利地被市场接受，需要在创意和创意作品生产的某些阶段进行市场调研，包括听取文化艺术批评和消费者的意见等。在某些时候，可以将故事作为开放性结构，让消费者参与构思和展开。

第十四，所开发产品或者经营主体的企业要借此达到品牌的高度。检验内容制作水平的标准是内容整体还是内容中的一部分，只有形象达到品牌影响力的高度，才能体现知识产权的价值，也才能帮助和促进产品的营销。因此，内容产品的持续宣传推广很重要。

第十五，企业家作为创意和创意产品开发的最终决策人和选择判断者。企业家是把关者，是检验创意有效性的基本环节。可能某些企业家仅仅依靠商业直觉，但是，这些直觉对于判断产品的市场未来前景很重要。如果放任艺术家的工作，有时就会因为创意脱离实际太远而造成重大损失。

第十一章

文化企业的动态经营

文化企业的动态经营过程，需要立足主流消费人群，以顾客思维为支撑，落实项目的商业模式可行性，尽可能精准定位，进行有效的原创，并形成产品。这个产品，体现着经营者对商机的把握，经营者立足这个载体，从价值观层面发挥它蕴含的文化创意软实力，以明星制形态形成泛娱乐活动，让产品变商品，从而撬动市场催生自己的产业链。在这个过程中，创意产品与经营者是核心。

一、从可行性到定位

市场需求的不断变动，提出了产品创新的要求，而产品创新需要符合市场导向或者顾客导向的原理。基于消费群体进行产品定位并创意创新，在创新的基础上进行营销，才能让产品成为卖得出去的商品。可行性与定位是具体创意产品的前提。

1. 项目可行性

顾客导向的思维，并不是文化产业独有的要求，所有的经济活动都需要这个面向消费者的基本理念和营销的定位支撑。有了这个整体的战略定位，还需要关注项目可行性，可行性往往涉及固定的几个方面。

（1）必须要有具有前瞻性的战略规划

所有的可行性分析都是面向未来的，没有一个是面向现在的，更没有一个是面向过去的。没有前瞻性和趋势分析，这样的项目没有任何价值。只定量分析现在是不够的，比如一个人比较前一年《纽约时报》还在赚钱，第二年赚得少了点，这是定量分析，还需要从这个定量中看出趋势才行。从趋势分析上讲，互联网时代的传统报纸，亏损是趋势，根本不在经营者的掌控当中，只有少数的报纸不会亏损，多数的报纸一定亏损、会被淘汰。

项目的战略性规划要素，需要包括前瞻性的分析、发展模式、竞争模式、项目的重点等。其中，特别要重视趋势分析。如果违背了行业发展的趋势，就是逆潮流而动，一定不可行。所以一定要善于判断行业发展的趋势，基于前瞻性思维，追踪几种趋势，做出预测，再在实践中检验。

（2）必须要有合理的商业模式

所谓商业模式，就是可增加整体价值的盈利方法。可盈利方法是基础，很多人经常忽视项目的可盈利方法。

可盈利方法，需要考察具体商品流通环节的可行性。大量人流需要大量消耗，但未必可行，例如城市宾馆一次性用品的需求很大，但未必值得进入这个行业，因为这是买方市场，可能涉及追债问题。同样的情况也可能可行，规模上得去，钱也回得来，比如地级市庙会。项目的可行性分析，要具体考虑合理的商业模式。

（3）进行投入产出分析

分析投入产出，企业家与投资人的算账方法是不一样的。投资人追求短期内利益最大化，企业家追求长期的利益最大化，两者价值观不同。所以，企业可能有两种可行性方案：一种是为了投资人的可行性方案，另一种是为了企业自我发展的可行性方案，这是完全不一样的方案。

（4）进行与竞争对手的分析

随着市场竞争的多元化和环境的不确定性的增长，进行与竞争对手的分析，现在确实越来越难。传统的静态分析，对于不断在变化的竞争环境而言，显得有点削足适履，必须加上趋势的分析、成长性分析和挑战分析。比如传统的SWOT分析就是静态的分析，远远不足以解决企业下一步发展的问题。

项目的可行性，要包括自己的资源整合方法、营销方法、合作渠道以及改善商业模式的方法等。停留在静态层面的可行性分析，往往听上去有理，而实践上与实际情况相去甚远。

（5）退出机制

投资或者创业的时候，需要思考退出机制。企业的成长是长期的，但不同阶段支撑企业成长的战略伙伴，不需要永远捆绑，中途需要下车。

资金合作方，需要考虑钱投进来后，过某一段时间如何和平分手，把提前退出的途径和方法想好。做企业要知道如何进，还要知道如何退，这个退要充分考虑妥当。要找到一种办法，最好全身而退。有的时候退出是必要的，否则会造成很大的麻烦。

2. 顾客决定产品定位

从概念上看，顾客比消费者的外延要宽广得多。顾客可以细分为发起者、影响者、决策者、购买者和消费者等。

一般情况下，顾客是这些角色的统一体，但在某些情况下，这些角色可能是分离的，不同的角色起到不同的作用。有时作为购买者的顾客，行动上购买产品，但是自己不消费，比如儿童产品、宠物产品以及少儿培训等。直接与企业盈利相关的是购买者，只有愿意付钱的用户才是企业的现实顾客，也就是说，只有购买者和消费者角色统一的人才是企业的盈利对象。从这个角度说，纸尿裤事实上是卖给父母用的，并不是卖给婴儿用的。因此，在研究产品定位时，企业思考顾客的时候，要以一个整体概念进行思考，而不仅仅局限于对消费者的思考。

顾客定位，不同的关键点对商业模式的要求是不一样的，如果是思考产品，就要分析究竟是本地消费，还是卖到外地，如果是思考打造平台，就要分析是不分地域还是吸引外地人来本地消费等关键点。

3. 定位要素

由顾客定位进一步延伸分析产品的定位，需要同时思考企业的顾客是谁、顾客的商品价值、顾客生活方式的变化、个性化、忠诚与服务的长期化、双重顾客或多重顾客等多种因素。

（1）顾客的商业价值

明确顾客是谁，这是重要的第一步。例如阳光卫视与凤凰卫视都很人文，但是，阳光卫视的电视节目的基本形态是20世纪初期的人文，这类产品适合比较老的人、比较喜欢怀旧的人、想了解历史的人、有历史情怀的人等。在中国，这类人都比较穷，因此，没有人给打广告，这些电视节目就没有多少商业价值。相比较而言，凤凰卫视是人文娱乐，不是人文历史，节目可以吸引女性、青少年、商人，于是节目的商业价值要高。

（2）顾客生活方式的变化

从时间维度来说，顾客生活方式的变化对产品提出了新的需求。就是说，老产品不灵了，需要创新。当代人类生活方式的变化，可谓巨变。从空间角度看，生活方式多样化，市场需求也经常体现为顾客的个性化需求。对于个性化需求有一种误解，有人认为就是完全个人化，比如全球60亿人口，惠普就要开发60亿款计算机。所谓个性化需求，是指有相近的爱好和趣味的一群人所喜欢的具有某类特性的产品。有个性化需求的顾客是一大批人，不是独立的一个人。

个性化需求的满足可以采用定制的方法。一般来说，定制的规模比较小，过去的技术解决不了成本问题。现在企业在互联网和IT的帮助下，产品可以低成本、大规模地生产，从而满足顾客的个性化需求。例如戴尔公司通过对顾客信息采集、供应链管理和成本控制等，致力于拓展以满足个性化需求为目的的大规模定制模式。

（3）顾客的忠诚

经济学告诉我们，一般来说，开发一个新顾客的成本是留住一个老顾客的5倍，而流失一个老顾客的损失只有争取10个新顾客才能弥补。产品定位，要考虑如何培育顾客的忠诚。每次买产品，顾客都买该企业的产品，对企业来讲才好。

实现顾客价值最大化，企业才能保证顾客对产品或服务的忠诚。从具体的举措而言，这需要企业长期为顾客着想，不断改进产品的特性。顾客体验、产品设计本身的特点、符合产业的趋势非常重要，比如手机形态、功能和造型等都要符合产业发展趋势。

关注产品与顾客的结合度，是非常重要的。为此，企业需要对顾客深入理解。比如，对于年轻人而言，虚拟产品的比重越来越大。虚拟产品不仅是一种商业模式，也是满足顾客需求的一个新的产业增长点。

双重顾客或多重顾客也是顾客思考中的一个重要方面。举例来说，迪士尼设立专卖店之所以吸引人，是因为它同时吸引家长和儿童。国内的动漫艺术授权的专卖店多数都办不下去，因为它不吸引家长，只是吸引低幼儿童。从某种意义上说，吸引双重顾客或多重顾客是儿童产品连锁经营商业模式的关键。

二、从创意到产品

关注产品与顾客的结合度，是企业动态经营关注的中心任务。这种定位，是以产品为基础的商业模式，商业模式建立在产品的基础上。

1. 产品支撑下的商业模式

顾客是无意识的社会群体，是非理性的。企业用产品说话，用产品自身的泛娱乐要素打动顾客，用产品自身的功能满足顾客需要，用产品的未来升级满足顾客的发展，让产品成为顾客心目中的明星或品牌，比如iPhone就是"苹果粉"心中的明星。

企业和顾客之间，都要追求自身的价值最大化，这本来是针锋相对的。平等交易，是解决针锋相对的最佳原则。但是，企业面对的顾客市场，不是表面上的理性的个体人，而是面对一个非理性的无意识群体，道理上讲平等是行不通的，只有用文化的软力量，让产品跟上顾客的感受，如审美艺术创意的提升等，才能通过泛娱乐让顾客信赖产品，才能让顾客潜意识里接受平等交易产品，产品才有机会发挥功能，去满足顾客生活方式变化的需求，也才能进一步满足顾客，培育老顾客的忠诚。

通过产品，才能落地企业与市场顾客之间的价值结构治理。以产品为基础的商业模式才是有效的。产品充当着企业、顾客和市场之间公平交易的桥梁，产品是企业生产的，但它承载的创意符合顾客的价值认同，顾客愿意接受。

2. 创意的价值认同

产品符合顾客的价值观认同，才会被市场接受，产品才能流通成为商品。比如艺术类产品，其艺术性不是艺术家理解的艺术性，而是由"艺术家+评论人+顾客"共同认可的产品，我们要推广一个艺术类产品的时候，它一定是三方共同认可的艺术品。

纯粹的艺术品，不是消费类的艺术品，这是两个不同的概念。如果艺术家创作一个东西自己欣赏，这是他自己的纯粹艺术品；如果艺术家创作的东西要给大家看，这个艺术品就不是艺术家决定有没有艺术，而是大家共同决定有没有艺术。消费类的艺术品是"在艺术家+评论人+顾客"之间的互动当中形成的。

创意的价值需要走向市场，需要获得精英群体或者大众群体的价值认同。有必要指出，能够做到雅俗共赏的情形是比较少见的。因为"雅"的作品或者产品，往往需要专业的素质才能欣赏，比如交响乐。所以，往往雅俗共赏发生在"通俗文化"乃至娱乐文化领域，大众先欣赏了俗文化，这种作品或者产品又进一步得到精英人士的认可和喜爱，比如迈克尔·杰克逊的音乐创作。

当然，对于大众而言，也有爱好、兴趣、口味、消费习惯等的差异。这就需要解决两个方面的问题。一方面，文化产品的创作者或者生产者必须了解消费者的特点和他们身上的文化特点，以便更加深入地了解细分市场的消费形态和特点。另一方面，创意文化产品必须把握大众消费的普遍特点，尤其必须善于挖掘作品的娱乐性和体验性要素，比如说，在多数情况下，善于讲故事就是体现更好的创意价值的一种形式。

可以说，文化产品既要把握普世价值特别是人性化的体现方式，也要把握和体现特殊文化要素下的个性化表达的要求。从区域旅游产品的角度来说，它需要某些特色文化的挖掘。不过，从文化产品的全球化营销的角度来说，它需要人性化共鸣的以娱乐主题为主要内涵的艺术化展示和审美。

3. 文化产品管理的双轨制

文化产品作为商品流通的时候，它既有社会效益，也有经济效益，它是社会性的，具有公益性特征，它也是经济性的，具有经营性特征。

（1）双轨并进的政府管理方针

在中国，政府明确理解文化产品的两个效益和双重属性问题。例如，十一届全国人大四次会议通过的《国家国民经济和社会发展第十二个五年规划纲要》（以下简称《纲要》）中提出："坚持一手抓公益性文化事业、一手抓经营性文化产业，始终把社会效益放在首位，实现经济效益和社会效益有机统一。"该《纲要》突出了公益性文化事业和经营性文化产业双轨并进的方针。

《纲要》高度重视文化事业与文化产业的结合，这是因为这两个方面都是我国文化大发展、大繁荣的主要路径选择。一方面，公益性文化事业是满足百姓基本文化需求和文化权益，或者我们称之为"文化人权"的基础，它必须具有基本性、普惠性、均等性。但是另一方面，公益性文化事业也仅仅局限在满足一定条件的文化需求，而不能满足文化丰富性和多样性选择的要求。文化丰富性和多样性的选择是需要付费消费的，必须通过发展文化产业才能实现。也就是说，发展文化产业既可以满足文化丰富性和多样性的选择，同时也可以通过引入市场机制来提供满足需求的功能，可以通过竞争提高效率，这样能减少财政负担，并能进一步反哺文化事业。

文化产业毕竟是一种市场经济的活动，尽管它可以帮助提升国家的文化软实力和中国文化的国际竞争力，但是不能提供免费的普惠性质的公益性文化服务，后者必须依靠公共财政的拨款支持才能实现。因此，以双轨驱动文化发展和满足百姓文化需求的做法，就是我国文化体制改革与文化发展的必然要求。

（2）处理好有机统一与优先

从繁荣和发展文化的角度来说，必须同时推动文化事业和文化产业的发展。产业功能更多地满足文化繁荣的要求，事业功能则更多地满足发展和提升文化的要求。强调"经济效益和社会效益"的有机统一，在于发展文化产业和文化事业要同时实现这两个目标，而不是偏向任何一个单向的目标。可以说，两个目标结合的导向将持续指导我国文化事业政策和文化产业政策的制定。

《纲要》要求体现"把社会效益放在首位"即体现社会效益的优先，应当说，这里的优先是一种理念指导，并不反对"统一"。也就是说，假如没有繁荣或者发展文化的实质性的社会效益而仅仅具有经济效益，必将扭曲事业发展与产业发展的合理进程，又将成为经济至上、唯GDP主义的另一个样本。

需要强调，处理社会效益与经济效益之间的关系，并不是简单地强调

"优先"就能落地。对于公益性文化事业好办，其目标本来就是满足文化艺术领域的公共利益和百姓的基本文化权益，突出地体现为把社会效益放在首位。而对于经营性文化产业，简单地把社会效益放在首位，就与公益性文化事业的目标重合了。

三、文化企业的责任

文化企业是以文化和创意元素为基础价值，通过人力资本等无形资源的投入，提供满足消费者精神需求的内容或者构架满足精神需求的传输渠道，以及运用这些内容或者传输渠道获得商业收益的经济性组织。文化企业自身的这种特点，决定了在企业经营管理中融入核心价值观是不可或缺的。

1. 文化企业的核心价值观

文化企业不同于其他企业，其企业文化建设应承担着特殊的社会责任。因为，文化企业卖的文化产品，旨在满足消费者某种文化需求或精神需求，其文化元素或文化内涵，会直接影响到消费者。而这种文化内涵，源于企业的文化烙印，源于文化企业的企业文化。

（1）文化企业的社会责任

企业文化，往往是企业在长期生存和发展过程中自觉不自觉地形成的，是企业成员所共同遵循的目标、信念、价值标准和行为规范。企业文化是一种软实力，好的企业文化不但可以对员工行为起到良好的导向和约束作用，还可以为员工提供激励创新的软环境。企业文化是企业提升凝聚力和激发员工创新的动力源泉。因此对于文化企业而言，好的企业文化更是企业发展的动力机制，使员工在工作中自觉践行企业的理念与精神。

文化企业分为一般性的文化企业和国有文化企业。文化企业特别是国有文化企业，由于其企业性质的特殊性，除了发挥推动国民经济发展的重要作用之外，还承担着技术创新和管理创新的工作，更承载着重大的发展社会主义先进文化的责任。因而，对于推动社会主义核心价值观的落实，文化企业特别是国有文化企业的文化建设具有更重要的角色担当。

（2）国有文化企业存在的部分问题

文化企业是具有价值观导向的企业，对于落实社会主义核心价值观具有不可替代的关键性作用。然而，一些文化企业特别是国有文化企业，就其诞生的性质而言，通常更多地受政府行为的主导，这往往导致政企难分。尽管在重视企业文化建设的当下，一些国有文化企业的文化建设也取得了不错的成绩，但与一些国际跨国公司和国内优秀的民营企业的企业文化建设相比，仍然存在一些需要认真对待并努力着手解决的问题。

推进文化企业特别是国有文化企业的文化建设，使之符合社会主义核心价值观的要求，既需要文化企业在文化内容产品和服务上的价值自觉，同时也至少需要着重注意：企业文化建设不是单纯进行企业道德建设，不是定期举行精神宣讲会，也不是进行有关价值理念的形式教育；单纯做社会公益慈善或环境保护本身也不等同于企业文化建设。

2. 回归美好价值的经营责任

社会主义核心价值观凝聚着全社会的共识，是全体人民的共同价值追求。因而特别重要的是，中国社会的国有文化企业的价值理念和目标，必然地要落实到和回归于对这些美好价值的追求上，以这些价值作为自身价值理念设定的根基。凡是违背这个根基的价值理念诉求，都将是无视全体人民对社会主义核心价值观的根本共识，乃至无益于整个社会对良好文化氛围的营造和落实。

（1）文化企业应该自觉意识到其社会责任对经济收益的价值优先性

与其他企业有所不同，国有文化企业具有较明显的意识形态属性，所以在国有文化企业的发展中，除了将以市场为导向而谋求利润最大化作为自身的目标，还必须肩负起创造与传播社会主义先进文化的价值重任，达成全体人民对社会主义核心价值观的共识。实际上，社会主义核心价值观本身就蕴含在社会主义先进文化之中。

我们知道，对一般性企业而言，文化企业最大的特征便是"文化产品和服务的内容价值性和平台开放性"，内容价值性特征指的是"文化企业的文化产品和服务内容带有观念表达和价值评价"，平台开放性特征则是指"文化产品和服务具有渠道汇集、发布和传播的功能"[1]，可以成为社会大众进行交流和价值表达的互动平台。正由于这两种特性，决定了文化企业相较于其他企业要承担更多的社会责任。特别是对国有文化企业而言，这种责任尤其体现在对于整个社会的文化建设和人们的价值观的引导上。

（2）企业文化建设需要以现代企业管理制度为前提

就目前而言，国有文化企业的文化建设还有待进一步深化和发展。国有文化企业的文化建设理念要符合社会主义核心价值观，因为企业的理念和目标体现了企业的价值取向和社会责任。这也同时要求，企业的文化建设需要以企业制度层面的落实作为基础。国有文化企业的文化建设也要以现代企业管理制度为依托，同时制度层面的建设也保证了文化企业的员工对企业文化的内在需求。衡量现代企业制度的一个关键标准就是看企业是否具有保证员工发挥创造才能的激励机制，只有制度上落实激励机制的通道，才有可能促使员工在工作中发挥更大的聪明才智，更好地服务于员工和企业自身，更好地服务于整个社会。

（3）企业文化建设需要以好的文化内容与服务为基本

需要明确的是，国有文化企业的文化建设是一个系统工程，绝非朝夕之功，不但需要企业各部门各层成员的配合，还需要企业制定合理明确的长远发展战略。这体现在国有文化企业的文化建设中，就是要注重企业的文化内容创作的长远的培育和管理。好的文化内容的塑造、培养和积累，无论对企业保持持久的竞争力，还是对企业文化建设自身而言，都至关重要。因而，国有文化企业需要制定长远的文化内容和品牌发展战略，赋予企业的文化内

1　陈少峰、李兴旺.论文化企业社会责任的特殊性.《福建论坛·人文社会科学版》，2014年第8期。

容和品牌以符合社会主义核心价值观的理念，既能满足消费者的价值需求和精神认同，又能体现文化企业对社会责任应有的担当。

3. 文化企业的产品经营

文化产业具有双重属性：文化属性和经济属性，经营性文化产业的经营者，需要回归到这一点把握企业的产品，从建设性的角度思考文化产业，争取做到社会效益与经济效益的统一，而不是仅仅从字面上加以理解。

（1）正能量方向

文化产业的从业人员尤其是决策者应当意识到，文化产业的产品具有经济属性之外的文化属性，其主要特性在于它是精神文化类的产品，对消费者的价值观和精神气质等方面会产生直接的影响。那么，这种产品所包含的文化内容或者文化的属性，就不能违背社会风俗的一般要求，包括不能包含渲染色情、鼓励暴力以及反道德、反人类等不良文化的内容。这个考虑属于社会效益的考虑，是文化产品生产者在产品策划阶段就应当予以考虑的问题。

（2）正能量内容

文化产业的主流消费者是青少年，其中许多又是未成年人。某些适合成年人的文化产品，未必适合作为未成年人消费的对象。因此，这就需要单独考虑针对未成年人消费的文化娱乐产品应当具有较高的品位或者没有负面的元素。特别要从精神文化的角度来保护未成年人的成长，需要重视文化产品的内容健康问题，比如美国迪士尼的作品，从来都是考虑家庭为中心的主题。

（3）中国味

多数"走出去"的中国出口的文化产品，也会承载某些内涵，也就是在消费者心中，它们代表着中国的国家文化形象；因此，在中国文化走出去的过程中，要注意弘扬中国文化中的精华元素，而不是不管不顾地一味考虑出口的数量。同时，为了增强对外出口的文化影响力，在推动文化产品出口时，应当更加重视生产和出口能够影响国外青少年消费者、体现中国文化优秀元素的文化精品。

四、企业文化内部生态圈

企业文化有自己的生态圈结构，最内层的是价值观，中间层由企业的制度与纪律构成，外层的体现则是员工的行为、企业的宣传、品牌、顾客关系等，重要性从内向外逐渐递减。

1. 企业家文化

企业的动态经营，是在有目标和野心的企业家主导下进行的，这个现实，要求当企业达到一定规模的时候，引入职业经理人来管理。

（1）以创新为中心的企业家精神

企业家文化是经济领域最重要的文化，包括事业感、实业精神和创新意识等，都属于企业家精神，包括战略性思维、企业家缔造的企业文化等。具有企业家精神的经营者，不同于商人，不同于老板，也不同于职业经理人。

企业家与商人有两个重要区别，第一，商人的眼里只有钱，企业家的眼里先有事业，然后再有钱；事业第一位、金钱第二位，所谓事业就是做出一番事业来的机会，而钱却不用急着去变现。第二，企业家是先有事业后有钱，先把事业做出来，钱自然就有了，商人只有钱没有事业。

企业家与老板或业主也有区别。企业家觉得自己正在做的事情意义最大，只要有钱就做他正在做的事业，他的钱绝对不会用作他途，最好把别人的钱和人才都弄来做自己要做的事情。这种人叫企业家，其他人就叫老板或者业主。

企业家与职业经理人比起来，企业家有冒险精神，总是想创业。凡是经理人型的人都尽可能不去承担风险，企业家则愿意承担风险。当然，职业经理人与企业家角色是互补的，职业经理人的管理能力比较强，企业家是领导能力比较强。职业经理人与企业家的思维方式不一样。企业家比较靠直觉思维，喜欢变，职业经理人比较靠理性思维，不喜欢变，喜欢稳定。

（2）企业家管理文化的升级

企业文化可以分为五种：第一种叫商人的企业文化，其主要以赚钱为目的；第二种叫老板的企业文化，其力求保持以老板为核心；第三种叫企业家的企业文化，这是一种有追求的文化，但是企业家一般比较善变；第四种叫艺术家的企业文化，或者技术人员等比较理想型的人的企业文化，我们中国传统的演出机构大多数都是这种企业文化；第五种是职业经理人的企业文化，强调规范化。

企业家的创新文化和职业经理人的制度文化结合起来就是好的企业文化。搞个人权威主义，强调老板个性特征，进而与服从文化结合，这种企业文化不是或者至少不一定是好的文化。

在企业文化生态圈结构中，最内层的价值观最重要，当然，一定要先有战略再有价值观。从功能上讲，企业文化是用来支持人力资源的，人力资源是用来支持发展战略的。企业发展战略最重要，企业文化旨在实现战略，发展战略才能决定企业发展的好坏。

企业家的管理文化主要体现为创新为主。随着企业的发展壮大，企业家主导的文化必须逐渐让位于职业经理人主导的规范化的文化，因为委托了职业经理人以后，职业经理人会限制企业家的任性行为，企业家就很难独裁管理，从而避免独裁带来的颠覆式失败。美国企业治理方式，可以叫作开明的领导者，或开明的专制，意思是CEO权力很大，但是比较开明，能够吸收董事会其他人的一些优点。这应该是中国未来发展的方向。这种方式就是职业经理人文化与企业家精神的融合。

2. 中国企业文化的生态

中国的企业家比较少，老板比较多。老板很少会为企业的发展雇用职业经理人，他们宁愿满足于现状，也要保证企业的一切事务必须听自己的，职业经理人与老板和商人是不好相处的，这是中国企业生态的基本情况。

（1）不规范生态的升级

企业管理现状不规范，其实这也是一种企业文化生态状态，并不是拿出了各种标识、口号、规章制度，企业才有企业文化。为了市场生存，小微企业、中小企业更加关注具体的经营活动，它们的企业文化处于非规范的阶段，企业家往往事无巨细、事必躬亲地工作，这种企业文化生态不够规范，但也是企业文化。

随着企业的壮大，现代企业的各种作业行为需要规范化、标准化、制度化、职业化，这并不仅仅是工作方式上的调整，从更深层次上讲，这是企业文化的规范化升级。

市场化程度越高的地方，职业经理人越多；而市场化程度不高的地方，职业经理人就非常少。现在的中国，整体社会的企业文化环境，还不适合普遍引进职业经理人进行管理，真正的职业经理人也不多。

企业之所以引进职业经理人，是企业主真切感受到，拍脑袋决策已经难以驾驭企业了，觉得需要从管理不规范升级到规范管理。就是说，引进职业经理人是一个构建规范企业文化的开端。

（2）升级的阵痛

企业发展壮大往往需要职业经理人协助企业家建立起标准化的制度，但是，这往往与深层的企业文化层面相互冲突。

职业经理人不仅仅是写写规章制度，事实上，是在改造不规范的企业文化。这个时候，职业经理人一定会遇到很多人的反抗，往往没人支持，也没有什么资源可以利用。这样一来，企业收益在短期内会下降，而不是马上提升。所以，企业主引进职业经理人，做规范的管理时要有很多考虑。

很多人认为引进职业经理人便能够把企业从不规范引向规范，这是一种激进的认知。规范是目标，但不一定做得到。从操作上看，企业在从不规范走向规范的过程中要分两步走，第一步先建立严格的纪律，由老板来做，第二步由职业经理人来严格管理。企业管理升级，老板和职业经理人不联手，是完不成的。因此，真正的职业经理人，一般不会轻易承诺一定会做到什么，这是很多老板不满意的地方。

在中国，老板即使感觉到忙不过来了，创业的心理定式也让老板喜欢事必躬亲。职业经理人则要建立标准化的制度，标准化制度一旦建立起来，便会引起老板的猜忌和怀疑。如果职业经理人工作做不好，当然会被赶走；如果做好了，老板第一天还觉得轻松，第二天会因为没有接到电话而生气，第三天便开始怀疑是否被背叛，第四天便忍不住去干涉企业了，职业经理人还是会被赶走。这样的老板不是企业家。

能和职业经理人联手的老板，才是企业家。企业引进职业经理人时需要注意，职业经理人进来以后肯定会大刀阔斧地改革，这会引起诸多人士的不满，还会带来企业短期内收益下降。老板要坚持到底，否则改革便会半途而废。

（3）企业家精神

企业家精神不是空谈，需要锐意进取地坚守事业。但是，这种精神不是万能的，只依靠这种精神不适合做大企业。做大企业还需要管理的规范化升级。

除非企业家具有职业经理人的素质，否则一般都需要吸纳职业经理人。因为企业家的思维方法比较创新、变动、直觉，都不适合做大企业的管理需求。国外存在很多家族企业，但这些企业的所有权和管理权却是分开的，是家族控股而非家族经营。要做大企业，都需要职业化的经营。企业家可以成为董事长，在公司管理体制中处于次要角色，不能干涉企业正常的经营管理。

引进职业经理人的时候，企业家需要做很多准备和转变，要把锐意进取的企业家精神用到自身的改造升级上，否则，如果自己不改变，最后便是折腾企业。

3. 文化驱动企业

任何一家企业的运转，其实是在企业文化的驱动下进行的。老板文化的企业，一切跟着老板的指挥棒转；商人文化的企业，只要赚钱什么都干；艺术家文化的企业，往往忘了企业营利的任务；职业经理人文化的企业，按部就班但未必有发展；企业家文化的企业，善变进取但是稳定性不足。

（1）企业文化系统

不同的企业文化之间，并非完全水火不容。以企业家文化为主流融合职业经理人文化，是最理想的企业文化，拥有长远的发展成长性。

如果希望用市场驱动企业的发展，那么需要关心企业文化的升级，要在原有企业文化中，找到一种稳定的文化作为核心与基础，而不是简单地改改制度就可以。比如艺术家文化的企业，往往拿到钱就想如何做一个节目，至于有没有人花钱看、是否亏本，他就不考虑了。这就是艺术家文化主导下的机构，企业文化没有升级到市场。

（2）企业文化的层级

企业文化是分层级的，可以把不同的企业文化组合成相互配合的结构。但是主导的企业文化是哪种性质，一定要明确。比如谷歌，被人评价为非常人性化的企业文化，事实上，企业家文化仍然是其主导文化，艺术家文化只是表象，职业经理人文化则是中层的规范化支撑。

不同力量主导的企业文化会造成不同的结果，这种不同的结果不仅体现在我们平时的感知上，它还会影响到效率和行动。如果想做什么事情的话，还必须先改变企业文化，也就是说，不管是松下幸之助、杰克·韦尔奇、稻盛和夫、IBM改革时候的郭士纳、惠普原来的CEO卡莉·菲奥莉娜，他们都认为一个企业陷入麻烦的时候最重要的事情是必须改变它的文化基因，加强文化的驱动力。当然，至于如何去改，这是比较复杂的。

五、文化企业的驱动

在文化企业中，摆正企业家、艺术家和职业经理人的关系至关重要。企业家与艺术家在直觉思维和创新意识方面具有共性，企业家在理性思维和战略性思维方面和职业经理人之间具有共性；但是，职业经理人与艺术家之间较少存在共性。

1. 文化企业的文化性

企业家、领袖、艺术家之间其实有共通性，他们在体现感觉性、直觉性和审美上比较偏向于个性化，包括在战术上比较讲究出其不意等方面具有共性。换言之，他们在塑造某种特性方面比较强。

（1）文化企业的管理要求

职业经理人掌握普遍性的工具能力比较强，但是，与艺术家之间较少存在共性，如何通过职业经理人来管理艺术家是一件比较复杂的工作。在文化企业中，对职业经理人的经营管理提出了新的要求。一方面，文化企业重视内容为王和积累，重视与企业家精神和艺术家理念相一致的事业创造和事业成就感，而不仅仅是数量上的规模扩张，这是多数职业经理人并不熟悉的领域。另一方面，虽然艺术家在文化企业中属于提供技术和技能的专业人士，但是他们同时也是具有艺术创造力的专业人士，这就要求保存艺术家创作的宽松环境，也就不是一般的规范化管理所能简单施行的地方。换句话说，职业经理人对艺术家进行管理，是一门学问，也是一种挑战。

在文化企业家主导的文化企业中，企业家需要做出调整，艺术家和职业经理人也需要做出调整。文化企业家和职业经理人都需要具有更大的耐心和包容性，而艺术家也需要进一步让自己变得专业化，更懂得团队协作的工作方式。

从决策方面来说，需要从两个方面做出调整。一方面，在企业发展战略和商业模式上，企业家和职业经理人需要更偏向于可持续性和品牌影响力方面的事项，也要在战略和商业模式制定之后采取更多沟通的做法而不是命令或者强制的做法。另一方面，企业家、职业经理人和艺术家在确定选题或者产品定位的时候，应该在反向思考方面具有一致性，也就是在顾客导向方面具有共识。至于有关用人的决策，则需要在制定原则和灵活性事项之间做出妥当的安排。简言之，要能够保障团队和个性的统一，以及营造各种人才发挥才能的融洽氛围。

（2）艺术家的管理

从企业家到文化企业家，这里面有一个非常大的问题，就是怎样驾驭艺术家和文化人。因为传统的产业在某种意义上是营销型的，不管做得怎么样，都是可以卖出去的。但文化产品和服务可能是卖不出去的，这便涉及文化创意的取向，也涉及艺术家和文化人如何管理的问题。从某种意义上来讲，做文化企业家可能要管理一类人，这类人有一些共性但也有一些差别，叫艺术家或者叫理念型的人。这种理念型的人最大的问题便是与职业经理人的思维方式存在冲突，与行政的思维方式存在冲突，虽然可能与企业家的思维方式也存在冲突，但并不是特别大。

企业家跟艺术家有两种不同的思维方式，企业家是结果型的，看任何一件事情先考虑这件事情在未来会带来什么结果，这叫预测结果。艺术家是理念型的，不管什么结果，想到什么就做什么。技术人员、艺术家、知识分子、文化人、批评家这类人都可以称之为理念型的，是为了自己的理想和信念可以不管不顾的那种人。企业家与理念型的人也有一点相似，但本质上企业家还是以结果为主，企业家是一种矛盾型的，有点理念但是以结果为主。企业家是倒着看，做产品时先想别人需要什么，艺术家是顺着看，自己喜欢什么就推销给别人。所以拍电影，如武侠片，只要请李连杰做主演便可以赚一些钱，这是很稳定的。为什么呢？因为它的结果是可以控制的，如果从艺术家的角度要做一个投资很大、又很漂亮的电影，其结果便不得而知了。所以很多人去看《白蛇传说》，不好看，但是它的票房不少，就说明演员有票房号召力。可以说，顺着看的人叫自我中心主义，这种人也不好相处，不会客观地去换位思考，因为他顺着看，性格上比较偏执，比较浪漫，比较有自己的理念。

德鲁克提出知识工作者的管理，本书作者把它加上艺术家的管理。艺术家的管理，总结起来有两个原则：第一个原则是企业家不直接管，而是找一个他们当中的最适合管的人来管他们，但前提是这些人要佩服他；第二个原则，好东西都在他们脑袋里面，他们喜欢表扬，所以要有机制，既表扬他，又要让他愿意修改。其实真正的知识工作者和艺术家也是活得很辛苦的，因为这种创造是很费心力的，一个人耗神很厉害的时候身体必然受到伤害。

2. 文化企业的职业性

企业家与职业经理人合作的文化，是企业发展中最重要的团队事项，也是企业最核心的资源利用的根基。企业家与职业经理人之间需要建立一种区别于老板和部下的关系。

（1）契约关系

职业经理人和企业家之间的关系，不是打工的关系，而是通过契约合作的关系，或者说，他们之间是委托代理关系。委托代理的关系是以契约的方式体现的。契约的任何一方都能自觉地遵守契约规定和履行责任承诺，就是诚信的具体表现。企业家与职业经理人之间的合作（即老板聘用经理人时）需要通过明晰的契约关系来体现，或者说，双方合理的关系就是由契约所约束的关系。

对于老板们来说，他们难以接受契约到期合作关系结束的结果，因为他们带有儒家从一而终的意识；但是，职业经理人的地位恰好就是不受从一而终而得到保证的。在确立契约关系时，双方的立场不一样，总是要各自做出适当的妥协。

在企业家和职业经理人之间，对于职业经理人来说，金钱的考虑、市场上的地位象征、受老板重视的程度，都是需要的，雇主是委托方，他们是受托方，双方是合作关系或者合作伙伴关系。当然，这种合作关系，体现的是职业经理人的权利和义务。因此，在契约中，应当包含若干关于双方权力使用和交接等问题，比较有助于职业经理人的工作符合权利和义务的要求。

契约要求企业家必须尊重职业经理人。虽然在工作上可以对职业经理人进行考核，但是他们不能要求职业经理人盲目地服从。同时，职业经理人不能把自己视为一个"被剥削"的人，他必须具有一种代表人的身份和履行全部规定职责的意识，在规定的框架下无论契约条款多么不利，职业经理人也不能违背自己的职业道德，比如不能迁怒于顾客而造成企业因流失顾客而带来各种损失。职业经理人要具有足够的职业精神，因此，契约是一个完整的契约，双方不履行完整的责任就是违背了这个契约。

诚信地签订契约，诚信地合作，诚信地履行双方的权利义务，诚信地友好分手，这是理想的状态。当然，现实中，国内企业或者企业家对于职业经理人往往缺乏利益平等的关切，缺乏对职业经理人的相应的补偿保障条款。国内的契约有些不对等，企业家和企业在解雇而且不需要补偿或者予以损失补偿这个角度上明显处于强势的一方。这种契约关系应当改进。

（2）共同的准则

没有规矩，不成方圆。企业家与职业经理人之间，应当遵循一定的规则或者规矩。一般来讲有四种：其一，一般的标准；其二，按企业家自己的特点而形成的习惯；其三，职业经理人自己的标准意识和程序正义；其四，双方合作的标准。这四种标准之间存在不一致或者博弈关系，双方需要了解，合作的规则是在逐步磨合中建立的，不同的磨合阶段有不同的需要。

第一种需要，需要提前建立一个关于工作标准和行为标准的基本共识。没有一个基本标准，就难以衡量和评价职业经理人的具体业绩和表现，也很容易造成内部的分裂。企业家引进职业经理人，意味着后者所主张的标准应当被接受，比如说，老板要支持职业经理人，让员工遵守他制定的标准干活。假如企业家没有这个意识，那他只是想找个伙计或者装点门面，而不是想找管事的掌柜。

第二种需要，对共识执行过程，谁主导也很重要。双方的习惯或观念往往不一致，执行标准中存在不和谐或冲突是正常的。可以分为两种情况，一种是企业家主导经营管理，另一种是职业经理人主导经营管理，即成为CEO或者得到充分授权的总经理。执行中出了分歧听谁的，也要磨合。当然，即使是职业经理人在主导，最终也要企业家拍板，否则被猜忌成背叛，就乱套了。

第三种需要，合作中需要建立起新的标准。管理是个动态的过程，在解

移动互联网时代文化产业商业模式

决问题的过程中形成新共识、新标准，也很正常。在双方磨合时，甚至可能要征询第三方的意见。要特别注意抑制企业家的强势地位，避免不客观、不公平地评价职业经理人带来的新标准的价值。这是一个艺术处理关系的过程。职业经理人要把握度，也要注意方式方法，还要注意确定责任承担。

（3）两种忠诚

企业家往往重视义气、亲情的价值，要求纽带关系的长久性。职业经理人往往重视契约关系的公平性、在职责范围内责权的均衡性。这就有了两种忠诚的态度。

企业家的忠诚往往是对人的，看重从一而终；职业经理人的忠诚往往是对事的，看重一事一议，主张职业责任的忠诚，或者通过尽职尽责来体现对企业所有者的忠诚。从职业性看，经理人违背工作合约，没到期就跳槽，确实是不忠诚，但是，如果老板不兑现报酬承诺或者合约到期，经理人跳槽就算不得不忠诚。

大多数中国的企业家需要的可能是家长式的文化及其子女与家长的关系，他们要求职业经理人感恩和报恩。这样一来，企业家就处于优越地位，似乎可以有理由来谴责职业经理人做得不够，但是职业经理人则难以反驳企业家的苛责。

从现代的理念来看，企业家和职业经理人的忠诚伦理是不一致的。企业家需要留神，两者只能选一而不能结合，做骑墙派随风倒会更糟糕。企业家如果把情与理混在一块，很容易没有管理水平，没有管理质量。

企业家对职业经理人的培训，不要从忘恩负义的角度要求，可以通过签订新的延长在企业中工作期限的方法，或者签订补偿赔偿协议，避免职业经理人离职造成的培训投入的损失。

而且，企业家对人才流失应当有心理准备。优秀的企业，往往是本行业的"黄埔军校"，这是企业家的宿命，别无选择。唯一可以减少人才流失的做法是改善企业的管理，更加注重优秀人才的要求，并且为优秀人才提供更广阔的发展空间。

3. 综合动态经营

综合而言，文化企业的动态经营需要三位一体，分开看是三个重点：第一，以企业为主体；第二，内容为王，保持持续的消费者；第三，以商业模式为本。合起来看，要把这三个要求落实在一个一个具体的商业模式上面：以企业为主体，利用创新文化和科技融合的新模式，实现企业整体价值最大化。这就是三位一体。

企业整体价值最大化意思是说这个企业可能会越来越好，即使在初期存在亏钱的可能性，但将来还是会赚钱。一个企业真正的价值不在于一个产品是不是能卖钱，而在于其整体能力是不是具有可持续性，是不是有整体的价值值得投资者和消费者去期待它，去让它可持续化地发展。

在业务与产品层面，内容为王有三个思维角度：海量内容、质量化的内容、品牌化的内容，经营者当然还需要从商业模式可行性角度来思考。以3D动画电影为例，很多做3D动画的企业不懂得中国的电影产业，不懂得什么是票房、什么是院线、什么是首发、什么是营销，对电影产业一无所知，等动画做出来以后发现没有人发行、没有人推。

我们可以从乔布斯的案例中获得一些具有深远意义的启发。他说，我既懂人文，又懂科技，而多数人以为只要有钱就可以解决问题了。比如有人认为自己现在是懂技术的，只要有钱就可以找一个星探，然后搞定音乐产业。乔布斯认为这是不可能的。即使懂技术，但是也不知道谁是音乐领域顶级的专家。如果自己不懂，即使出钱也搞不定。不是说企业家或者职业经理人一定要做，而是一定要懂。

企业家应当基于自身的综合修养与修炼，以价值观治理为方法，推动内部创意工作，让文化产品化并塑造"明星"品牌，举办丰富多彩的文化活动带动营销并形成互联平台，以全系统思维延长产业链，顺应通用层面的商业模式、行业层面的商业模式的趋势与特点，在实践中逐步构建企业自身的商业模式，从而不断提升企业整体价值的最大化。

全 系 统

文化产业商业模式的构建

第十二章

数字时代商业模式构建

　　互联网文化产业不但会取代或改造传统文化产业，而且其他传统企业也开始踏上文化性生存之路。无论从国际角度看，还是从国内角度看，文化企业的互联网数字生存与发展，是整个文化产业面临的时代命运。互联网文化产业与信息技术密切结合，是文化产业发展的主流方向。

一、行业文化商业模式总方向

　　移动互联网已经超过传统互联网；在互联网上的文化产业，已经超过传统的文化产业。这个变化意味着文化企业务必要抓住互联网，尤其是务必要抓住移动互联网。

1. 线上线下O2O

　　如果传统业务没有与互联网和移动互联网发生关系，今后就变成了市场价值不高的、被挑战的，甚至被取代的业务。那么什么业务可以搬到互联网上呢？答案是：任何东西都可以搬上来。

（1）互联网与文化企业

互联网是文化产业发展的新发力点：互联网促进了文化生产力的新组合，同时互联网正在催化中国文化产业形成新的爆发点：①平台型文化企业；②具有千亿级交易规模的文化创意平台经济集群。

文化创新成为互联网增长的主要驱动力。2014年以来，互联网行业在中国文化市场上发生的多次并购和投资，尤其是百度、阿里巴巴、腾讯三家国内互联网巨头主导的一系列产业并购和投资，可以看出传统领域与新兴领域正在融合，互联网正在对传统文化产业进行再造和升级。

文化产业的这种变动，并不是传统文化产业转移到互联网上形成的，而是出现了新型的文化产业企业。

（2）文化企业的平台化

大众生活现在已经离不开手机，这意味着，要把"客户使用手机"这一要素融入企业的经济活动中，企业的商业模式才具备生命力。技术和生活方式正在互相影响，企业思考的重点就是琢磨怎样用技术手段把人变成自己的顾客。

这种跨界融合现象，在经济研究中被称作O2O，即"Online To Offline"的缩写，原本指把线上的生意转移到线下，比如团购，这是最大的O2O成功案例，是O2O的1.0版本。现在这个时代，O2O已经进入2.0版本，是Offline To Online和Online To Offline相结合。文化产业正在整体性地O2O，传统线下文化产业，不是整合线上，就是被线上整合。

文化产业的这种变化给我们揭示了两个角度：一个是传统文化在衰落；另一个是如果要做线下文化产业，就一定要尽可能地体验，体验是互联网替代不了的。

互联网原本是无边界的技术平台，是一种工具而已。随着传统文化被慢慢地搬到互联网上，这意味着，文化产业自然而然不再仅仅是内容产业，它天生开始拥有平台。现在的大平台就像腾讯，要大型的公司来经营，小平台就是淘宝网上自己经营的小店。

移动互联网与PC互联网还是竞争合作的关系。总体来说，移动互联网是对PC互联网的复制、延伸和变革。在这种环境下，互联网的文化传媒企业是以核心平台的企业为主，形成了几个大的舰队结构。互联网企业主导的并购和资源整合在加速。今后并购企业的恐怕是以互联网公司为主，再加上一小部分上市的互联网公司，它们会不断地进行并购。北京的新三板有可能成为并购的主要区域，因为要把企业规范完了以后放在新三板，并购是最方便的。当企业做得有一定收入的时候，想让别人来投资，也可以放在新三板，新三板主要的功能可以说是展示。

2. 商业模式的O2O闭环共性

在数据层面，其实是不存在线上与线下的，而是成为整合的一个整体数据中心。移动时代的O2O融合、互联网的无边界，带来了无限的数据，线上与线下的大数据分析、大数据整合，才是O2O模式真正的核心所在，不论传统企业转型还是文化产业都是如此。

（1）O2O闭环

在O2O领域，闭环是所有商业模式和用户价值模式的根本核心点，如何建立线上到线下再到线上的有效连接，实行完整的O2O闭环，获取有效营销数据，将是O2O模式的核心价值。同时随着用户数量的激增，海量的用户数据将成为决定O2O成败的关键。

（2）针对O2O闭环的解决办法

交易闭环：线上运营、线下体验，将二者连起来的主线就是用户数据，数据同时驱动了线上与线下的双重发展。通过交易过程中的注册预订、个性优惠券等营销模式集合用户数据通道，获知用户消费次数、消费水平、优惠数据、会员手机号、下载时间、消费时间、绑定卡号等信息，进行用户消费行为分析、预测。线上为线下带来订单，线下为用户提供体验，交易闭环获取的数据在这个O2O闭环里不断流动并不断增加，形成企业的数据资产。

支付闭环：线上支付的第一大作用就是可以帮企业找到用户，在用户向商家支付的环节中进行闭环设计，如NFC支付（NFC在中国未普及，可将NFC换成运营商计费、刷卡支付、应用支付）、二维码支付等，用移动支付来让用户和商家之间实现真正的联系，从而获得相应的数据回报。企业获取用户消费行为，在用户行为数据上将用户还原成为一个个鲜活的人，再进一步提供精准的营销和服务。

整合闭环：站在O2O的角度来看，电子商务的本质在于非数据商品的数据化，所有的商品、用户信息全部数据化，通过大数据分析的结论来为平台的运营做引导。从商品供应到交易再到反馈，进行行业与行业间、品牌与品牌间、交易间精准流量的转化，形成纵向横向的整合，线上线下资源对接循环，形成闭环，通过整合用户所产生的行业数据、品牌数据、消费行为数据等痕迹，掌握用户的需求、流向、价值偏好等价值信息数据。

服务闭环：O2O闭环的实现，需要商户与用户的互动、平台的运营，尤其是精准流量的导入和转化极其关键，商户的网络营销水平、实体经营水平和质量等非网络产品的众多因素直接影响O2O闭环的质量和数量，而相关行业陈旧格局也难以通过产品去改变。因此，在用户消费体验过程中，通过为用户提供服务，在服务过程中与用户接触采集相关用户信息，帮助企业了解用户的潜在消费需求。

3. 现有商业模式的实践

基于上述的O2O闭环要求，从具体业务层面看，对于目前互联网的商业模式，我们可以总结以下一些情况。

第一类模式，就是平台为王。BAT三家的文化产业就是如此。还有平台加自己做一部分内容的模式，比如像美国《纸牌屋》自己做网站。

第二类模式，是视频网站的商业模式。将来所有的互联网都会视频化，而视频网站将会专业化。互联网上的视频最主要的是精品内容，还必须要有一定的规模。一定的规模加上专业化，这是主流的趋势。

第三类模式，是专业的垂直频道。就是每个人都干自己的，每个人都有自己的微信，有自己的明星导流，有淘宝店，有线下的体验店。

第四类模式，是直接开展O2O线上、线下的整合合作。用四句话可以说明当前O2O的市场合作情况。第一句话，凡是主动O2O别人的人，很多都是想去"骗人"的人。第二句话，互联网线上骗线下，线上的有商业模式，把线下的骗到手，线上的商业模式就成了，因为线下的被不知不觉兼并了，比如电影票的互联网销售。第三句话，自己骗自己是可以的，自己如果有独立的产品，那么自己在网上做一个网站，线下再有一个体验店是可以的。第四句话，如果线下的体量很大，特别是搞商城的，后果很严重。笔者研究的结论是：对于人们可以在网上买到的能够标准化生产的产品，线下销售这种产品的企业，或者是为线下销售提供服务的企业比如商业地产，他们把场地租给销售的厂家，那么，不管是场地业主，还是卖东西的人，只要体量大的话，直接O2O是不行的。自己骗自己也不行，被别人骗也不行，赶快卖掉，早卖一天就早一天胜利。比如万达曾经的危机，就是因为线下万达广场体量很大，直接做网上商场也失败，只有开始做体验型的电影院和体育业务，才开始有了转机。

第五类模式，是卖IP，可以把IP拿来做游戏、电视剧。

第六类模式，是直播，包括演出的直播、授课的直播。对有些人点对点的收费直播，这应该是将来会流行起来的商业模式。

第七类模式，众筹会成为流行的商业模式。产品的众筹比股权的众筹要好。因为股权的众筹是为了钱，钱的事情不好弄，现在的股权众筹还缺乏经营者，容易搞成没有人经营，这是弱点。

第八类模式，对接线下的线上营销与传播平台。

第九类模式，是植入广告。将来是无处不植入，植入公司会很厉害。

第十类模式，是大明星合作引导"粉丝"经济的模式。一个大明星有几百万"粉丝"，可以养活十个中小企业。

第十一类模式，是技术引导的营销模式。现在很多人要做营销，都去搞APP。

第十二类模式，互联网上最值得做的就是做投资。长期持有股权，不要轻易地卖。除非你判断这家公司已经不行了，否则不要轻易退出。因为互联网上总是两极分化，最后胜出的公司，它的市值才是真正放大的。

二、传统文化及关联企业的转型

数字文化产业的发展对整个社会都带来了巨大的冲击，文化企业的竞争已经进入跨界化和数字化的新阶段。传统文化企业面临着转变的抉择。

1. 常规文化企业的转变

大量社会文化产业资源是被国有传统文化企业掌握的，《国务院关于推进文化创意和设计服务与相关产业融合发展的若干意见》明确要求传统企业尽快适应新旧产业更替，适应互联网数字内容产业的快速发展。传统的文化企业，在企业管理模式创新、经营与产业选择、发现机遇、创新商业模式等方面，需要关注以下一些要素。

（1）思维方式的转变最重要

遭遇产业转型的企业经营者们，应当把产业转型或者业务转型视为"思维方式的转变"。例如，纸质媒体的经营者，仅仅考虑图书报刊的电子化阅读转换是不够的，必须意识到，生活方式变了，互联网文化生态变了，消费特点也变了，商业模式必须全面改变。也就是说，在思维方式上，不是设想互联网如何接纳传统思维，而是要同样站在互联网和移动互联网的角度来思考商业模式的可行性问题。

（2）规模化的挑战

互联网和移动互联网是信息大平台，任何创意内容在这个大海中，都是少数派。面对海量内容需求的互联网，传统文化企业只做品牌化的内容是不够的，是没有商业价值的，企业不仅要提升创意能力，更需要思考商业模式如何应对互联网的规模化挑战。发展新媒体、资源如何共享，是企业构建互联网商业模式时需要深度思考的问题。

（3）视频与互动

科技融合生活，人们的生活方式不断在变化，手机上网已经成为主要的上网入口。业界普遍认为，"视频+互动"将成为4G时代应用的基本特征，并向每一个行业渗透。这是企业必须应对的现实。

（4）创意与创新并重

文化产业需要创意，但是，并不是有好的创意就有文化产业。文化产业所要求的创意，不是闭门造车的创意，而是反向思考的创意；不是个人的创意，而是产品或者产业的创意。有时，有些好的创意因为制作能力的局限也不能转化为产品，比如中国目前的动画电影的困境就是典型的例子。总之，文化产业不是个别的创意，也不是一般的创意，而是以顾客的文化娱乐消费为核心导向的创意集成和融合。创新是创业企业的一个特点。但在两极分化严重的市场环境下，那些创新型的企业需要加快速度，最好能够与资本市场加快结合。创新加速度，就要引入社会资本。

这些要素，当然也是新兴文化企业需要关注的问题，因此总体上说，文化企业的经营者需要围绕消费者生活方式的变化、产业的变化、业态的变化、资源结构的变化等来探索可行的商业模式，以及努力实现商业模式的创新和经营模式的创新。

2. 传统文化资源的产业化

将传统文化进行文化产业转化，需要做好八件事情：

第一，把传统的故事搬到今天来演，形式要现代。传统的很多小说、穿着、故事都可以做一个电影故事，但你必须用今天的电影方式。

第二，把中国有趣的元素整合在一块，像《功夫熊猫》。不要局限于《功夫熊猫》一定是要演熊猫，也不是一定要演功夫。《功夫熊猫》的主题也可以讲爱情，所有元素都可以嫁接在这个形象上。中国几千年的元素可以随便跨越时空，可以随便拼接，第二个角度是把元素抽出来，一个元素是成都的，一个元素是漳州的，一个元素是邯郸的，为什么把某一个地方的故事全部搬上来？

第三，先确定一个旅游的地方，现代的旅游和传统旅游合作。比如，可以在河南登封搞一个现代的主题公园，为什么登封只能搞传统文化呢？去少林寺玩完了以后再到主题公园来就挺好的。就像上海，随便搞一个旅游的项目就有很多人消费。

第四，对传统的非遗进行现代化，用现代企业来经营，让明星大师来设计，再打造品牌。比如跟大家说某某字是马云写的，马云的一幅字卖350万元。设计产品的人一定要推出去，不要先推产品，应该先推这个产品是哪个明星的。

第五，对传统的内容进行现代的演示。现在把《三国演义》拿出来做多媒体的，可以做电影、电视剧、游戏。诸葛亮在刘备三顾茅庐之前的很多故事，大家都不知道，可以随便编，说不定很好看。

第六，专题化的拓展，比如佛教艺术。笔者一直想搞一个佛教艺术品产业园或者是佛教艺术品网上商城，只卖佛教艺术品。

第七，对传统的内容品牌和形式进行改造和产业链的延伸。古代凡是喜事都要有灯，现在有节能灯，又有景观灯，我们把所有灯结合在一起，做一个梦幻的主题公园。白天可以玩，晚上做一个灯会，喝啤酒，吃炸鸡翅。

第八，利用传统的品牌。比如传统的丝绸之路，就可以搞一个丝绸之路写生绘画系列。利用传统的品牌，这个品牌很有特色，将丝绸之路历史上所有的景点都画一遍，这个东西很值钱，也很好看。

可以通过这八个模式对接传统，如果要做产业，就千万不要按部就班。产业与学术要进行分工，纯粹一点，就很简单。实在不行的话，搞一个叫非遗的产业园，一半进行非遗保护，一半做成主题公园，既做事业，也做产业。

三、跨界融合的数字化生存

互联网文化产业，涉及内容产业、平台产业和文化科技三个主要领域。互联网文化企业的生存，意味着跨界理念的实践，跨部门、跨行业、跨领域、跨技术门类等，资源和技术全打通，线上线下全打通。如果传统文化产业自己不跨界，就会被跨界。

1. 互联网生态环境与BAT

BAT是中国互联网公司百度公司（Baidu）、阿里巴巴集团（Alibaba）、腾讯公司（Tencent）三大巨头首字母的缩写。在笔者撰写本书期间，腾讯、阿里巴巴发展迅速，形成可谓是"TAB"的"两马"领先局面。它们是中国互联网领域占据绝对主导地位的三大巨头，互联网文化企业的各方动态，都与BAT密切相关。

（1）BAT的全产业链文化产业布局

BAT三巨头进军文化产业，目的是追求文化产业为其带来的巨大的品牌价值，它们的进入掀起了一场前所未有的互联网文化狂潮。它们的触角涉及电影、数字音乐、数字出版、在线旅游和在线教育等领域。目前，BAT从文化产业获得的经济利益只是小荷才露尖尖角，其未来的潜力不可估量。

BAT主要通过投资并购文化企业形成自己的文化产业生态。连续的并购大战，让三巨头基本完成对文化行业和移动互联网行业的布局，一直致力于打造互联网文化行业全产业链。音乐、网络文学、数字出版、电影+、线上教育、票务、在线旅游等无所不包。在BAT的带动下，文化产业的并购热潮迅速席卷资本市场，来自食品、制造、酒店、旅游、科技等行业公司纷纷选择通过并购文化产业资产来进行战略转型。

（2）BAT的O2O本质造成新生活方式转型

从业态上看，BAT在用互联网工具改造传统行业，实现虚拟经济与实体经济的大融合。从本质上看，他们正在依托移动互联技术，对传统社会生活方式实现了现代化再造。业态的大融合，依托于特定群体的消费习惯、选择文化等大数据分析，形成以社交等文化生活为入口进而开展产品营销的商业模式，也让社会生活发生新生活方式的转型。

对新生活方式的需求成为经济发展的驱动，BAT的商业价值也水涨船高，这三大企业是互联网文化产业领域的新生力量。

阿里巴巴从2013年开始，力图打通线上线下各种渠道，让消费者全天候购物、互动和体验，阿里巴巴用资本快速铺就的O2O已涵盖社交、移动、视频、旅游、地图、本地生活服务、零售百货等诸多行业，虚实共融的"O2O消费王国"已基本成型。

类似阿里巴巴，腾讯借力QQ、微信和腾讯微博为代表的社交工具，建立了一个以微信平台为中心（与O2O相关的业务有微购物、微生活、微商户等）、通过微信支付完成的移动闭环。

与阿里巴巴和腾讯相比，百度在O2O方面处于弱势地位。目前来看，百度地图是百度O2O最好的资产，有潜力打通线下生活服务功能。

（3）BAT战略方向与其他机构的商机

BAT正在形成一个生态系统，在这个系统中物种自由地繁衍、变异、传播，从而产生巨大活力。

第一，全业务覆盖。随着互联网在人群中的普及，BAT三巨头长期的发展方向必然是成为"全业务公司"，全方位满足网民们的生活需要。

第二，全入口接入。BAT成为"全业务公司"有其迫不得已的原因，因为任何业务都有可能成为引向其他业务的入口，比如从搜索转向娱乐、购物，或由购物转向娱乐或本地生活服务。在"流量决定一切"的互联网经济中，这一特点至关重要。因此，当他们想要成为或者留在互联网经济的第一阵营时，全业务公司是其必须遵循的战略。

第三，全价值链模式。对于产业链上下游的资源争夺是BAT三巨头未来的主要竞争方向。全价值链模式不仅与客户的体验有关，也与盈利模式有关。当客户进入互联网情境中消费某些服务时，他们需要无缝衔接的体验，这就要求企业提供从入口到搜索或推荐，再到选择，然后支付，最后是递送或物流的全价值链服务。

以上过程从负面的角度看，整合的过程必定会产生大量的耗损与失败，人们永远无法预期结构性变革的变化幅度和速度。也就是说，当前三巨头的整体文化产业商业模式还不清晰，尽管它们占据了多个入口，并且形成了全面业务组合和全价值链，但是在实践中它们如何形成一个具有可实现性和盈利性的整体尚不明朗。这就是其他企业的发展商机。

2. 依托平台的数字化生存及新趋势

在中国，BAT三巨头是现实中互联网文化产业最大的平台。几乎全部文化企业，包括很多传统企业，都在为BAT打工，同时，这也是这些企业数字化生存与发展的机遇。

（1）线上平台与线下消费

互联网文化产业的典型特征就是对线上与线下两个平台的O2O整合。移动互联网技术的成熟，让即时营销需要打通O2O通路：在线上进行营销、宣传、推广，然后将客流引到线下去消费体验，实现最终的交易，在交易完成之后，线下的用户再通过线上平台反馈消费体验，并且在线上交流，从而实现了由线上到线下再返回到线上的整个营销过程。整个人类的消费基本模式已经变道走上O2O模式，比如，电影票、餐饮、打车、生活服务等方面，无现金社会成为趋势。

所有业务都可以在线上与线下展开营销，这也带动了产业链嫁接模式的变革。比如像《愤怒的小鸟》这款游戏正在做主题公园，接下来做动画电影，它就可以变成更大的产业链。

利用线上平台还可以实现多种经营的同步，在销售主要产品的同时我们可以在其中植入广告，形成系列化的营销行动。例如健康旅游，而线上会员除了进行线上消费，也可以被带入线下的消费活动之中。

移动互联网实现了非标准化服务的电商化。人们可以随时随地通过线上平台反馈自己的消费需求，线上平台在处理需求信息的基础上在线下为消费者提供服务。人们的文化需求大多都是非标准化的需求，这些需求容易变化，本地化与多样化的特征明显，消费者需要在线下特定场景进行选择消费，很难实现标准化。在PC互联网时代，这种非标准化的需求是很难满足的，但是移动互联网的移动线上平台让文化这类非标准化的需求可以通过O2O模式得到满足，从而让互联网文化产业真正具有了发展的可能性，互联网文化产业正是为了满足人们的非标准化的文化需求而存在的。

（2）新媒体与平台创新

新媒体主要就是指以BAT为代表的互联网企业，是互联网文化产业的核心要素，正是新媒体的产生、应用推动了互联网文化产业的兴盛。百度、腾讯、阿里巴巴分别在搜索、社交和电商领域确立了自己的优势，原本他们都主要是互联网公司，并且以平台为主要优势，但现在他们将平台与文化产业相结合，促成了互联网文化产业的平台创新。如何借力新媒体实现自身的快速发展，这是每个文化企业甚至传统企业面临的机遇与挑战。

互联网文化产业的创新动力来自互联网，而互联网所能提供的新媒体平台是独有的，这种新媒体平台改变了传统文化产业的营销模式，孕育了互联网文化产业的辉煌。

（3）垂直平台的经营优势

互联网文化产业中的BAT是处于主导地位的综合平台，所谓的垂直平台，占据某一个细分的垂直领域，为特定的、有针对性的客户提供服务，重在挖掘特定客户群体的需求，借助于移动互联网深入到特定用户群体的生活的方方面面，如蘑菇街、美团网、大众点评网、陌陌等都利用了垂直平台的经营优势。作为本地生活服务市场的赶集网和大众点评网，在PC客户端的发展并不突出，但在移动互联网时代，这两大平台分别在服务类信息的细分领域中进行深入延伸，取得了良好的成绩。得到、知乎、有书、十点读书同样坚持知识领域的服务，形成了自身的垂直平台。

垂直平台聚焦于细分市场，对行业和产品的理解更为深刻，因而也更容易做出特色，满足某一类用户群体的个性化需求，而人们的文化需要一般是千差万别的，而且会有很强的地域性、群体性特征，因此，垂直平台事实上十分符合文化消费领域的需要，可以根据不同的文化群体或不同的地域文化开发有针对性的垂直平台，就某一细分的特定客户提供各种延伸性的文化产品，相应地，其盈利模式也会更加多样化。

四、文化企业商业模式的构建基础

顺应经济领域的发展趋势与时代方向，企业的生存与发展才能得到保障。本书在中篇探讨过商业模式的三个层级：通用的、行业的和企业自身的。在三个层面上把握住趋势，才能成功构建企业自身的商业模式。本书中篇已经对通用商业模式进行了解析，这些解析需要进一步立足时代的发展趋势，才能应用到企业自身的商业模式构建上。

1. 五种合力驱动数字化的时代趋势

我们如果认同四大趋势：文化与科技的融合形成双驱动、双提升的趋势；内容产业驱动信息产业的趋势；娱乐无边界的生活方式趋势；青少年成为数字娱乐主流消费者的趋势。人类社会整体状态数字化将成为一种真实的趋势。

生活方式和数字技术之间存在互相加强的现象。上网越多，我们就加强了上网的力量；上网越多，网络改进得越多，反过来吸引我们越多，相互之间谁也离不开谁。生活方式对网络产生了一种足够的依赖症。

第一，人们的生活方式对某个领域产生巨大依赖的地方，一定是商业价值非常大的地方。消费者对它的依赖度越强，它的价值、价格就会自由上涨。中国移动的盈利排在全球的第一位，比全球第二、第三加起来的市值还要多。也就是说，中国移动是全世界最贵的公司，而消费者仍然玩得欲罢不能。

第二，青少年消费者的文化体验更加短、平、快和互动化，包括企业提供的东西要不断地更新。

第三，数字技术的创新与文化创意内容相互依存。硬件和软件平台一体化的创新和文化创意内容具有相互依存的关系。提供的内容越多，创新速度越快。创新速度越快，能够提供的内容就越多。

第四，电信运营商服务进一步强化媒体化、平台化、技术化和移动化。现在互联网移动化以后人们觉得很方便，所以人们对它的依赖性进一步加强。电信运营商现在基本上成了媒体中心，它现在是寻求生活工作娱乐的新力量，推动着我们走。

第五，网络购物促进"宅人们"的数字化消费生活。

2. 数字化通用商业模式的特征

在数字化浪潮之下，文化企业需要根据内部条件和外部条件构建自身的核心竞争力，构筑和更新自身的商业模式，找到更进步、更实用化、更商业化的一种商业模式。企业必须面向大多数，其商业模式具有一些共同的特征。

（1）品牌化和延长产业链互相促进

以媒体品牌为例，新媒体和媒体产业创造了新的机遇，这里面同时为产业链的完善提供了便利，产业链越长，品牌越多；品牌越多，产业链越长。有品牌效应就可以延长产业链。

媒体的跨界整合可以带来资源的集约应用。在未来，一个节目很可能形成各个不同的版本，都可以形成一个链条上面的消费。中央电视台第三套的节目里经常出现《星光大道》节目上走出来的那些人，这样可以有效地培养品牌效应，从而有助于产业链的延长。

（2）五位一体的平台

在数字化产业下，相比较而言，基本上多数的钱是由平台公司赚走的。最好的平台公司就是互联网这种平台。这个好的平台有四大特点：其一，能够传播内容；其二，能够交易内容；其三，能够下载内容；其四，能够自制内容；其五，能够开发延伸产品。

相比较而言，传统的媒体是一个小平台；互联网基于其传播信息的媒体属性，是一个无边界的大平台。无边界的平台可以实现规模化的无边界，另外，它的成本比较低，这个时候它具有巨大的优势。无论是专业化的视频网站平台，还是移动互联网终端平台，都将逐步垄断产业利润。

国外产业链的特征是内容为王，而在中国产业链中则是平台为王。平台的模式是主流商业模式，其中最好的平台商业模式就是互联网的模式。从长期发展来看，这种平台为王的状态，对大企业很有利，但是对国家很不利，因为没有人愿意做内容的品牌。

（3）数字全产业链产业集聚

打造全产业链的数字文化产业园意味着可以打造虚拟形象、数字影视动漫内容、植入式广告经营、内容频道经营和移动新媒体平台。全产业链的数字化的产业园是大家的业务都不一样，共同组成了一个大的数字产业园，避免了无秩序的同质化竞争，从而形成了规模化的整体效益，形成了良序、稳健的市场竞争体系。

（4）体验力提升

随着科技的发展，可以用数字技术来提升娱乐内涵和艺术表现力，尤其是大力提升传统娱乐产品和艺术表演产品所没有的体验力。

数字技术给我们带来了传统产业和传统表演中没有的体验，注意这里强调的是一种体验。数字技术让五个方面的体验都比原来的要强，或者是深入，或者是深刻，或者是更大。第一，丰富性。传统的产业和表演没有立体化的视频表现。第二，多样性表现。我们可以远程观看视频，可以互动，可以共同体验，大家可以竞技。第三，时尚性的表现。视觉增加了每块设计的体验。第四，创新性的表现。第五，便利性的表现。宅男也可以拥有娱乐的全景图。这五个方面的表现使数字技术带来的艺术表现力和我们的体验感觉超乎寻常。

（5）文化融合特征

对外来文化借鉴、与本土化结合，是一种新方向。中国成功的数字文化产业公司基本上都是包括了对国外商业模式的借鉴和对国内本土化特点的结合。美国人做娱乐产品的时候不怎么强调文化，但仍然做得很好，最主要就是先借鉴再本土化，很多产品都包括了对国外商业模式的借鉴和对国内本土化特点的结合。

3. 企业自身商业模式的构建

行业层面的商业模式，需要立足不同行业专业领域进行专门的分析，本书将在后续章节进行介绍。如果企业再进一步根据现实资源状况，面对数字文化产业发展的几个基本趋势及行业特征，则可以通过对四种管理方法的把握，来构建自身的商业模式。

（1）三种力量的聚合

三种力量指的是文化的力量、科技的力量和管理的力量：以文化的表达为目标，以科技与艺术的融合作为手段，以企业经营管理作为融合提升的关键要素。文化驱动管理，文化提升科技，管理提升文化。

需要看到，数字技术在文化产业里面并非一种简单的科技，而是一种艺术的表现手段。科技和艺术之间已经分不出是艺术影响技术还是技术影响艺术。乔布斯曾经认为，苹果公司取得的成就应该是人文科技和创造的结果。公司要懂人文、科技、管理。

（2）突出重点技术

要通过文化科技融合来提升产业价值的时候，需要关注的核心领域和核心方法包括以下四个方面。

第一，构建大平台所需要的信息技术及其电子产品领域。今天人们的模式主要是平台模式，所以企业的商业模式和经营管理要与平台模式相关。

第二，和艺术表现相关的实景演出，如大型的实景演出需要很好的声光电设备。

第三，和文化艺术内容传播相关的各种技术手段。

第四，将科技作为竞争力要素和深化娱乐体验的软件技术领域。把这些东西作为企业重要的核心竞争力因素。技术总是要为某种东西服务的，在文化产业领域里面，可能要与娱乐体验相结合。

（3）不断形成跨界融合

跨界融合的实现是一个持续的过程，要关注四个方面：

其一，要争取形成平台融合，比如时尚电子产品，特别是智能手机，一定是一个跨界的平台。

其二，数字内容的体验，植入式的广告成为一项专业业务。这项专业业务形成以后，会促进游戏和广告跨界的融合。新的广告方法在不断创新，现在植入式广告有无数种植入方法。

其三，网络购物和平台文化消费是一种内容的大融合，比如苹果公司就是世界上最大的内容下载平台。

其四，利用数字技术改造传统的影视作品和舞台表演，以及数字化营销等都是跨界的新成果。在未来，很多营销方式可以通过微电影进行。未来的微电影可以很人文、娱乐化、很小众，同时也形成新的跨界营销。

（4）站在竞争者的视角看问题

谁是我们的竞争者，我们就要站在对手的视角来看问题。数字出版是一种趋势，也是一种挑战。

五、新行业类型及通用生存工具

企业商业模式的构建不但要符合通用层面的商业模式规律，也要符合行业层面的商业模式规律。行业层面的商业模式，往往立足于一个时代的社会分工现状以及重大的科技发展趋势。

1. 移动时代文化产业的行业重塑

全部现实世界都可以"复制"到互联网的虚拟世界中，全部历史也可以"复制"到互联网的虚拟世界中，全部想象都可以"复制"到互联网的虚拟世界中，人类的全部文明都可以"活"在互联网的虚拟世界中。也就是说，互联网已经成为人类不可割裂的"身心"组成部分。移动互联网与传统互联网对每个人来讲，不仅仅是"互动式数字化复合媒体"，而且可以介入到人的整个生活中。

（1）互联网文化产业的共同特质

整个互联网曾经被定性为"第五媒体"，是继书籍、报纸、电台、电视之后人类社会心灵交流信息的第五大媒介载体。第五媒体承载信息的基本特征是多样性，其一，形式的多样性，综合了视频、音频、图像、文字等表现形式，被称作"多媒体"；其二，内容的多样性，真真假假的海量信息；其三，传播的多样性，互联网信息的流动不再是传统单向度的传播，在互动基础上形成的信息潮汐分布，令互联网信息流动关系积极负责，互联网成为一个动态变化的"信息海洋"；其四，信息的即时性，互联网信息与现实世界基本同步，随时反映现实世界，也随时影响现实世界；其五，信息的个性化，在互联网上没有信息的孤岛，但是也可以定制接收信息，借力技术从信息海洋中筛选信息，同时也可以随时发布信息，打造"自媒体"。

企业的发展必定立足于这个现实，在"信息大海"新时代的文化产业企业，无论怎样划分行业，本质上都一定是"互动式数字化复合媒体"的新媒体平台。当然，当前最大、最有影响力的新媒体，就是BAT三家企业。

（2）基于企业运营立场的行业划分标准

从不同的角度看，行业划分的结果是不同的，可以站在宏观的经济结构角度静态划分，也可以站在企业经营的动态角度划分。

站在静态结构的角度看，未来互联网时代经济可以分成三大领域，即线上的虚拟经济、线下的体验经济、物流经济，在此基础上可以再加上金融等服务，这就是3+1四大领域。比如，卖家在淘宝网上卖某某公司的坚果，物流运送过去给买家，线下买家好好享受，投资商觉得这家公司有"钱途"，于是不断支持这家公司。但是，站在企业经营的角度，一切以市场需求为导向，企业必定构建O2O的线上线下综合商业模式，打通产业链上下游，自成生态，比如，这家公司要有网上自己的店、合作的物流公司、线下的供货商，甚至进一步组建消费者俱乐部。所以应当从市场的时代需求来划分行业，对企业的运营才更加具有实践意义。

进入移动互联网时代，每个人的生活方式正在实质上被互联网改造，新生活方式不断被技术塑造，被塑造的新生活方式产生新的需求，新的市场需求推动技术的再创新。市场层面的具体需求实质上不断变动，前天大家需要人人有个博客，昨天变成了人人需要微博，今天人人离不开微信，明天又将会怎样？通过具体需要、需求，分析并把握更深层、更本质的市场需求，才能把握市场的脉搏。

事实上，人工智能的高速发展已经让人类的最本质需求开始成为社会与经济发展的现实动力。人类这种理性动物总是追求理想生活，而对理想生活的追求包括两个方面：其一，生活的需要；其二，成长的需要。

所谓生活的需要，就是过日子的需要，娱乐享受是核心。所谓成长的需要，从主观体验角度看，也存在些对自由的渴望，不断地这山望着那山高；从客观的心理科学角度看，实质上是"个体生命"不断成长的需要，可以再分为身体发展、心理发展两个方面的成长需要。

身体发展方面的需要，按照动物生理机体的规律发展，整体呈现抛物线的发展轨迹。年轻人体验需要最旺盛，老年人体验的需要越来越弱，年轻人更容易被强刺激吸引，老年人随着生理的老化，则更渴望回归细腻的感受。对个人而言，因为在一生的历程中，不同的年龄有不同的体验需要，追求不同的体验是始终的主题。

心理发展方面的需要情况更复杂些。发展心理学揭示，有些人的心理呈现抛物线的情况，会有一部分人老年的时候越活越"小孩"。但是，人类这种动物具有理性，也有一些人就算老死，心理的要求都在不断地提升再提升。这一方面的需要转化的需求，与身体方面的需求相比，相对更加个性、更加精神化。

每个人都有四个方面的基本需要：第一，人类共同的综合身心发展需要；第二，侧重个人心理发展的需要；第三，侧重个人身体发展的需要；第四，个人身心综合发展的需要。这四个需要在互联网时代同样存在，而且更直接构成移动互联网时代的行业划分依据与标准。

2. 需求划定的互联网行业四类型

从需求的立场笼统看，互联网企业有四种行业类型：全媒体、新教育、泛体育、大旅游。

（1）全媒体行业

"全媒体"指能够全面发挥互联网第五媒体属性的企业。互联网促成的人类新生活方式，立足于以互联网信息为中心的O2O经济生活。能够满足人类之间的信息交互，就掌握了O2O的枢纽，就能围绕信息交互形成一个系统的生态。比如微信，满足中国人日常的通信互动，且不说养活了各种各样的公众号，自身的游戏就已经赢得了丰厚的收益回报。

本书不直接强调这类企业是"新媒体"企业，是因为"新媒体"的概念在当前社会有着一定的模糊性。所谓"新"是有别于传统大众媒体的"旧"而言的，而且往往与新物理载体、新介质、新技术联系在一起。事实上，企业借力互联网的媒体属性，介入人类的信息生活才是最重要的，与采用新技术与否并没有直接的关系。例如手机的智能技术，诺基亚同样拥有，但是苹果手机才是真正的智能手机。

站在互联网经济的角度看，苹果公司应当归属于全媒体行业的企业。苹果手机基于手机智能技术，切入并推动形成人们的移动娱乐生活，成为人们生活不可缺少的一个部分，使用苹果手机过日子是一种不可替代的时尚生活方式。在苹果公司构建的"全媒体"商业帝国，腾讯的微信在支付问题上也只能低头，只要苹果公司在手机中预置相应的APP功能，一切O2O皆有可能。

例如，苹果手机随时可以变成全世界人民的微信、微博、支付宝、百度、美团、顺丰、央视、日报、喜马拉雅、银联卡，只要它愿意。全媒体可以实现收益综合化：内容、广告、会员、数据挖掘、拍卖、消费引导等，都可以形成经济消费模式。

全媒体行业存在着苹果公司、谷歌、BAT这样的巨头，同样存在依附于它们但是又相对独立的企业。互联网无边界，即使强如苹果公司、腾讯，也必须保持发展，否则随时有可能被潜在对手用新技术切入人类的社会生活方式，取代它们现有的功能，从而取代它们的商业地位。例如，BAT必须组建航空母舰联合舰队，专业的事情交给专业的公司完成，BAT必须努力保持平台的优势，同时在一定程度上开放平台，吸引更多的专业机构能够在专业领域盈利，从而确保自身不被人类社会抛弃。例如苹果公司专门设立APP Store，微信专门开放公众号的技术接口。

全媒体行业旨在满足社会的日常生活需求，个别企业很难完全垄断，强大如BAT，也仍然留存了美团等机构的发展空间。苹果手机占据了智能手机的龙头地位，但安卓系统手机也仍然在竞争。而且，个人的成长与发展极具个性化，全媒体行业的企业可以为大众提供通常的社会生活方式，但不能完全满足个人的成长需求。

（2）新教育行业

新教育行业立足互联网，为个人的精神成长与发展提供帮助。新教育行业突破了传统线下当前教育的形态，让知识的传播与学习普世化，为每个人的心理世界的发展与进步提供了平等的机会。由此，个人社会地位提升与发展的需求，让新教育行业区别于全媒体行业。

新教育行业的形态可以是娱乐性的，但根本是帮助个人心灵的成长，例如"得到"的发展，罗振宇及其引入的师资，课程很轻松，但内容的含金量是其吸引"粉丝"的立身之本。

（3）泛体育行业

泛体育行业立足互联网，更加侧重个人对身体发展与体验的满足。医疗行业的互联网生存，更多地属于全媒体行业，医疗是面向基本生活状态的。而对身体健康保持与改善的需求，更加具有个性化，每个人的需求是有差异性的，并没有严格的标准。

这种需求的满足，可以是精神上的满足，也可以真实地进行体验。例如，观看橄榄球比赛电视转播的死忠球迷，可以是天天坐在沙发上吃薯条的超级大胖子，他事实上是通过观看比赛，满足了关心自己身体健康的心理需求，与购买健身卡但从来不去的人很类似。当然，真实地参与体育活动的人，通过体验满足这种需求更加真实，但是这类体育行业的重点也是满足人们关心自身成长与发展的需要，而不是真的改善。例如，从医学的角度看，天天快步走事实上更容易引发膝关节的劳损，而不是能健身，快步走行业更多是基于人们不正确的认知，满足了人们对身体健康的心理需要。泛体育行业本质上是建立在健康体验的需求之上，与确保真实健康的医疗行业并不一样。

（4）大旅行行业

互联网正在重塑人类的生活方式，传统的生活方式正在崩塌，我们这个时代的人并不是能直接过日子就可以了，或被动、或主动地跟上互联网时代对社会生活的改变才不会被世界抛弃。探寻并确定自己在世界上的正确位置，成为很多人希望主动实现的梦想，能够帮助人们进行探寻并满足这方面需求的企业，属于大旅行行业。社会是一本大书，不但要读，还要体验身心同时成长的需求，让大旅行行业得以成立。

互联网时代的行业归属标准，依据消费者的需要而不是产品本身的当前载体。例如同样是小说，供人消遣的网络小说归属全媒体行业，娱乐是它最重要的特质；把经典名著予以梳理，服务于人们阅读它们以提升通识，则属于新教育行业。再例如，同样是一家咖啡厅，线上O2O它的如果是美团，那么它是全媒体行业的线下实体；如果线上O2O它的是一家教授如何制作咖啡的教育网站，那么它隶属于新教育行业；线上如果有美食地图公众号推荐它的优雅环境和特质，那么它隶属于大旅行行业。再比如，一座博物馆，可以是娱乐空间，可以是知识学习空间，也可以是运动休闲体验空间，还可以是旅游目的地。

3. 互联网生存工具

互联网对人类而言，就像正在不断发育长大的新器官，不可缺少但又不知所措。没有人能够真正确定它会和人类形成怎样的关系，但是人工智能、大数据等数字技术势不可当，密切关注目前已经确定与企业生存发展的相关联的领域，是当前企业互联网生存的基本功。

（1）视频化

人类的信息获取80%来自视觉，视频在互联网上是众多信息传播最重要的形态。关注视频技术，研究视频对消费者行为的影响，掌握视频摄制，必将成为类似照相一般的事情。

（2）机器人

人工智能导致机器人快速进入人类的生活。将来甚至可能会开发出很好的机器人配偶，会生产出非常有情商、高智商的生物机器人，比如，它只会迎合人类而不会惹人生气。

（3）生物工程

生物基因工程的进步将引发人类生命的医疗变革，同时也会引发各种生活方式的变革。上述分析的四大行业都将受到相关技术进步的影响，诞生新的业态。

（4）工艺美术技术

所有文化产业的落地都需要创意的产品化，产品本身既是商品，也是文化载体。载体本身的工艺美术水平，不决定文化产品的对或错，但决定此商品消费的多与少。例如，同样是安卓手机，同等功能下，漂亮的总会卖得更好，因此工艺美术是提升企业经营状况的重要关注领域。

第十三章

全媒体型中小企业的生存

全媒体行业满足了互联网时代人们过日子的需要，并不是传统媒体转移到互联网就可以满足的。全媒体行业的企业，基于互联网在生活中不可或缺的地位，跨界融合线上、线下多个领域，并且运用影、视、音、漫、刊、报、播等视觉、音频、文字、图片、广告多方面的成熟的商业手段，带动各种经济消费形成了商业模式。

一、全媒体行业的生态构成

全媒体行业是一个同类属性的企业整体生态。从逻辑关系上说，其中包括三大环节：提供数字文化的各类内容企业、协助数字文化变现的平台企业、将核心IP延伸转化周边产品的种种企业，这三者类同电影、电影院、原声大碟之间的关系，彼此共同形成线上产业链生态，并进一步向线下O2O融合。其中，平台在中国是主导行业发展的核心动力。

1. 传统媒体的涅槃

互联网平台不是传统意义上的媒介，不仅仅是信息的通道。基于交互技术、金融技术等，平台本身就是互联网上的市场，可以进行现场交易，完成闭环的经济消费活动。这个平台上的过程，需要支持各种类型信息的交互行为。平台的功能其实正是传统媒体融合的形态。

（1）传统全媒体与互联网全媒体的不同

面对互联网的挑战，传统的传媒媒体通常的策略是做跨媒体。跨媒体是比较容易做的，比如做杂志的同时做电子阅读就是跨媒体。跨媒体策略只短暂有效，因为媒体是可以相互替代的，网络媒体今后可能替代纸质媒体。

常规意义的全媒体指电视、报纸、杂志、网站等所有媒体形式完全都有，这种全媒体也是短暂的。因为传统媒体的转型关键不在形态的转变，只有在战略规划中以资源和产业链为中心来思考品牌的跨媒体或全媒体，才有价值，比如《上海第一财经》，"第一财经"品牌就有价值。

在互联网时代，全媒体的概念不仅仅是现有媒介，今后所有的介质都是媒体。在此基础上进行"无处不植入"的结合，所有地方都可以植入广告，所有地方都可以变成传播的媒介，所有的内容均能促成现场交易。全媒体传播的所有东西可以保持纯粹的信息，同时均可以通过技术升级成为消费的场景，这是真正的互联网全媒体平台。比如，现在的优酷视频节目仅仅是插播广告，在未来不但视频中的道具是植入广告，而且点击鼠标就可以购买。如果看见男主角的服装好，就可直接点击进入官方淘宝店。

（2）媒体融合

大众信息资讯的获取、休闲娱乐的依赖以及社会交往的需要，已经迅速、广泛地从传统媒体转向以互联网、移动互联网为代表的数字新媒体。大众已经通过多媒体智能终端（电脑、手机、数字电视）进入网络化生存，2014年可谓传统媒体"媒体融合元年"。

"媒体融合"原意是指各种媒介呈现多功能一体化的趋势。媒体融合有三个层面：其一，媒介技术层面进行跨媒体融合；其二，组织层面对媒介功能、传播手段、所有权、组织结构等要素进行融合；其三，产业层面的融合，市场边界逐渐模糊，产业链相互连接，网络、媒体、通信三者的"大融合"，是全新的大媒体产业。

（3）传统媒体的转型之路

互联网使得传媒业生产去中心化、被边缘化，媒体专业权力在消解，互联网自成中心。比如很多人希望图书或者报纸转型，简单地跨媒体是转型不了的。真正的转型，需要用互联网的思维实现业务的扩展，而不是将报纸和杂志搬到网上去。

2. 全媒体行业的诞生

互联网文化产业的创新动力来自互联网，而互联网所能提供的多媒体技术平台是独有的，而且是互联网文化产业的核心要素。各种新媒体形态的产生、应用，推动了互联网文化产业的兴盛。

（1）全媒体行业的中心

百度、腾讯、阿里巴巴分别在搜索、社交和电商领域确立了自己的优势，是平台与文化产业融合的典范，是互联网文化产业的平台创新。他们充分发挥互联网的强化中心功能，将自身变成互联网生活的中心，将其他机构"去中心化"。

以BAT为首的各种新媒体业态形成了独特的全媒体行业生态。互联网全媒体所具有的互联平台优势可以提供新的营销途径、广阔的受众群体、准确的客户信息，从而创新文化娱乐产品的营销方式。运营"粉丝"、建立口碑、形成社群、创造话题、输出内容、与受众互动已经成为互联网营销的主要内容。

也就是说，依托于BAT三大平台，各种内容企业蓬勃发展，已经拥有庞大的"粉丝"群体的各种版权（IP），反过来也让BAT平台的内容更加丰富多彩，平台效应更加强大。BAT综合的全媒体生态越来越丰富成熟。从世界范围看，推特、Facebook自成平台，苹果手机更是借力终端，建立了自己的全球性互联网帝国。

（2）全媒体行业的次中心

由于社会需求的复杂性，综合平台可以满足更大众的口味，但很难立刻全面占领市场。这就有了其他次中心竞争成长的空间。

相对于BAT这些以覆盖面广、种类多而取胜的平台模式，垂直平台锁定局部市场，提供专属定向服务，挖掘专项需求，形成独立的消费体系，如蘑菇街、美团网、大众点评网等，都是垂直平台。当然，理论上还有第三种平台，就是拥有独家产品的小而精的平台。

平台与自媒体的区别在于，平台上的内容并不仅仅是由平台拥有方独家提供，而且联合接纳相关力量入驻，形成综合影响力。比如喜马拉雅，不但推出各种自制音频，同时引入各方面的"大咖"，如引入马东的"好好说话"付费课程。

3. 全媒体行业的生态

全媒体以各种互联网平台为中心，各种内容提供方、各种IP被授权方、相关服务公司，共同形成全媒体行业的产业生态圈。不同的传统文化产业领域的企业，性质是不同的，比如电影制作方与电影院是不同的，企业必须迅速认清自身的角色与位置，采取符合行业规律的行动，融入互联网生态圈中，才能在未来立于不败之地。

（1）内容企业的转向

面对BAT等互联网庞然大物，内容企业迎来了自身爆发式发展的春天。互联网最不缺少的就是信息，但是，互联网最缺少的永远是有内容的信息，因为，只有有内容的信息，才能在信息海洋中脱颖而出，才能为互联网平台带来交互流量，才能为互联网平台带来商业价值。在2014年的上海电影节上，博纳影业董事长于冬曾一语惊人："未来，电影业都将为BAT打工。"对传统电影业来讲，这或许是事实，但对电影创作人才而言，BAT让他们有机会挣脱传统电影发行机制的枷锁，其权益得到多方面的保障。

信息并不意味着有意义，有意义的信息叫作数据。数据并不意味着有价值，有价值的数据才有内容。只有通过大数据的数据挖掘，生产出内容，才能帮助企业发展。能够生产出内容的企业，永远是互联网的宠儿。

也就是说，电影、电视、音乐、动画、漫画、杂志、报纸、广播等各个传统文化产业领域的创意人才，在互联网中将拥有广阔的前途。创意不是产业，但它永远是文化产业的核心。在无边界的互联网海洋中，强如微信也可能随时翻船，创意的战略作用将会越来越受到重视。电视台的收视率持续下降，但是电视剧在互联网上的点击量却不断攀高，《麻雀》《好先生》《琅琊榜》《甄嬛传》等点击量超过百亿，这在电视台播出的时代是不可想象的。

积极探索适合市场的盈利模式、经营方法，才能构建自身融入互联网的企业自有商业模式。

（2）传统平台的生存

传统媒体中前四大媒体，都曾经经受过后续诞生媒体的革命性冲击，但是它们都找到了自身的新的定位。书籍杂志没有被报纸取代，风靡巴黎的小册子虽然没有了，但是深度、系统地转播人类思想情感的杂志仍然在生存。报纸没有被电台取代，各种新闻消息虽然没有了，但是专业深度解析新闻的报纸出现了。电台没有被电视取代，各种新闻、娱乐大量减少，但是交通台出现了。越来越多的人不再看电视，电视剧更多地变成了网剧，电视台何去何从？积极拥抱变化才是真正的生存方向。

（3）传统周边企业

线上与线下同样是各种传统周边企业的发展方向，无论是从京东的"6.18"大促销，还是年尾的"双十一"，移动互联网电商已经非常火热。数据显示，在日常生活中，移动电商不论是周六还是周日都是和平时一样，没有出现明显的波动。但线下的客流完全不同，一般周末是高峰，周一是低谷，分布非常有规律。O2O模式的普及得益于移动互联网的成熟，移动互联网从技术上使线上与线下之间的互动转换成为可能，人们利用手机等移动终端可以随时随地查收线上信息，然后进行即时消费。

在全媒体领域里，以BAT为主的大平台已经形成平台为王的生态，从商业层面冲击BAT几乎不可能，即使以互联网次中心为目标创业也越来越机会渺茫。中小企业现实的生存之道，要么避开这个大的领域寻找机遇，要么就要集中精力做内容，急BAT所急。中小企业经营之道的核心在于产品。

二、时尚产品是经营的核心

企业首先需要确定自己在行业产业链中的位置，认清生态环境，其次它的任务就是始终围绕时尚产品的开发、生产、营销进行运营，并不断构建企业层面的商业模式，从生存走向发展。社会流行或时尚被产品化，就是时尚产品。一般的时尚产品只在一段时间内具有生命力，长期流行的时尚产品则成为时代的文化经典。

1.时尚为何物

社会热点与流行本身并不构成商业，但时尚被产品化之后形成可复制的时尚产品，才能成为文化企业经营的核心。

（1）时尚与营销

时尚是一种符号，它与我们的很多精神消费密切相关。时尚的符号通过明星和奢侈品代表了我们的精神消费，包括娱乐当中的最前沿、最高端的领域。换句话说，人们最渴望得到的某种东西，时尚就通过明星来让人们得以实现，比如和明星接触、听明星演唱会等，通过这种方式让人们和明星之间产生关联，或者说，产生与奢侈品之间的关联。人们认为拥有了奢侈品，就能够代表他们精神需求中最高的消费，这种消费其实是被自己塑造出来的，是通过很多经济活动和营销活动打造出来的。所以，简单地说，我们很多流行的东西背后一定有很多的营销策划。

（2）时尚产品的奢侈品定位

时尚产品的营销与常规商品的营销本质是不一样的。比如很多人都认为三星公司肯定比不上苹果公司，因为三星公司每年花在营销上的钱是140亿美元，而苹果公司只有10亿美元的营销费用，但它的品牌价值比三星高1倍。从某种程度上而言，苹果公司的产品就是奢侈品，只不过它不是把一般的日用消费品打造成奢侈品，而是把电子产品变成了奢侈品。所以，现在的苹果手机和苹果平板电脑实际上是一种时尚娱乐电子工具，而不能简单地被叫作智能手机或智能平板。

智能手机是对现在目前多数手机的共性的总称，这只是技术的呈现。但是，苹果手机则有三个特性，一个是技术的，一个是文化即时尚的，一个是品牌。时尚和品牌让同等技术的苹果手机附加价值更大。苹果手机首先是一种时尚产品，其次才是智能手机或者平板。也正是这个原因，苹果公司成为全球化的文化产业全媒体巨头。

（3）电影与音乐的时尚性

时尚变化最大的一个领域就是电影和音乐，这里面的明星和流行元素最多。好莱坞电影里面明星的打扮大多数都代表了最流行的东西。好莱坞既是个电影之都，也是一个流行文化之都，更是明星、品牌、流行元素的发源地。它的影响方式是先通过电影和音乐，再通过明星带给观众，反过来，这些元素又体现在各种产品上，产品本身变成一种流行，产品与流行互相牵引。因此，明星、奢侈品、电影、音乐、文化、艺术和娱乐这些东西永远是捆绑在一起的，因为它们都具有前沿性、新潮性的特征，很容易获得人们的关注和传播，再加上人们对品牌的忠诚，这样就形成了牵引消费者往前走的力量，这种力量也是一种软实力。所以，娱乐或文化产业需要把音乐、明星、明星的时尚、时尚的媒体传播、营销力量这几个因素整合在一起。

2. 奢侈品是时尚产品的极致

基本上所有的奢侈品都是和大明星有关系的，苹果公司2010年的利润达到73%～78%，平均利润高出了路易威登5个百分点，当时它的最大明星广告代言就是乔布斯。

（1）商品代言新模式

一般来讲，奢侈品要有两种广告代言人，一种是设计师，另一个是做广告的明星。中国的奢侈品基本上都是找人们所熟知的明星，但是苹果公司超越了一般的代言形式，它让很多搞电影的、搞娱乐的人都喜欢上苹果公司的产品，这样一来，很多电影或电视剧中的角色使用着苹果手机或苹果电脑，苹果公司就有了无数的免费植入广告。

苹果公司所达到的这种效果颠覆了以往的广告营销模式，在十年内它的品牌价值就达到了历史巅峰。很少有公司像它一样达到这种程度，大家愿意把它当作一种无形的植入广告来处理，大家做什么都用苹果公司产品的形象，那它就是一个品牌形象。

（2）品牌本身成为明星

品牌最终的结果就是让品牌自身成为明星。奢侈品是什么，就是大家认同的好产品或者真正的精品，这种精品并不仅仅是从技术成本来说的，它还带着流行的价值，它不会被淘汰，它具有被人们的心理所喜欢的某种形象。

所以，奢侈品"奢侈"与否完全取决于消费者的消费能力，我们不妨将之翻译为豪华产品。所谓豪华，是指它超过了必需品的范畴，换句话说，人们买它的目的并不是因为缺少这样一件产品，而是为了满足心理需求，因此，奢侈品肯定是一种软实力。

（3）奢侈品长青的正向循环

时尚首先代表潮流，但是潮流的特点之一是来得容易去得快，然而奢侈品往往能永远保持潮流。这取决于两个特点：第一，它能够抓住当下的流行元素；第二，它能够通过当下的某些元素转换成人们永久的需求。因此，奢侈品既是当下的，又是永久的。

奢侈品从业者不仅仅要分析人们当下的心理爱好，而且要从人性和文化的特性角度塑造品牌和品牌个性。换句话说，也许并不是奢侈品把握了永久的流行，而是它创造了这种流行。一旦能创造流行，那就能永远把握这个流行，而不需要研究到底什么东西现在流行，将来还会不会流行。

流行元素千变万化，·这其中包括传媒的力量、品牌的力量、明星的力量，所以，这里有一个正向循环的问题。当进入正向循环的时候，自己的产品当然就是好，别人会替自己的产品辩护，就好像明星打个喷嚏，别人都不会认为他快感冒了，而说这是一种行为艺术。明星、奢侈品代表了某种前沿和潮流的方向。

3. 传统内容商业模式的完善

创意是不受束缚的，但是，商业领域的创意，必定要遵循商业的逻辑，"时尚与否"是全媒体商业模式的产品创意的根本标准，而且它需要产业链的系统支撑。多媒体创作所涉及的电影、视频、音乐、音频、图片、照片、动画、漫画、文字等，就创作的能力而言，互联网企业并不比传统文化产业领域的内容生产企业更高明。但是，与市场中打拼出来的国外企业例如好莱坞比较，中国文化产业内容生产商本身的状态很多并不符合行业本身的市场要求。如果不能尽早完成补课，互联网生存就是一句空话。

（1）决策人员的成本意识不够

比如很多采购人员不了解，电视剧对演员的依赖度是最低的，对演员依赖度最高的是戏剧。这些因素都直接影响成本。动画、电影、电视等各个行业各有特点，必须要分开研究。

（2）艺术和产业界限不清晰

中国的导演和编剧往往比较偏艺术，更在乎圈内人对自己的评价，而不真正关注票房。结果中国就是做不出好莱坞的动画电影那种比较有创意、有品位、娱乐性又比较强的作品。

（3）影视动漫基地孤立化

在日本或者在美国没有动漫产业，没有动漫基地，漫画人才会进入出版业，动画人则进入影视行业。世界上根本就不存在动漫业，中国的好多动漫基地，实质是把做动画和漫画的人关在一起，隔离了新闻出版界与影视界，所以，中国的动漫基地都是失败的。影视基地更多地服务于电影制作，经营状态似乎更健康，但是同样没有与院线发行、宣发、周边产品等产业链企业在一起。好莱坞就是一个产业城，并不是独立的影视基地。

（4）缺乏产业链

当前中国影视作品制作更倾向于艺术性，缺乏产业链思维。欧美电影一直重视产业链的拓展，比如"007系列"以及美国的电视剧《欲望都市》里都是植入广告。

（5）外行进入

比如好多煤老板听说拍电影赚钱，然后就去投资，或者想捧红某个人，也去投资。

（6）市场单一

中国的电影基本上都只在国内的市场角逐。比如《泰囧》12.6亿元的国内票房，据说在美国只卖了3.2万美元。

（7）同质化竞争

中国电影市场现在供过于求，大家水平差不多，缺乏有影响力的作品。某些电影里面有很多血腥的镜头，能把小孩子吓哭了，这种电影问题比较多。

总之，特定的时尚产品是泛娱乐心理现象被创意呈现为实物，可以塑造明星并由明星推动营销，以产业链的全系统思维组合其他要素，就能形成软实力，构建出企业自身的商业模式。

三、奢侈品背后的商业逻辑

时尚产品的创意不是无迹可寻的。奢侈品是时尚产品的极致，通过对奢侈品的文化属性进行研究，我们可以探索时尚产品的商业逻辑。

1. 奢侈品的规律

国内市场很难做出国际市场那样的奢侈品，第一个原因是产品的信任度问题，消费者不相信国内企业能做出奢侈品；第二个原因是打造奢侈品有一套办法，需要学习；更根本的原因是我们的思维有惰性，认为物质的价值要高于精神价值，这种思维惯性比较普遍，从而导致中国做消费品的公司没有认真学做奢侈品的方法，也没有仔细研究奢侈品到底有哪些规律。

规律第一点，奢侈品的定位往往代表了一种美好的事物，这种美好的事物是人性所需要的东西，因而具有一种创造的力量。换句话说，奢侈品和艺术收藏品是不一样的，艺术品收藏的价值来自历史或其本身的稀缺性，但是奢侈品被强调的是其所具有的创造性，比如它的与众不同、它的设计、它的颜色。

因此，奢侈品表示了某种创造的力量，从这种创造的力量中，人们感觉到的是审美与艺术。举个例子，以前青岛的别墅都是德国式的别墅，屋顶都是红的，墙都偏白，你会发现，它在松树林里，与大海相辉映，对比非常鲜明、非常漂亮，墙体很素雅，屋顶的红色与海的蓝色对比分明，就像厦门大学的校园，十分漂亮。地中海海边的很多房子就是淡白色加上红屋顶的格调，因为它和大海、蓝天正好能形成对应的关系。在一种物品的应用中，创造的力量首先表现为颜色的审美，能不能用好颜色是非常重要的。总体上，奢侈品首先代表了美好的事物。

规律第二点，奢侈品反映了人性的需求。

规律第三点，奢侈品代表了一种前进的创造力。换句话说，我们承认奢侈品的创造力。

2. 奢侈品的文化特性

代表时尚产品极致的奢侈品，反映了一些深层的文化。我们可以从以下16个角度进一步分析奢侈品的文化特性。

（1）产品的材质

中国人很看重实用性，买东西第一件事情是看产品的材质，比如看包是不是真皮的。事实上，奢侈品不一定要真皮，它要求的是材质的设计选择与材质之间的对应性，包括它的手感、质地和设计理念。手感中有很多文化的反映，比如毛皮的东西出于动物保护的理念现在用得越来越少了，反映了一种新的文化以及材质与文化之间的对应性。

（2）高端品质的内涵

奢侈品一定代表高端的品质，这与所用的材料无关，哪怕用再差的材料，这个材料经过技术加工后能够代表一种高端的品质。高端的品质有两种，一种是视觉效果，人们觉得高端；一种是质量高端。奢侈品要同时具备视觉和质量的高端。

（3）风格与个性化

风格和个性化是品牌最核心的要素，每个品牌对应于某种风格和个性化。高端的奢侈品价格很高，它是身份的象征，要能够满足人们的虚荣感。这种满足感是无形的，要对应某种风格，并不是所有东西都能产生满足感。

其实时尚品的个性化并不是真正的个性化，所谓个性化其实只是要求与众不同。皮包不能做出一千种个性，否则公司就该倒闭了，往往二十种就很多了。所谓个性只是心理感觉，很多人就挑一种款式，只是因为其他人现在还没有买而自己先买了，产品并没有真正地个性化。个性化就是一种包装。

（4）设计理念

设计的文化和理念是非常重要的。总体上来说，有几个角度要考虑，其一，设计不应该受任何限制；其二，设计的产品不一定要特别实用；其三，设计要能够代表设计师对潮流的理解。所以，有很多概念车其实是生产线上不生产的，但是这个设计品代表着一种设计的理念。

虚的东西要做到人们能真的领会虚的东西的意义，不要把它做成实的。比如，时装秀展示出来的时装只是一种感觉，那些T台上的服装是不能在日常生活中穿的，其实就是推广设计理念的服装。国外的模特大赛都是真正地以推广设计文化为目的，先做设计，然后再把模特大赛里某些部分融入某个品牌中，最后变成品牌产品。这里有一套增值的方法，即用设计的文化带动

移动互联网时代文化产业商业模式

整个产品文化。国内的模特比赛做完以后公司什么品牌都没做，这其实没有任何意义。

设计文化的应用范围非常广，对内容的设计是应用的实用设计，对外包装的设计叫审美的设计，两个方面都需要。苹果公司的产品发布就注重了这两个方面，实现了设计的震撼效果，这就是一种设计文化。

（5）设计师的地位

设计师其实就是明星，他代表某种高端的文化，或者代表某种创造的力量。设计师的身价越高、地位越高，就越与高端的品牌相匹配。所以，在国外品牌的推广中，其实很多媒体都报道设计师及其设计的作品效果，从而使人们把自己对设计师的美好印象最后转移到产品上，公司只需要宣传设计师，而不需要专门去宣传产品。设计师和设计文化，是和奢侈品或者高端的产品一体的，离开了产品本身，专门做品牌的广告是没有用的。

（6）创意加潮流的实践

创意加潮流不是一种内涵，而是一种元素，只是体现了设计师对元素的应用能力。换句话说，设计师可能善于把很多东西返璞归真，把很多看起来很本土的元素经过重新设计，变成很流行的元素，这就是很善于用别人的元素来为自己服务，是一种很了不起的能力。比如，把藏族人的服装的颜色都用在奢侈品服装设计上。

（7）奢侈品有自己的品质和工艺的传统

很多奢侈品公司的从业者身上，反映了一种追求和责任心，匠人的精神达到极致。日本有工艺的传统和匠人的精神，欧洲人也有，人家生产一件产品的价值就等于我们生产多件产品的价值。

（8）把握时尚和变动

做时尚肯定不能自以为是，关着门是无法引领潮流的。苹果公司请一个之前做奢侈品的CEO来负责营销，就是要把握时尚和变动，并且通过营销把这些时尚和变动反馈到产品设计上。

（9）企业文化

企业文化的核心价值是追求可持续发展，离开这一点，企业就谈不上发展，如果急功近利，通过欺骗顾客来谋取收益，这样的公司肯定做不长久。

（10）品牌的塑造

从品牌塑造的角度来说，中国台湾的制造业规模化生产能力比较强，但是在品牌上比较弱，他们经常学习别人的品质管理经验，但是很少有公司学习如何塑造品牌，所以现在遇到很多问题。

（11）实践上的极致和细节

一定要追求极致，并且在细节上不断地改进。比如，某件衣服的扣子应该用什么形状的、如何放置，在设计衣服之初各种问题都要考虑到。我们要想方设法提出各种各样的设计方案，加上执行的方案，在这当中找到能够体现品牌价值的最好方案。

（12）文化和历史的积淀

乔布斯创建皮克斯公司这种做法就相当于在做奢侈品。皮克斯电影公司前期整整花了5000万美元，一分钱都没收回来，等到公司快撑不住的时候产品终于大放光芒，这样塑造出来一种坚韧的品格，员工也会像领导那样耐心地积累发展的力量，而不是急功近利。在这个过程中就形成了一种文化的影响力，这就是文化的积淀，这就是软实力。

（13）对消费者的理解

对消费者的理解永远都很难达到完满，需要企业不断地进行消费者调查。对消费者的理解是奢侈品的重要方面，奢侈品需要能够引领新的消费需求。所以，做奢侈品的人一定要关注消费者的需求以及需求的变化，当然不是关注所有的人，只需要关注主流人群，然后再关注主流人群中的高消费人群。

（14）传播和营销

原来高端的奢侈品比较强调在豪华杂志上做营销，但是后来发现，在豪华杂志上做营销的受众面不够大。所以，现在奢侈品也在很多体育赛事上做营销，高消费人群看体育赛事的比较普遍。一般来讲，越是高端的奢侈品，其受众越小，所以，它越强调精准营销，越强调饥饿营销，需要保持品牌的神秘感。

（15）外部的信任度

奢侈品在中国这种环境里是不容易被塑造的，原因就是外部的信任度不高。中国要做奢侈品的最好方法就是收购海外的奢侈品品牌。但是收购奢侈品品牌也有一个问题，因为到目前为止奢侈品还没办法讲规模化，短期内要赚很多钱也不可能，管理上也存在一定难度。由于我们外部的信任度有问题，所以，我们只能一步步慢慢来。

（16）品牌

品牌依靠代言来传播。所以，一流的品牌不能请二三流的明星做代言。如果想建立一流的品牌，就最好请一流的明星，如果只能请到二三流的明星，那就干脆不要让明星代言。这里的一流既可能是世界一流，也可能是国内一流。比如李娜就是代表中国体育的一流明星，她代言了很多广告。反过来说，如果做二三流的品牌，请一流的明星来代言也不太好。这就是文化的整体感。

四、时尚商品的运营模式

时尚商品的诞生不是一蹴而就的，时尚创意的实现，需要时尚精神与时尚设计的支撑，基于理念形成企业文化价值观以及制度与习惯，才可能形成企业自身的商业模式。

1. 时尚精神与时尚设计

时尚的形成本质上是社会生活文化的当前状态，不应该打击时尚的精神需求，不能把时尚看成是叛逆或者看成个性过于张扬，不能把时尚的东西看作缺乏精神的内在需求，对新奇和流行元素的追逐有它自身的社会运动逻辑。

（1）时尚精神的培养

培养时尚的精神应该分两步走，第一步是激发人们对新奇和流行的好奇，换句话说，我们要跟着流行走，跟着真正时尚的人走，去研究和关注时尚；第二步进行审美形式的变化，我们要主动创新，不是拘泥于我们已有的审美形式，改变我们原来的审美形态。一种时尚的文化一定要突破传统，需要创新——在吸收某些传统元素的同时突破传统。

（2）时尚设计的契合

时尚并不是将内容简单地反映出来就行，它需要表现形式上的契合。也就是说，时尚精神需要时尚设计。

目前，国内在设计领域都是跟着国外走，基本上没有什么特别的创造。相反，现在外国人借助了很多我们传统文化的元素，比如《功夫熊猫》，还有一些奢侈品设计利用了中国的区域文化元素。在这些方面，中国人对时尚的理解比较落后。很多国产汽车的设计都是模仿国外的设计，这是因为这样设计费用少或者因为国产汽车不赚钱而缺少资金。所以，最关键的是要有一种很好的想法去设计自己独特的东西。

生活用品也是可以由很多元素组成的，很多画家在设计餐具，对日常用品进行高端化设计，其实这个理念也是很不错的。但是他们的设计很容易互相雷同，例如中国的设计都是青花瓷的颜色，名家做出某个造型，其他人都相继模仿。很多地方摆的瓷器都是青花瓷，高端的家具全是明式家具。现在回过头来看，我们的设计要回到我们讨论的第一个理念：设计是美好的事物。也许人们没见过这个美好的事物，但是我们可以把很多美好的元素组合在一起，让人们把自己创作出来的东西接受为美好的事物，当作一个顶级的东西，设计一定要体现人性化和某种创造的力量，而绝不能模仿。所以，时尚背后包含着创新，其必须以创造为荣，而不能简单地把模仿当作一种文化。

2. 时尚品运营模式的构建

从文化与奢侈品等时尚产品的融合的角度来说，我们需要考虑以下几个重点。

（1）领导人理念的重要

一个人打算干什么很重要，有什么样精神境界也很重要，和志不同道不和的人是不可能有创造性的。乔布斯创办皮克斯动画电影公司，与他后来做苹果公司的理念是一致的，他一直贯彻自己的理念，让大家接受一种可持续性的高品位的要求，使产品向高端化、完美主义的方向改进，这就是一种理念。

如果要做高端的品牌，想引领潮流，想拥有比较大的附加价值，想变成一个"酷公司"，那么就必须要有一个理念先行的引导，这是一个领导人的基本素质，如果领导人急功近利，就不可能成功，因为不管是塑造品牌，还是争夺市场的引领地位，都要经过很长时间的积累，正所谓厚积薄发。

（2）价值观的确立

理念要转化为一种企业文化和一种核心价值观，并且改变我们的价值观惯性。例如100万元卖1万张桌子和100万元卖1张桌子的区别，这就是价值观或思维方式的差异。我们的思维方式是多多益善，而欧洲人则是尽可能地精益求精，然后再考虑规模，所以，做事情要先思考性质再思考数量。

所以，我们要把某些正确的道理变成一种文化的价值观念。比如对于某件事物的整体判断是正确的，那就好好去做，如果判断不正确的话，那就应该先研究该做什么，然后再去研究怎么做。我们很多时候急着去研究怎么做，但还没有把该做什么这个问题想清楚。

对于该做什么这个问题，我们需要找一个标杆，看一下优秀的人是怎么做的，研究优秀的人之间有没有什么共同的规律，然后把理念变成一种文化。

（3）制度及习惯的形成

文化要变成一种制度和习惯。如果要做品牌，就要一辈子都按照某个标准努力，同时要能敏感地意识到身边的时尚元素。要把文化感觉融入行为者的身上，并使它成为习惯，就需要始终关注一个事物，和它产生血脉相连的感觉，这就能了解它身上的优点和缺点。

做某件事情一定要按照高标准做，既要原创又要可行。为此，我们就要反复地琢磨，有耐心地做试验，学别人的经验，试到自己能够掌握控制为止。比如动画工作室中的每个人做出来的东西都是评价很高的动画短片，才能下决心去投资一个大片。但是如果有时候做出来的东西评价很好，有时候评价很差，那最好先不要制作大片，因为很可能是失败的。

前瞻性也是很重要的，其意味着要突破现在。人要学会自我淘汰，否则就会被别人淘汰。例如苹果公司的手机虽然卖得很好，但是如果不持续研究创新，总有一天会被其他手机公司淘汰。

3. 文化产品的品牌塑造具有规律性

文化产品不管怎么结合时尚，一定要有品牌，否则价值就释放不出来。比如说动漫产业，形象好不好根本不是第一位的，目标是什么才是第一位的。确立目标再去想什么样的故事才好，最后才考虑形象的事。目标如果是希望将动漫改编成游戏、电影，那跟普通纯粹做动漫思考的重点就完全不一样。目标是做电视剧还是做电影，又不一样。全媒体行业的企业，需要综合把握时尚产品的运营模式。

（1）好莱坞标杆

电影工业相对其他领域更健全，中国电影产业和动漫产业存在比较突出的问题，我们以影视动漫的情况为例进行分析。电影行业的商业模式应当以好莱坞作为标杆，好莱坞的特点是综合的。

第一，全员消费。中国主要是16～35岁的人看电影，美国是全员消费。

第二，电影主题是人性化的主题。全世界有什么能够打动人心的题材好莱坞都可以找来做，并不追求特色文化。比如迪士尼，用的题材很多都是以前的童话故事，不考虑文化特点，只考虑能不能有人性化的共鸣。

第三，面向国际市场。20世纪80年代初的时候，国际市场占到好莱坞电影的1/3，现在占到好莱坞电影的2/3了。

第四，拥有产业链。有票房、有植入广告、有音乐，里面的音乐主题曲或者主题音乐可以改编成唱片，有DVD，有授权改编、玩具，甚至可以做成主题公园，还可以改编成各种音乐剧或者舞台剧，然后他的版权有长期的收入，每年都可以拿出来重新播，每年都重新卖DVD。

第五，强调内容为王。好莱坞特别重视内容、重视故事。电影故事一定是以大人喜欢的为主，而不是以小孩喜欢的为主，因为很多大人喜欢的小孩也会喜欢，但是有的小孩喜欢的大人就不一定喜欢，所以，一定要锁定年轻人喜欢的。

（2）全产业链的企业对标

如果是目标通吃型的，就要学迪士尼，品牌要面向全产业链。比如创意要符合一些条件，才有机会成为主力品牌。迪士尼认为，其一，新品牌要具有发展商品的机会，能扩展到不同业务类别，不能只在表面上，还要有各种业务。其二，新品牌应当与迪士尼品牌及其所有品牌价值紧密相连。其三，新品牌要有家庭要素，有励志精神，能引起全球公众共鸣。其四，要拥有一个由内容支持的长久计划，就是说，新品牌必须反复由内容去传播，不能打广告，品牌必须先做内容传播，等达到一定影响力再去做广告。这样累积的品牌具有长期经济增长潜力。

当然，就文化产业而言，品牌的塑造与形成规律是不同的。国外的动画电影是大制作，电视剧则重视持续性，两者的产业链是不一样的。做动画电影，就要一举成名，做动画电视剧，就要持续做，这是国际上的规律。

五、全媒体行业的泛视频营销

互联网生存的最重要思维就是全系统的产业链思维，务必尽可能创造企业自身的内容机制、平台机制、周边产品衍生机制。仅仅靠创意制造时尚产品是不够的。

1. 中小企业商业模式的打造与趋势

传统文化企业的产业链正在全面被打散，重新组合融入互联网的全媒体商业模式中去。无论是传统的内容生产商，还是传统的平台，在互联网中扮演的角色与属性，是由互联网重新定义的，而不再是传统的归属。精准审视自身是构建商业模式的基石。

在互联网中打拼的中小企业务必要意识到，在通用层面讨论的"内容、平台、周边、服务"产业链的四大块，其中内容与平台是核心，但它们之间的关系是相对的。比如浙江卫视是《中国好声音》的平台，这台节目是内容；但相对导师歌手们来讲，节目是平台，导师与歌手们是内容；相对的，导师们与歌手又成了各种代言产品的平台。对微信来讲，一家生存在微信中的公众号仅仅是内容；这家公众号如果是"千聊"，那么它本身就是众多微信直播师资的平台，众多师资的直播间才是内容；各位师资开设的直播间如果邀请众多合作者加盟，那么本身也变成了一个更小的平台，加盟师资带来的课程才是内容；师资带来的课程如果植入各种广告，那么课程就是这些广告的放送平台，这些广告才是内容。

中小企业完全可以根据自身的资源与能力，精准定位企业自身在产业链中的位置，进而形成自家的产业链小生态。其最重要的思维就是：产品即平台。

自家的文化产品，本身就是一个可以容纳各种理念的精神空间，好的时尚产品自己会说话、自己会卖货、自己会成长，比如苹果手机，从手机变成了大众生活。企业自身的产业链，往往就藏身在自己的产品之中。

2. 泛视频趋势下的商业模式趋势

互联网营销趋势上是泛视频化，但两大问题制约着电商的发展：假货、降价竞争。无边界的互联网加上规模巨大的各种电商，让产品同质化成为必然的趋势，非独家、没有特色的产品一定会陷入恶性竞争，从而使低价恶性竞争成为趋势。

（1）营销的互联网"泛视频化"趋势

微博、微信是基于个人与社群信息发布与交互的平台，网络视频依凭视觉表现艺术与网络传播平台交融，在现实中异军突起。截至2016年12月，中国网络视频用户规模达5.45亿，泛视频化成为一种互联网信息传播的趋势。

泛视频包括电影、电视、动漫、电视节目、网络长短视频等。随着宽带技术的进步以及互联网渠道的完善与丰富，泛视频作为互联网的重要内容形态在互联网领域将会越来越受到重视，因此也为视频制作企业提供了巨大的成长空间。

值得一提的是，随着自媒体的发展，自媒体的自制视频传播的能力也会得到越来越多的呈现，自媒体自制团队就是一个传统电视节目制作公司。

（2）商业模式的泛视频化趋势

互联网营销面临着恶性竞争，恶性竞争很难赚钱。互联网上大多数电商能赚钱的除了假货，还有独家产品。假货肯定不可持续，独家产品现在还比较少。但是可以预见，将来的电商应该是独家产品，"微电影+电商"应该是最好的电商营销方式——当然，也不一定只是微电影，还可能是影视、网络剧、大电影。

电商营销影视化，是时代的必然趋势。但是影视化的商业模式也存在着挑战，没有内涵的广告式视频在海量信息传播的互联网上是无法形成影响力的。而要做到吸引用户的关注，就需要内容的创意。内容的创意是视频传播的灵魂，所以，现在互联网上IP特别火，好的IP可以开发成各种各样的产品，从电影到游戏，一直到电子阅读和有声读物等。

好的IP都在抢，但是风险很大，因为它们需要转化成现实的影响力，需要具体地进行影视化。网络剧替代电视剧是趋势，趋势是要先做网络剧再卖给电视台，而不是先在电视台播放再在网上播。但是，并不是影视网络化都是安全的，网络上60～120分钟的网络大电影存在许多不可控的风险。

（3）**商业模式的新媒体生态环境**

新媒体平台与互联网不是一回事，互联网不等于新媒体，新媒体只是互联网的一种功能。互联网中可以体现媒体功能的综合形态，称为新媒体。

社会上通常讨论的新媒体有两类，一类是做成一个平台，就像腾讯的微信；另一类就是自媒体，是在新媒体平台上进一步派生出的一个个频道，可以是一个个公众号，也可以是独立的APP。

无论是新媒体平台还是自媒体，并不仅仅是传播信息。互联网生存，必定是产业链的终端产品——衍生品。从互联网生存的组合商业模式角度看，根本上，互联网上只有两种商业模式真正有前途：一种是规模很大的模式，另一种是独家经营模式。最终的方向，都是随着技术的发展，向全媒体的方向发展。

综合而言，全产业链的路径有两类：一类是互联网公司从线上延伸到线下，从互联网、线下的电影院一直到主题公园，实现多元化，凡是能赚钱的都做；另一类是做全产业链，尽可能让一个IP很值钱，只做一个系列的东西，然后不断地延伸，比如，《玩具总动员》的衍生品可以卖几十年。中国目前影视大多数还只靠票房，这个产业链还没做出来，其实这个产业链才具有最大的价值，特别是与互联网的电商进行结合，后面的空间就非常大。

3. 自带产业链的微电影

最好的潜藏企业产业链的文化时尚产品是微电影。微电影本身可以时尚化，但它本身同时潜藏着完整的产业链。理解微电影，就会理解全媒体行业的企业商业模式构建之道。

（1）**营销趋势**

植入微电影进行传播是推动销售的第一趋势。从这个趋势上看，在将来，先做电影衍生品的微电影出品方，才是正确的微电影电商。换句话说，做衣服的电商，一定要卖像《疯狂动物城》里兔子穿的那件衣服，而不是自己随便做一件衣服在网上卖，网上的商品，一定是有来头的。比如微电影里的明星天天在电影里喝得醉醺醺的，最后线下酒品的销售让他赚了大钱。

线上必须占领线下，从线上到线下不断互动，才是互联网的全产业链。现在凡是跟影视内容有关的公司都在往线上走，与互联网公司合作，比如华谊兄弟和腾讯合作，做星影联盟，做明星与"粉丝"的互动，然后去开发衍生产品。

（2）微电影商业模式的方向

大家通常把60分钟以下的各种各样的短片都叫作微电影。现有的两类微电影：第一类电影是文艺微电影，虽然不成熟但是电影的要素都有，只是太文艺没有收入；第二类是目前国内最流行的视频短片，大多是广告式微电影，包括广告片、纪录片、宣传片等，它有收入，但是它不是电影。广告式微电影基本上被商业的主题给裹挟了，等于是代言广告。而且，它没有系列化，一闪就没了，能植入的产品太少，自身没办法具有长期的商业价值，其推广的成本远远比拍摄的成本要高。当前的微电影没有商业模式。

当年的网络文学一开始也是没有商业模式的，尽管设置了点击付费、下载付费功能，但很少有人付费。大概经过三年之后，现在网络文学的商业模式已经很成熟了。它通过一种组合式的商业模式，不靠点击付费，也不靠会员制，而是靠很多包括实体图书、改编权、有声读物等几个要素的组合，成功实现了商业收入，这是组合式的商业模式。微电影需要结束单一形态的商业探索，必须走互联网要素组合的形态才能赚钱。

（3）微电影商业模式

第一，微电影的系列化是基本的要求。这种连续性区别于网络电视剧。网络电视剧必须是所有这些东西连起来才能看，但是微电影都能独立欣赏。微电影系列化，其商业价值才能全面延续。它可以改编成大电影或者其他作品，同时也培育了一个自己的IP。

第二，线上、线下波动式地植入自有产品非常重要。根据艺术规律创作微电影，要巧妙地植入衍生产品。它有三个要点，其一，对微电影进行互联网无边界传播；其二，电影里的明星提前签约下来做产品的代言人；其三，微电影植入文化体验中心的场景或者主题公园的场景，然后继续回到线上卖衍生产品。通过这三个举措，形成线上、线下波动式的整体形态，以移动终端为主，让观众可以随时随地观赏。

另外，微电影还有其他一些可综合叠加影响力的商业模式。这种综合的组合式微电影商业模式，首先遵循艺术创作规律把故事编完，然后遵循商业规律，再来植入我们自有的产品，通过线上线下互动的波动式推广，至少有六种主要的收入：自有品牌产品销售、培育自有IP、植入别人的广告、明星经济收入、改编大电影、主题公园收益。这种微电影商业模式，是结构内容+明星+"粉丝"+衍生产品，演员采用植入产品分成制，好处多达九方面：可持续、不怕盗版、植入产品可以一直销售、孵化自有IP、风险小、上市快、容易共赢、不需要做第一、机会和空间大。

全媒体行业层面的商业模式，围绕时尚产品为中心进行运营结构的构建，摸索出盈利模式，在盈利模式的基础上争取让产品自带产业链，就可以逐渐构建出企业层面的商业模式。

移动互联网时代文化产业商业模式

第十四章

新教育型商业模式

在社会中能够不断发展，是任何时代每一个个人都存在的需要，人类社会本质上是在心理层面关联在一起构成的生物组织，个人在社会中的生存与发展，首要条件是在精神层面得到滋养。终身学习与进步是普遍的个人需求，互联网让每个人都可能实现个性化满足。新教育型行业的企业能够为人们这方面的需求提供服务。

一、知识付费与新教育行业

服务于个人精神心灵内在成长的行业都具备学习的特征。提供知识学习，满足精神成长与发展，而且具有盈利模式的企业，都可以归属为新教育行业。私人的读书，可以因为线上读书会被纳入新教育领域；烘焙蛋糕，可以通过线上招募形成家居生活的新教育培训；一条寂静的山路，可以因为服务公司提供山间植物观察，从而徒步休闲被纳入新教育行业。

1. 教育行业的洗牌与机遇

相对人类社会漫长的历史而言，教育行业是工业社会的产物，这是个新兴行业，一直处于一种动态的变化发展状态之中，并不是一成不变的。

（1）传统教育行业的形成

正在面临互联网冲击的现代教育制度与行业在19世纪末20世纪初才初步成型。现代教育制度的建立，导致人类社会全民教育的普及，但是教育的普及是个发展的过程，即使在西方发达国家，全社会的教育普及发展历史也并不长。在西方，初等教育的普及，是第一次世界大战前才实现的；第一次世界大战与第二次世界大战之间，中等教育开始普及；1945年第二次世界大战之后，大学教育才在西方发达国家普及开来。在中国，1986年政府相关部门首次提出了九年制义务教育的法规。

现行的教育制度，主要围绕着学校教育制度展开。学校教育一般分为四等七级。四等是指学前教育、初等教育、中等教育和高等教育，七级是指幼儿园、小学、初中、高中、高等专科教育、本科教育和研究生教育。围绕着学校教育，各种补习行业蓬勃发展，其中学前教育不属于义务教育的范围，因此相关的社会培训班特别受欢迎。

（2）传统教育行业被挑战与新文盲

四等七级的教育目标是不一样的，如果说学前教育重在看孩子，那么，初等教育就是扫除文盲、掌握常识，中等教育完成通识教育，大学开始为培养专业人才打基础，研究生教育则是培养专家。人生在各个阶段的个性化程度需求是不同的。

原本为了普及"全民教育"，全国各地不断兴建学校，中小学成为居民区的标配。但是，随着互联网的兴起，趋势上全国的中学生可以通过互联网直接听中国最好的语文老师讲课就够了，线下班主任维持一下纪律就好了，大量的师范毕业语文教师不再需要。同样，大学中的"高等数学"也可以让一位或者几位最好的高等数学老师代课，大量师资、教室可以弃用。

而且对教育机构而言，全球化并不仅仅是经济全球化，知识的传播也在全球化，发达国家的通识教育已经不再是传说。通过互联网的信息交流，系统地培养青少年的各国教育制度正在彼此碰撞。什么是文盲？什么不是文盲？青少年应当接受怎样的思想理念？青少年的人格应当如何塑造？同时，成年人越来越跟不上时代，大量新兴事物不断涌现，所谓的专业教育越来越不能适应新兴专业的社会劳动需要，不学习很快就被时代抛弃，成年人一不留神就变成新文盲。成年人应当怎样一边谋生一边"回炉"？

看孩子为重的学前教育生存问题可能还好，但是，九年制义务教育的初等教育机构，全部面临互联网大潮的洗礼；成年人自我教育的系统也在互联网上逐渐形成。全球教育机构的洗牌正在悄然来临。对互联网创业者而言，这是一个缔造传奇的时代机遇。

2. 成人教育刚需与新教育行业的兴起

盈利模式不是商业模式，但没有盈利模式，就谈不上商业模式的构建，盈利模式是商业模式的基础。同样，知识分享不是新教育行业，但没有知识分享就谈不上新教育行业，知识分享是新教育行业的基础。

（1）从知识分享到知识付费

互联网信息海洋的本质，让知识分享成为轻而易举的事情，如果全部人类的知识都搬上互联网，那么，人类就进入了知识学习机遇的真正平等时代。但是同时，知识的版权也成为天大的问题。比如新浪爱问共享资料平台，一边让海量的知识实现了共享，但是同时也成为盗版横行的集散地。各种类型的网络云盘，也一度成为知识共享的集散地和盗版集散地。

互联网上的信息并不仅仅来自线下，它本身就是新知识的诞生地。论坛、博客、社交平台、微博等互动平台的相继流行，催生了UGC（User-Generated Content，用户生产内容，也称UCC，User-Created Content）的概念。而且，随着移动互联网的发展，网上内容的创作又被细分出PGC（Professionally-Generated Content，专业生产内容，也称PPC，Professionally-Produced Content）和OGC（Occupationally-Generated Content，职业生产内容）。

究其原因，其根本在于：人类这种动物是理性动物，知识是理性的结晶。在互联网时代，没有知识就是新文盲，离开知识不但个人没法步步高升，甚至根本没有办法在社会上立足。海量信息的互联网让知识泛滥，在互联网生活中，每个单独的个人都非常渺小。

如何在移动互联网时代存活？每个个人都需要做出选择：要么退出主流社会生活，等待时光把自己埋葬；要么开始"终生学习"，让"自我教育"成为自己互联网生活内容的必备要素。知识付费成为可能。

成年人接受教育进入了刚需时代。知识付费当然应运而生。

（2）三类需求与新教育行业的兴起

教育的需求从以青少年为主流开始转向以成年人为主流。人类社会进入工业时代以来，不接受教育的青少年就进入不了社会的主流生活，"全民教育"的概念意味着青少年在各个时代接受义务教育的必要性，越是接受过良好的高等教育，往往意味着更容易在社会中向上爬升。互联网进入移动时代以来，每天都有新兴事物诞生，"全民教育"开始意味着"终生学习"，不进行自我教育的成年人，很容易退出社会的主流生活。

成年人的三种具体学习需求开始凸显：即时学习、系统学习、能力学习。碰到了疑难需要即时解决，这就催生了"即时学习"的服务，例如"分答"，一分钟快速解决问题。当然大家需要更系统的学习，于是"得到"平台应运而生，较系统地授课。介于这两个中间的是"知乎"，请教与回答可长可短、可简可繁。无论怎样的系统，时间是最好的杀猪刀，很多专业在互联网时代快速被淘汰，成年人需要提升更深层的成长能力，成为更加重要的需求。比"得到"更系统的"有书"不但围绕知识推出学习平台，而且提供成长能力的培训。

互联网新教育行业，不但冲击着传统领域，而且开辟了新领域。

（3）新教育行业的O2O

新教育行业的兴起，让过去传统生活中的各种文化设施成为移动互联线上企业的O2O对象。线下场地的行业归属，是按照线上的行业属性划分的，如果按照新教育的思维对线下场所进行O2O，那么，一家博物馆就可以升级成为新教育企业的线下平台。

3. 新教育产业链构成

新教育行业面向的市场，与全媒体行业面向的市场是重合的，是面向全民的。新教育领域本身自成产业链，是一个相对独立的新王国。

（1）新教育行业与全媒体行业的区别

新教育行业与全媒体行业在本质上是不同的。互联网重新塑造人类的生活方式，最大的经济领域当然是面向全民、服务于全民生活的全媒体行业，在中国，BAT三巨头基本占领了这个维度的市场。这个市场维度的特征是：服务于群体性的日常生活与工作需求。日常生活与工作的脉搏，就是在不破坏稳定的日常进程中多找找乐子，泛娱乐是这个市场维度的主线。

新教育追求的不是破坏日常生活，而是立足现有的生活与工作追求进步，在泛娱乐的基础特征上，"自我"的个性追求被更加突出。这个维度与日常生活维度发生了本质的变化："追求真我"的发展与进步，是新教育市场的需求基础，新教育市场的维度特征是：服务于个体性的"真我"生活与工作需求。比如2017年的"奇葩说"节目，通过两方阵营的相互辩论，似乎在进行各种张扬个性的思想交锋，但是事实上，"奇葩说"应当归属于全媒体领域的内容企业，它的重心是泛娱乐，它并不真正服务于个体的"真我"成长。

新教育领域是互联网创业的机遇。新教育领域侧重于"泛娱乐"基础上的"真我追求"，不同于此，全媒体领域侧重于"泛娱乐"本身，全媒体行业面向的这一需求本身就前景广阔。已经占领了这个领域的BAT在这个方向不断扩大商业帝国才是符合商业逻辑的明智之举，自身披荆斩棘尚且自顾不暇，抽出精力进入新教育领域将很容易丧失已经取得的市场地位。对互联网创业者而言，尽管"有书""得到"等平台具有先发优势，但是这个领域还没有被垄断，根据自身的资源建立产业链是巨大的商业机遇。

（2）新教育行业的产业链

互联网时代成年人教育与青少年教育的需求动因是完全不同的，青少年教育是被动的，而成年人教育是主动的。互联网时代成年人的教育需求是立足于他自身对生活进步与发展的理解，从主观立场上看，是他（或她）对理想生活、理想工作、理想人生追求过程中的产生的主动自我修养，"对真我的追求"是成人教育的动因。传统院校的教育制度所提供的学习内容，远远不能满足全社会成年人追求真我的学习需求。

从产业链的角度看，新教育行业所涉及的内容领域极其广阔，知识传播、教育与收藏、网络博物馆、心理成长等内容都成为消费对象，从生活到嗜好，从通识到专业，从学习到能力，从常识到职业，应有尽有。在生活中，妆容着装需要学习，美食烹饪需要学习，家居收纳需要学习，生活安全健康需要学习，婴幼抚养需要学习，老人养生需要学习，宠物照料需要学习，更不用说各种各样的嗜好兴趣，都可以形成学习成长的需求。在知识领域中，个人对世界的好奇是无穷无尽的，每个人都希望自己能够"上知天文，下知地理，中晓人和，明阴阳，懂八卦，晓奇门，知遁甲，运筹帷幄之中，决胜千里之外，自比管仲乐毅之贤，抱膝危坐，笑傲风月，未出茅庐，先定三分天下"，互联网让各种传统冷门知识的传播成为可能，相应的需求也将形成对应的市场。学习的"习"开始发威，互联网O2O让网络可以融合线下，新教育行业不仅仅需要掌握知识，更需要培养能力。各种线下能力培养系统，在传统市场中因为成本和招生等市场因素无法生存，互联网让小众的能力培养机构变得大众，让这一市场成为可能。在互联网时代，个人的事业发展，就业、职业、创业之间的界限正在被全面打破，相应地，各方面成长需求数不胜数。

从产业链的平台角度看，全媒体行业平台化以及新教育专业平台都存在各种可能性。基于现有的互联网生态，新教育内容提供商不必创立自己的平台，就可以快速形成自身的收益。比如借力微信，凭微信群建立信用，以微信钱包收费方式将人拉入讲课群，微信群中简单利用语音或者微信机器人技术，完成授课。比如马东的奇葩说团队，在优酷等视频中制作娱乐视频，同时在喜马拉雅等平台上开设收费课程，完成团队的千万级收益。互联网公司借力现有社交群，可以形成专门的教育平台，比如"千聊"，在微信中专门为各种课程开设直播间。再比如"有书"，以微信公众号为依托，组织海量的读书微信群，进而引流下载专有的"有书共读"APP，打造出相对独立的新教育平台。

从产业链的周边产品角度看，各种传统行业正在被融合、整合进入新教育行业。比如图书出版，由于娱乐性质的文字内容已经被网络小说取代，实体出版物往往更加知识化，成为新教育行业的特种"教材"，图书行业将被新教育行业全面整合。图书馆、资料馆、博物馆、泛工艺美术收藏，都将依附在新教育行业的线上企业，重新组合各种产业链。

新教育行业，将以线上知识学习为中心形成社群平台，同时生产出大量的文字、声音、图片、视频等综合形态的UGC内容，进而形成各种线上收费课程、线下收费能力培训班，依托于此，各种实体教材、线下空间将被整合进新教育产业链，综合形成一种不同于当代大学制度但极有可能大大扩容大学制度的新时代书院综合教育制度。

二、新教育行业的内容创新

新教育行业的内容生产企业，同样要拿出"时尚产品"，当然这种时尚不是泛娱乐层面的时尚，而是符合互联网时代时间碎片化特征的时尚产品。知识内涵或许是不变的，但知识的互联网形态与表述必须创新，才能实现传播与收费的成果。

1. 新教育行业内容分类

从伦理学的角度看，之所以"对真我的追求"成为互联网时代成人教育的动因，根源在于每个人"生而追求幸福"，然而个人生命幸福与否，本质上要看他个人的综合能力。服务于对"幸福"的不同侧面的追求，构成了行业的内容分类。

（1）幸福是一种综合能力

个人是否幸福取决于他自身综合能力的高低。幸福这种综合能力由四个方面构成：学习的能力，生活的能力，发展的能力，自我的能力。这四种能力就像构成木桶的四块板子，决定幸福指数的是最短的木板，四种能力均衡才是幸福的保障。

学习的能力，是指传承人类知识体系的能力，也是把握他人的知识加以运用的能力。传统教育就是通过教学大纲，抽选时代的所谓常识，通过教学与考核，训练青少年掌握知识的能力。事实上，数千年人类的知识海洋，不是任何一个独立个体的人所能够全部掌握的，掌握什么知识不是关键，掌握如何学习知识才是关键。现代教育制度，无论应试教育还是素质教育，本质上都是在训练学习者的学习能力，只不过应试教育更重视学习的结果，素质教育更关心学习的过程。

生活的能力，是指应对各种生活境遇都能够创建自己的生活方式活下去的能力。知识再多，如果没有对生活的热爱，这种人也很容易被莫名其妙的生活挫折打败，放弃人生甚至放弃生命。具有丰富和细腻的各种感情，是决定一个人生活能力高低的基础，是让人苦中作得乐、喜中能自禁的驾驭生活的基础。

发展的能力，是指对生活的历程懂得积累，能够在稳固生活现状的前提下抓住人生进步机遇的能力。在社会生活中不断进步，是生活幸福的基石。做到借力各种客观的阶梯与工具，才能做到掌握自己人生的航线，这也正是发展的能力的体现。

自我的能力，是指对生活中真正想拥有的事情能清晰把握的能力。生活五光十色，也有着无尽的选择，面对各种诱惑，能够清晰理性地把握自我的选择，追求自己想要的生活，追求自己想要的人生，哪怕因为现实不能实现，对当事人而言，也不会后悔。清晰认识自己，是一种重要的能力。面对生活，内心能够梳理自己的心理，掌握智慧的方法，是自我能力的体现。

（2）新教育提供的四类服务

学习的能力需要知识训练，生活的能力需要情感训练，发展的能力需要"工具"训练，自我的能力需要"方法"训练。通过"知识、情感、工具、方法"四个方面的训练，在掌握具体知识的同时，四种能力也均衡发展，就能够支撑真正自我的追求，就拥有了综合的幸福能力。新教育行业正是为这四个方面的提升提供服务。

这四个方面的训练，是企业在互联网创业过程中的实践经验。"有书"发展出"知识、情感、工具、方法"的四个分类，对新教育的内容进行再定义，在实践上超越了对图书的权威分类法，具有互联网实践的现实意义。

2. 新教育四类内容的特征

新教育所传播的创新内容，四类训练各具特色，把握住这些特色，才能正确完成新教育的内容创新方向的定位。例如《论语》，如果是旨在让人知道其内容，那么应该根据"知识教育"的特征创新；如果是旨在提高大家风雅的情趣，那么应该根据"情感教育"的特征创新；如果是旨在帮助人们进步，那么应该挖掘《论语》的工具价值；如果是旨在帮助人们修养，那么应该挖掘《论语》的方法效应。

（1）知识的新教育

成年人的学习需要的固然是新专业知识与系统的训练，但是这些学习需求往往是在生活中随机产生的，浓厚的兴趣才是学习的第一动力。互联网学习需要泛娱乐的精神、创新的态度、专业的内容三位一体。

专业知识生活化，有趣、有料、有种，这是知识类新教育的特征。这个特征，从谷歌中能够搜索到的最早说法来自2006年《新京报》对《读库》主编张立宪的专访，但更加普遍为人所知则是因为"罗辑思维"的反复倡导。

（2）情感的新教育

情感类新教育旨在提高人们的生活能力，并提供不断改善生活方式的针对性训练。让人们有机会改善生活与工作的方方面面，还能够不断进阶，这是这类需求的核心。

生活知识专业化是情感类新教育的特征。例如家庭收纳能不能在《断舍离》《更简约地生活》的专家指导下得到改善？再例如零基础入门"琴棋书画剑、诗香花酒茶"，而且还能不断进阶，大大提升了人们的生活品质。

（3）工具的新教育

此工具非彼工具，它不是指具体的某种东西，而是指能够赚取"社交货币"的任何东西。懂得把握并驾驭赚取自己生活的"社交货币"，就是掌握了人生"工具"。人是社会性的动物，自身能力再高，其发展与否也取决于这个人的社会关系情境的优劣。

将线上理论的案例与线下情境的培训相结合，是掌握这类工具的基本模式。能够应用于全部生活或工作的改善，是这类新教育的特征。

（4）方法的新教育

人人追求真我，奈何"真我"本身也是需要滋养和培养的。法国哲学家福柯提出"自我的技术"的效应，其实是需要每个人成为自身"身、心、灵"成长的教练。无论是理论说明还是线下实训，能够帮助人们转向自我，是这类新教育的特征。

3. 新教育内容的模式创新

能够帮助个人改善"生计、生活、生长、生命"每一方面或综合状态是新教育的使命。

（1）模式创新的方向

新教育之所以新，并不在于它的内涵新，而是模式新。新教育行业，是一个面向社会大众市场的经营活动，并不是开创知识新纪元的思想探索。全媒体企业既追求内容的新颖，又追求形式的创新，突破传统才能搅动市场获取利润。但是新教育不是全媒体，新教育企业真正帮助个人的"自我"成长才是最重要的，追求内容的新颖是没有必要的，保持历史的纯正性、延续性、传承性、正统性反而是更根本的。

（2）模式创新的特征

新教育的模式创新，具有广泛性、层级性、碎片性、多样性、趣味性等多种特征，这些特征可以用来检验企业创新的效果。

所谓广泛性，是指新教育企业可以扩展到人类社会的各个领域。所谓层级性，是基于广泛性，让人类所有的知识都可能被学习、研修，原本四年只有一个毕业生的超冷门专业，也可能因为互联网的链接让世界上最孤僻的人抱团取暖，任何犄角旮旯里的知识都会拥有教育的"需求"。这样新教育行业中的企业创新，面向知识可能是全方位的。例如道教研究中的斋醮科仪，对专家来说都是很冷僻的东西，但却可能成为互联网追求研究的热点。所谓碎片性，是基于人们的互联网行为越来越碎片化，新教育的模式必须适应碎片化时间带来的形式上的转化。所谓多样性，是新教育形式的多样性。不但文字、图片、视频等传统形态被组合，而且教育的形式与效率可能大大提高。例如初中物理课，过去课本上复杂的公式，现在可能是一部动画、实景记录、科学家解读再加上课后练习题辅导综合形成的新形态的课程。所谓趣味性，是指新教育形式的表现要有一定的娱乐性，越是大众的越需要娱乐的成分。

三、新教育行业的平台经营

虽然新教育行业面向全民，在市场对象上与全媒体行业重合，但是，新教育行业的平台企业拥有自身的特色，其经营模式也自成特色。

1. 平台弥散化

类似条块分割的全媒体平台企业之间存在竞争，新教育平台企业之间也彼此竞争，但是，新教育平台企业与全媒体平台创业并不形成竞争关系，新教育平台是弥散于互联网全媒体各个平台之上的。

（1）弥散型生存

新教育平台企业本身也追求新媒体的传播效果，但是它并不与全媒体平台企业争夺"粉丝"。新教育平台不但依赖全媒体，甚至帮助全媒体平台"吸粉"。例如"罗辑思维"，最初"得到"并不是"罗辑思维"的中心APP，优酷上有"罗辑思维"，喜马拉雅上也有"罗辑思维"，微信公众号还有个"罗辑思维"。随着"罗辑思维"自身课程的丰富化，"得到"才应运而生，但是，别的平台上"罗辑思维"仍然以其他的形式在传播。"罗辑思维"依赖全媒体平台的"粉丝"，也让"粉丝"对应的全媒体平台更具黏附力。类似地，"千聊"直播完全依赖微信空间，其APP更大的功能是让直播效果更清晰。

新教育平台企业开发自有APP往往并不是因为弥散化的生态不能生存，更多是出于市场限制的考虑。例如"十点读书"至今没有自有的APP，"有书"则开发了自有APP，因为万一腾讯偶然打个喷嚏，自己顶多重感冒，不至于立刻死翘翘。

新教育行业的弥散型生存，正在随着各种平台的扩张呈现出分层的现象。如果说当前市场上的"得到""有书""十点读书""知乎"是知识付费的排头兵，那么，随着喜马拉雅、荔枝FM等全媒体平台的转型，一些小型的平台也正在形成。例如"千聊"中同一个直播间中抱团取暖的家庭情感讲师团，也会弥散到"歪歪"中一起开课，更会联系到"有书"上开课。

（2）非传媒属性的内容传播

新教育平台企业弥散生态还在不断延伸，例如，"有书"的直播正在不断借助各种直播平台放送。如果是全媒体行业的直播平台企业，往往希望直播内容是独家的，因为这样才能"吸粉"或者增强对用户的黏附力。但对新教育平台的直播而言，恨不得能全网免费直播，因为全网免费直播才能更好地刷新自家的存在感，才能吸引"粉丝"购买知识。知识销售才是新教育平台企业的盈利模式，基于知识销售的各种网络传播才能构建平台的商业模式。

新教育平台具有信息传播的属性，但它不属于全媒体行业，因为它不依赖信息传播本身牟利，它的各种传播内容本质上是销售线上课程持续性超级广告。例如"罗辑思维"的每一个话题，都在努力卖出一本自产自销的图书。

（3）产业链的线下延伸

新媒体的业务中心，旨在帮助个人"追求真我成长"，线下的个性化小班培训就是必然的产业链延伸。从知识创意产品，到知识创意空间，再到知识文化活动，都将进入新教育平台企业的周边领域。

2. 传统媒体的知识平台转型

面对互联网的冲击，传统媒体转型是必然的。快速实现生存的方式之一就是成为全媒体的内容提供方，不再做独立平台；另一条转型之路就是进军新教育领域，规避全媒体的冲击，争取保持独立平台的地位。

（1）图书与杂志

图书与杂志是人类最早的媒体介质，也是最早受到冲击的媒体介质。报纸诞生之前，在西方法国大革命等运动中，以小册子形态印制的图书起到了广泛传播思想与信息的作用，销售量极其可观。但是报纸诞生后，图书与杂志的销量大幅度下滑。

书籍本身就是人类知识的载体，但是，在市场上进行销售的图书，与图书馆中珍藏的图书并不是一回事。图书馆中的图书是纯粹的知识载体，市场上的图书则是一种商品，它通过承载专业知识从而让学习者付费。图书的知识含量是不同的，当前市场上大量的畅销书，内容重复、相互抄袭等问题严重。随着互联网的冲击，真正专业化的图书仍然拥有生存的力量，劣质的知识将转到互联网上成为各种边角下料，不再能在图书中生存。

书籍也是文学性文字的载体。文字的信息量远远不是话语所能够轻易表达的，大量关联性文字组合构成的思想效果，也远远不是短小篇幅文字所能够营造的。图书通过承载文学世界让阅读者付费。随着互联网的发展，网络小说网站让一般性的文学欣赏不再需要印刷传播，历史上留存的经典小说及其他文学作品，才能继续在图书中存活。

在互联网时代，经典图书将越来越成为主流。对文字阅读者而言，快速阅读的信息都可以用互联网取代，因此报纸这种媒体极难生存了。但是，需要反复阅读的专业文字则需要实体化印刷出版成图书，从而成为商品。

杂志期刊面临同样的境遇，如果内容停留在泛泛而论的层面，则必将面临淘汰，但是传统杂志期刊累积的专业资源，让杂志机构有机会快速占领专业细分市场，成为知识付费行业的细分平台。例如隶属北京体育博览杂志社的《武魂太极》，它在太极领域积累的权威品牌和人脉资源，让其他机构很难撼动其在太极知识方面的新教育的领先地位。

（2）电台与电视

线下电台互联网化已经成为必然，如果不是存在战争的可能，国家需要保留必要的设备以防万一，很多电台的器材恐怕已经可以进垃圾场了。线下电台频道有限，而线上电台例如喜马拉雅可以开设无限的频道，每个人都拥有一个自己的电台。喜马拉雅就是集合各种类型电台的大平台。

事实上，这种无限个频道的电台平台在全媒体环境下生存十分艰难，由于每个人都有自己的电台，似乎这个大平台总"粉丝"数很多，大家也似乎都很活跃，但是，每个人都是自己抱着自己玩，真正的语音信息传播甚至不如传统线下电台的影响力。而且，即使拥有大量"粉丝"的"大号"，电台语音的娱乐性也远远不如视频，大号的拥有者往往更愿意将力气投入到视频网站的自媒体建设中去。

线上电台走全媒体的道路是竞争不过网络视频企业的，线上电台企业转向新教育行业是必然的选择。各种只需要声音就能够掌握的课程，不但让声音可以变现，也让线上电台大平台拥有了价值。

线下电台在当前线上电台没有转型完成之前，快速发挥自身正牌优势，邀约社会各界名流在线上开设知识性自频道，还有机会抢占线上电台市场。一旦现有线上电台转型成功，线下电台将只能被O2O了。

3. 责任编辑制的趋势与现实

新教育平台的待付费内容将越来越多。内容企业专注于知识本身的创意展现，但是，知识往往具有专业性，知识是否变现，平台上的推手将起到承上启下的关键性作用。从待付费知识的选定、设定、制定，到包装、呈现、导流、推广，都需要熟悉知识付费的人士进行全程服务。因此，平台建立类似图书出版业"责任编辑"的制度，是未来的发展趋势。

图书出版界的责任编辑（简称责编）不写图书，但是责编对市场进行判断，选定作者，与作者沟通，引导创作，审定内容，设计封面，出版印刷，上市推广，组织签售，等等，这一条龙服务都是责编的工作。国外的责编拥有图书的销售提成，因此每位责编有着巨大的工作动力。国内的责编更多地是完成流程，远远没有发挥责编的能动作用。

因此，国内的责编制度以及特别适应市场打拼的责编少之又少。在互联网领域，能够为新教育平台企业服务的责编更是凤毛麟角。新教育平台企业如何建立行之有效的责编制度并避免人才流失，是一个仍然需要探索的问题。

四、新教育行业的周边领域

新教育企业在线上建立平台，并推出知识付费内容，就能够形成基础的盈利模式。但是知识具有渗透性，线上付费远远没有挖掘其经济潜力，进一步延伸产业链形成各种周边领域是十分必要的。

1. 周边领域的类型

新教育行业的周边开发与传统教育行业所需类似。如果将老师看作知识的源泉，那么帮助老师更好地传道、授业、解惑的专业化的要素，都是周边待开发的产品。

（1）教具性创意产品

教具性创意产品是企业应当重点开发的方向。教材是最重要的教具，它可以是传统的图书，也可以视频化。各种课程教具也构成周边领域的开发，例如学习围棋课程，就一定要使用围棋。

知识创意产品是知识付费产品的延伸，可以是线上消费的数字产品，也可以是线下的实体产品。围绕知识如何进一步创意，决定了产品如何延伸。

（2）教室性创意文化空间

线下的教室是最容易实现的创意空间，但是线下空间并不需要传统的教室。事实上现有的各种线下文化设施，都可能通过互联网被O2O成为线下创意文化空间。比如线下图书馆是最容易被知识付费企业借力的机构，线下博物馆、少年宫等同样能够开发。各种休闲场所，包括咖啡厅、茶楼，都可以进行O2O方向的合作与融合。当然，线上企业也可以开辟专有的活动空间。

随着未来虚拟现实（VR）技术的发展，线上活动空间也成为一种可能。借力成熟的VR技术开设线上图书馆、沙龙将是一种发展趋势。

（3）教学性文化活动

付费直播是最简单的文化活动收费模式，同时，新教育行业举办的延伸文化活动，围绕课程理念进行开发，是非常具有前景的。对人类真我认知理论的讲解，配合相应的舞台戏剧，对成年人快速认识自我非常有帮助。

2.周边领域的延伸策略

新教育行业旨在帮助个人真正成长，四大能力的提升，是延伸周边领域的业务思路。

（1）知识与学习的周边领域

对以图书期刊出版为主的传统媒体进行再造是快速延伸产业链的业务思路。"罗辑思维""十点读书""有书"等都是从读书领域切入市场，线上组织的读书活动，联动线下的图书市场。

新教育系统对传统图书市场的冲击极其强大，例如"有书"每月推出的共读书单，书友通过"有书"的链接购买当当的图书只有数万册，但根据市场统计，它却带动了市场数十万册的销量。这种强大的市场带动能力已经让国内传统出版界为之侧目。

"有书"及"十点读书"中含有大量的UGC内容，各种优质的文章层出不穷，本身的出版价值极其巨大。一旦这个市场被开发出来，图书的生产格局将可能发生颠覆式改变。这两家机构自产图书，体内销售保底，体外销售创收，将对整个图书市场造成巨大冲击。

公众图书馆系统也很可能因为"得到""有书"一类的机构而出现变革，国家资助的图书馆往往限于经费并不能穷尽天下图书，但是通过互联网构建线上共享图书馆，藏书于家庭，其藏书量将会实现海量的扩充。另外，图书馆举办的包括讲座在内的各种文化活动，与线上知识付费相结合，将深度开创新型的图书馆生态。

传统教育系统也将可能再造。随着中国步入老龄社会，地方省市很多中小学招生开始出现不均衡的现象，名校爆满，普通学校开始逐渐荒废。同时，新教育企业必定引发中小学课程授课形式转型：网上名师讲课，地方教师角色向名师认证的辅导助手方向转变。现行的中小学制度必将重新调整。

（2）情感与生活的周边领域

艺术、文学与工艺品行业将可能因新教育行业的兴起而再造。人类社会无论如何物质化、智能化，情感是生活的基础。一篇童话可以让一个孩子长大，一部小说可以改变一个人的一生。文学为核心的艺术领域除了泛娱乐地被消费之外，艺术的力量可以改变人生。

理性地探寻艺术领域并借力修养提升自己的情感世界，让自己的生活变得更美好。这将成为旺盛的社会需求。例如古琴，这种如今仍然一直被使用的世界上最古老的乐器，本身并不成熟，但是正是它演奏上的不成熟，使它成为人们情感修养的重要工具。

非专业性要求的艺术修养，尤其是生活化的艺术形式，将成为大众追逐的目标。茶文化、咖啡文化、红酒文化、香文化、插花艺术等都将通过新教育企业的打拼得到广泛的普及。

艺术品走进普通家庭，将不再是一个遥不可及的幻想。西方绘画、雕塑等美术领域的兴起，和西方普通家庭艺术品消费的兴起密切相关，至今很多欧美家庭一年换一幅墙上装饰用的油画，与中国人过年贴春联一样，一定要新的。中国书法、中国画的消费，远远没有进入家庭。通过新教育企业的打拼，提高全民的审美情趣与能力，书画市场的真正春天才会到来。随着大众审美能力的提升，各种日常生活工艺美术化，也将不断普及。生活用品的工艺美术化同样面临蓬勃发展的新时代。比如现在有90后用纯手工打磨传统木质玩具，通过互联网直播展示玩具的玩法与制作过程，快速实现变现，这其实就是在通过展示完成对视频观赏者的玩具审美的再教育，从而带动产品销售。

（3）工具与发展的周边领域

快速获取成长秘诀的需求是每个时代都拥有的梦想，这也是商家的市场机遇。比如"得到"推出的名师课程主要是围绕成功人士开设的，能够大量快速"吸金"。"成功"这个字眼在任何时代都始终具有魔力，帮助人们"成功"的产业必将随着互联网更加普及。就像挖金子的不一定发财，但是向掘金人卖水的人一定发财。

（4）方法与自我的周边领域

成长心理学尤其是与神秘主义沾边的体验式活动，往往引人入胜。但是，去宗教化是这个领域市场蓬勃发展的前提。以帮助"真我"为名义的各种培训必定充斥市场，鱼龙混杂是不可避免的，其中真正能够帮助个人成长并被主流社会接受的去宗教化的禅修静坐、太极瑜伽，将引发庞大的市场消费。

3. 新教育的传习所与新书院系统

线上的新教育行业与线下的传统教育机构相结合，将再造教育领域的社会机制。传统的学校形态是否继续保留将留待市场检验。但可以预见的是，以成年的个人为对象的能够提供全面个人成长帮助的线下服务机构将逐步出现。

中国古代的书院制度非常重视学习者自身的努力与学习，新教育开辟的现代成年个人终身学习的领域，借鉴古代书院的制度，同时融入现代个人成长的内容，将会拉动市场的急速发展。

五、新教育企业的创业

新教育行业的市场空间开发的脚步才刚刚开始，不但各种知识付费内容远远没有形成品牌，更容易掌握市场垄断的平台空间也没有得到开发，创业机遇随处都是。

1. 新教育行业的创业机遇

对创业机遇的把握，既要考虑自身资源的现状，也要考虑未来市场空间的天花板。单纯从未来市场的利润分配力度考察，从大到小的领域应当是：建平台，做责编，当名师，搞传习。

（1）建平台

新教育行业的平台竞争刚刚开始，还没有形成壁垒森严的垄断格局。各种新兴的线上教育模式还处于探索之中，"得到""有书""十点读书""知乎"等新教育领域的巨头初露端倪，喜马拉雅、荔枝FM等全媒体平台在向新教育领域努力迈进，千聊、小在开播等企业分别用自己的方式占据了某领域的课程直播。但是，新教育行业的平台的开发还远远不足。有技术、有资金的企业完全可以杀入这个领域抢占市场的蛋糕。

（2）做责编

新教育平台上的内容销售效果，非常依赖专业人才的推进，责编制度远远没有建立，一个好的责编将在平台企业的业务范围内自成二级产业链、自成二级小平台。

（3）当名师

文化产业商业模式的核心特征是明星制，形成品牌的明星对市场的拉动是不可估量的。知识传播依赖名师的打造，配合责编运作的名师将会拉起一个团队，甚至开启一个新的平台。罗振宇是"罗辑思维"团队打造的"名师"，最初的"罗辑思维"只有这一位老师的辛勤耕耘，但是随着"罗辑思维"的壮大，罗振宇成为一个符号，"罗辑思维"升级版的"得到"拉入徐小平、薛兆丰等不同的"罗振宇"，现在的"罗辑思维"团队已经升级成一个领头的平台。

"内容为王"在中国的全媒体行业是行不通的，但是在新教育行业，由于平台企业还在成长，而且娱乐中心的全媒体平台也可以进行内容传播，"内容为王"的行业商业模式是可以期待的一种可能。

（4）搞传习

配合线上名师或者名师的课程，在地方上成立专门的读书会、研习社、传习所等，是一类新型的创业模式。线上传播是全网的，好的课程自带传播功能，可以在全国甚至世界范围内形成影响力。帮助个人成长的课程，需要线下的实践体验，线上名师开设的培训课限于个人精力，是不可能满足"粉丝"需求的，线下的传习所就成为有力的补充。例如古琴学习，线上课程仅仅能够教授掌握弹琴的基本技术，但是反复的练习是必需的，那么线下的传习所如果环境优雅，能够提供各种练习服务，还能够帮助选购优质古琴，那么，它就是一个地方上的小营利机构。

2. 新教育企业动态运营

在新教育企业创业的过程中，平台、内容、产业链延伸周边这三个环节，都需要关注自身最需要关注的事物。

移动互联网时代文化产业商业模式

（1）平台的"粉丝"黏性

对平台性企业而言，不断地吸纳"粉丝"，维持自身的平台属性，是最重要的核心工作。坚守自身开创的符合用户核心诉求的立场，是企业的价值所在。

"有书"的起步，源于"你多久没有读完一本书了"这个击中用户痛点的发现。"有书"最早关注读书人之间的交流，做图书漂流方面的业务。但是他们在实践中发现，想读书但是不读书的人远远比读书人更需要帮助，因此"有书"从这个市场需求入手，从此走上了企业发展的快车道，保持着每天公众号"粉丝"增长3万人的速度发展至今。在发展的过程中，"有书"的资源与形态也越来越丰富，但是始终坚持"帮助想读书的人读书"这个立场，这也让他们拿到了额度可观的A轮投资。

（2）内容的明星制

新教育行业的商业模式与其他文化产业类似，在一般性的通用层面考察，内容才是产业链的头部。但就行业层面的商业模式而言，这个行业的明星要求有自身的特征。

新教育行业的内容根本在知识性，知识是内容的中心。但一切知识也需要有"代言"，即名师。所谓名师，不一定是真正的名师，但一定不能是糊涂的老师，更不能以搞笑为能事，"真诚"是知识付费名师的基本态度。

"真"是名师授课的基础，"实"是名师的高度，既"真"且"实"是最好的明星老师。新教育行业的明星老师，他所讲授的知识必须在关键立场上经得住知识界考验。全媒体行业的明星可以只塑造包装，即使五音不全也可以通过调音器加假唱装成歌手。但是新媒体行业的明星老师，即使水平再有限，也必须在某些方面真正有过人之处，因此，新媒体行业的明星老师需要累积、需要发掘。

互联网世界让发掘有含金量的名师成为可能，通过对包括UGC等大数据的分析，民间的各路大神是各个平台导入内容的重要师资来源。

以全媒体行业泛娱乐明星的包装方式带动新教育企业的发展，是正确的经营之道。但是，同时还要考虑被包装老师的真材实料。新教育行业的真正大师，要经得起时间的洗礼和考验。没有真材实料的老师，在互联网时代很快就会成为过眼云烟，有连带关系的平台企业的品牌则会连带遭受损害。

（3）书院化的产业链延伸

互联网上的知识，既包括数千年累积的知识，也包括互联网上随时产生的各种水平的UGC内容，其知识是无限的。这个特点让新教育行业商机无限，也让新教育企业不可能完成对行业的垄断。新教育企业对自身的定位，只能是以"通识教育"加"能力培养"为中心。线上互联网企业的产业链延伸，必定同样是以这个中心定位为发展原则的，因此，书院式的O2O是主流的产业链延伸模式。

中国古代的书院，是聚徒讲授、研究学问的场所，藏书、供祭和讲学是构成书院的"三大事业"，就是集教育、学术、藏书三大功能为一体。楼宇烈认为，理想的书院教育能打通文化，融汇人文科学和自然科学。全方位地成长是书院关注的重心，这也应当是新教育企业产业链延伸的运营战略。

3.产业链延伸攻略

在建设企业层面的自家商业模式的过程中，新媒体企业无论从哪个角度切入本行业，都需要延伸产业链形成自有生态。这个延伸过程需要关注三个要素。

（1）知识中心

新教育行业的产业链中心是通过知识帮助个人成长，知识中心制是本质，明星制则不是本质。明星式的名师，只是知识的代言人。知识以各种创意和形态贯穿于产业链的各个层面。

围绕知识发展才是经营战略的核心，书籍是知识最重要的载体，围绕书籍发展是新教育企业的发展之道。例如"有书"与"十点读书"，直接以读书为经营的中心，各种课程的推广以发展名师为动态运营的手段，但是，课程的设置与推广有其各自的体系逻辑，师资不行可以换，但知识始终是中心。"得到"似乎直接推出名师"吸金"，但是"罗辑思维"本身就是依靠图书销售起家，"得到"的模式将这种变现模式组织得更加合理丰富。

内容生产企业，同样围绕知识进行发展。名师都有着专家标签，这个标签上展示的专家，一定是某个知识领域的专家。进一步的，专家讲课、视频直播、撰写文章、编著图书、参加活动、粉丝互动等，都按照知识的逻辑进行。例如罗振宇，过去在微信公众号每天进行一分钟的语音分享，每周举行1～2小时的讲座，每年举办一场跨年演讲，都是按照自己的知识专家标签进行的。

（2）弥散化"吸粉"

新教育企业需要"吸粉"，有"粉丝"才有影响力，才有市场价值。但是新教育企业不需要将"粉丝"固定在某个平台上，全媒体行业的企业在不断扩张各自的王国，需要不断地"吸粉"到自己的平台上，新教育企业只需要将特色内容在全媒体平台上进行传播就可以了，通过特色内容帮助全媒体企业增加黏着力，全媒体企业就会更加支持新教育企业的"吸粉"。

新教育企业"吸粉"借力多家全媒体企业平台同时生存、弥散化生存，新教育企业的平台可以弥散存在于与多家企业的联动之中。

（3）去宗教化心灵建设

文化产业商业模式的成功核心，是实现了"价值观治理"。新教育企业直接介入个人的心灵成长，能够通过真实帮助个人构建相互的黏附关系，并影响个人的消费行为。这个精神层面的互动行为，很容易演变为新兴宗教的信仰关系。但是，企业发展务必注意去宗教化的分寸，一旦形成信仰关系，这种纽带反而会制约企业在经济层面的良性发展。

第十五章

泛体育是一门好生意

通过身体实现自我教育是体育之所以可以产业化的根本原因。能够实现的教育，就能够对人的价值观产生根本的影响，从而可以导向消费行为。体育产业是大文化产业的重要组成部分，它是一门具有成熟商业模式的好生意。移动互联时代体育产业的商业模式全面升级，同时容量也大大拓宽，形成移动时代的泛体育行业。泛体育行业亟待从产业链的角度全面开发。

一、泛体育行业的产业链

中国的竞技体育早已经成果累累，但是体育产业的发展曾经非常缓慢，完整的体育产业板块几近于无。移动时代的泛体育产业竞争环境压力几乎没有，近乎美国西部掘金时代。

1. 传统体育产业的状况

清末民初强国强种的历史环境，导致体育事业在新中国很发达，让社会体育活动事业化、体育运动技术专业化、参与体育活动职业化，从而体育活动也有了竞技体育、群众体育的分类。

（1）中国体育领域的基本特征

西方在社会大众运动基础上，发展出竞技体育，竞技体育进一步专业化发展，诞生了职业体育。比如英国的足球运动是平民之间的游戏，基于社会大众参与的需求，逐渐发展为有规则的运动，进而职业化。拳击运动、橄榄球运动等也是如此。相比较团体运动项目，个人运动项目往往是从有钱有闲的贵族财阀们打发时间的游戏中发展出来的，高尔夫、网球是消磨时光出出汗的好方式，乒乓球是网球爱好者下雨天把网球搬到桌子上诞生的。这些大众运动的蓬勃发展，才促成竞技体育的规范。相应地，群众体育的庞大基数，对运动专业性有了更高需求，专业性运动才得以从竞技体育中发展出来，被观赏、被模仿，并由此诞生某种体育职业。这是体育原本的社会发展逻辑。

基于这个社会正常发展次序，大众运动、群众体育的社会需求规模庞大，形成天然的市场，体育产业才得以成立。

中国体育的发展现状是建立在举国体制基础之上的。体育职业化并非源于社会发展的自然形成，而是历史的压力让政府自上而下地建立体育职业体系。中国的体育职业体系是为竞技体育服务的，群众体育从属于竞技体育。

在中国的体育领域中，竞技体育很发达，但由于它是政府投入发展而来的，所以中国的职业体育不是市场中诞生的职业，而是社会事业中规定的职业。同时，群众体育工作一直从属于竞技体育，大众运动没有在社会上充分发展起来，其基础薄弱，社会参与性低。因此，中国的体育产业，无论市场从业人员还是市场规模，都是待开发的金矿，远远没有真正开发。这是中国体育领域的根本特征。

（2）中国体育产业的运营现状

现有的中国体育产业，大多数是站在事业的竞技体育角度思考、出发并推动的，体育产业政策的制定，在《国务院关于加快发展体育产业促进体育消费的若干意见》（国发〔2014〕46号文）之前，也一直没有摆脱这个立场。当前中国体育产业的运营普遍没有注意到如下一些问题。

其一，体育产业的经营管理并非职业体育人的工作。中国职业体育人不是市场中拼杀出来的，他们是事业化的职业人，对体育市场没感觉。与其让职业体育人搞产业，不如直接让企业家来做。

其二，专业的竞技体育并非体育产业的主体。如果大众运动发达，竞技体育赛事当然就成为体育产业王冠上的宝石，例如，美国的男孩大部分都会打棒球，很多男孩的成年礼物都是棒球棍，因此美国全国棒球联赛决赛的超级碗成为美国的春晚，当然很值钱。但是在中国，大众运动参与者寥寥无几，竞技体育赛事是无本之木，直接运营赛事往往意味着亏本。专业竞技只是运动的专业，这并非等同市场的专业，与其搞棒球赛，不如做广场舞比赛。

其三，体育产业并非独立的产业领域。在中国，体育人士往往有敝帚自珍的心态，认为体育领域神圣不可侵犯。事实上，竞技体育是在大众运动基础上发展起来的，大众运动是一种社会文化活动，体育活动的本质是一种文化活动。新中国成立初期倡导的"文体不分家"，其实抓住了这个社会现象本质。体育产业的本质是大文化产业范围的重要构成。体育产业的运营规律，首先符合文化产业的基本规律，其次才符合行业性的特殊规律。

体育、休闲、大众娱乐，在传统意义上同属于一个行业，符合共同的规律，适用类似的经营管理方法，可以进行综合的市场营销与开发。

2. 泛体育产业链

体育产业隶属于大文化产业，与其他的文化产业也构成融合关系，彼此可以进行产业链延伸，但是作为文化产业的子领域，它也具备自身的特色。

（1）传统体育的两个产业链

人类每天的生活时间分三部分，其一是吃饭睡觉等生理需求必须花费的时间，其二是工作劳动与职业受训花费的时间，其三是剩下的娱乐时间。人类这种动物在娱乐时间中进行的各种活动，充斥着各种社会文化性，服务于人们打发娱乐时间而进行的包括体育在内的休闲活动的产业、行业、企业，可谓广义的大文化产业。

对普通人来讲，体育活动是比较专业化的娱乐休闲方式之一，专业化意味着"专门的教育"是必需的，体育就是通过身体进行教育。体育活动并不仅仅是身体活动的过程，体育需要在运动中身心统一，天赋、能力、努力综合形成综合技巧，并在团队或个人的对抗竞争体育活动中进行展现。比如，篮球最好有姚明的身高、奥尼尔的力量、刘翔的速度、刘德华劳模式的努力，综合形成乔丹的技巧，在球队队友的共同配合下，争取胜利。这种身体教育，不是正规的工作或劳动，因此，游戏性是体育的本质。

非正式体育的群众体育，其娱乐休闲效果的获取依靠的是个人身心的直接参与。在此基础上，体育形式可以更正式地执行限制性参与规范，进行比赛，这就开启了竞技体育的领域，比如城市居委会组织广场舞大赛，一系列的报名组织开始正规化。竞技体育进一步职业化就诞生了职业体育人。职业体育人的专业性极高，职业比赛具有极强的专业观赏性，大众通过欣赏专业性的表现而达到娱乐休闲的效果。

总体上看，传统体育领域有两个产业链开发角度：观赏链与休闲链。

其一，基于"对竞技比赛的专业性观赏"开发产业链，比如观看足球赛的球迷可以是很多跑不动的大胖子，但他们参与到了体育产业的消费当中。观赏性的体育与通常的文化娱乐不同，挑战人类身心的运动极限始终是所有人关心的领域，也是观赏性体育一直的主题，这个主题让观赏高端体育比赛的人得到身心的洗礼。

其二，基于"在群众体育中参与性体验"开发产业链。比如1/4马拉松，能跑完就给发个纪念证书，很多人就会交钱报名参与。休闲性体育与其他休闲活动的不同就在于让人感觉到自己参与到了旨在挑战自我身心运动的活动当中。

从观赏性体育活动与休闲参与性体育活动这两类内容出发，可以延伸出两类不同的产业链。

（2）体育产业泛化与两个产业链合一

在互联网时代，体育产业的边界不断模糊，领域开始不断扩大，不再限于非正式体育（休闲性体育）与竞技体育（观赏性体育）。传统体育的身体教育领域，隶属于教育领域而不属于体育产业，但在互联网时代，身体教育的效应也开始被纳入产业的范畴中，泛体育产业成为一个整体的行业。

以职业体育比赛为主要内容的竞技体育，其观赏功能通过互联网直接就能够实现。休闲体育的身心参与，通过互联网更容易得到安排。立足于新教育角度进一步升级，倡导通过身体教育实现人生的成长，将传统体育的两个产业链统一为一个泛体育产业链，而且形成线上与线下的O2O融合。

（3）泛体育产业链的再跨界

体育并不是健康养生本身，健康只是参与体育活动的美好想象，实质上，自己正在为健康努力的感觉才是体育产业得以成立的市场需求。比如消费者参加健身俱乐部，买个年卡让自己觉得自己已经为健康努力了，于是就安心从来不去了。

在现实的产业实践中，正是体育、休闲、娱乐、健康、养生等需求的相近与关联关系，让互联网泛体育产业很容易向文化产业的其他领域横向跨界。

3. 互联网泛体育行业

通过身体对自己的教育，本身可以娱乐化，可以教育化，也可以导向为为理想生活而努力，从而步入健康养生的领域，进而再基于保健效果转回全媒体领域，与新生活方式的医疗产业融合在一起。

（1）竞技体育观赏的互联网化

竞技体育最大的魅力就是比赛的不可预测性。竞技体育尤其是高水平的职业运动员参与的职业赛事，其专业对抗让比赛结果充满悬念。这种不可预料的新闻性是即时的；竞技体育的本质是游戏，胜利者固然高兴，失败者也并非真的不可接受结果，体育的娱乐性是全面的；非体育明星都仅仅是代言，影视巨星、思想大师不过是某种象征，而体育明星的地位是他自己创造的竞技成果成就的，他们是和平年代的真实英雄。

互联网视频把这种魅力放大到最大，体育通过身体教育形成的类似宗教般的信仰，将塑造最忠实的消费者。例如，英国足球俱乐部、美国橄榄球俱乐部很多成员都是几代人参与的。

（2）休闲体育参与的"互联网+"

体育立足的基础就是专业性的身心运动，生命在身体层面的进步最容易被自己认同，也最容易吸引人。每个人通过互联网，都能够更容易、更方便地获取专业指导，参与休闲体育活动，这使非正式体育必将在互联网时代越来越发达。

（3）观赏与参与的融合

观赏性体育与参与性体育原本是不同的，互联网之所以造成传统体育产业的泛化，就在于它将原本相对独立的两个产业链合二为一，例如电子游戏项目已经在实现这个效果。随着技术的发展，观赏性的职业竞技体育与参与性的休闲群众体育融合在一起。

泛体育行业之所以不同于新教育行业，在于它虽然也关注帮助个人成长，但更关注通过身体实现身心共同进步的教育效果，新教育行业则直接触及个人的精神世界。新教育行业偏重从思想方面用力，泛体育行业偏重从体验方面用力。

二、泛体育内容企业的要领

由于互联网技术的支撑，体育的专业不仅仅意味着顶级职业赛事，非职业赛事的竞技比赛、非竞技的休闲体育、指导运动专业化的体育教育都需要专业化的支撑。专业化就意味着要有职业、产业、行业的空间，对于泛体育行业的产业化，其专业化的内容是其灵魂。

1. 比赛中心制

体育的本质是游戏性的专业休闲娱乐，但竞争性是产业得以成立的必备要素，要么跟别人比，要么跟自己比。体育是以游戏的形式进行的活动，赛事是体育产业的中心。

（1）体育游戏本质的教育功能

中国当前的职业体育人大多不在公开场合鼓吹体育的游戏性本质，其实游戏是高级动物特有的生存本领，例如狮子或者麋鹿，都是在日常的游戏中，锻炼自己捕猎或者逃生的能力。也就是说，游戏形式的价值就是寓教于乐。

当然并不是命名为游戏就一定有着正面的教育价值，但是从社会发展的角度来看，游戏是随着人类社会的发展不断被开发升级的。电子游戏初期是玩物丧志的象征，甚至把游戏迷当成病人进行野蛮治疗，今天的电子游戏仍然远远称不上成熟，但是射击类的VR游戏技术已经被用于美国军队的训练，驾驶VR技术也应用到了飞行员的培训之中，这都是游戏的正向应用。

体育活动本身不需要讲道理，它的快乐与欣赏音乐、影视等精神产品一样，好的活动过程自己会说话。传统的体育活动本质都是游戏，在互联网时代，各种需要被人或者自己身体参与其中的游戏，都可以看作泛体育的内容。

（2）商业赛事的形式基础

仅仅有身体参与的游戏并不构成有市场价值的产业，对游戏的竞技性进行挖掘并赛制化，是支撑一个体育行业的源头。无论这种赛制是与别人对抗，或者是自己和自己对抗，有了竞技赛制就有了产业的潜力。

竞技性的水平也是赛事是否能够长期发展的重要内容。比如跑步，似乎人人都会，但是专业的百米赛跑，除了身体素质之外，节奏、步伐、手臂、体能、起跑、撞线等问题，在比赛规则的范围内进行专业化研究，这就成了一门学问，也是了不起的运动。如果专业化研发不足，那么这项运动的产业化道路本身也举步维艰。竞技性的要求其实是观赏或者参与这项游戏的趣味性问题，如果没有一定的挑战难度，如果不能一路升级打怪，人们就体验不到成长的感受，就会对这个项目失去兴致，它也就没有了市场商业价值。

（3）优质体育明星的重视

赛事是体育产业的中心，参与赛事的运动明星就是体育产业的运营抓手，因为，明星象征着赛事的专业性。

在传统体育产业中，观赏性的竞技体育与参与性的休闲体育相比，职业化程度要高很多，顶级职业赛事与普通民间赛事的重大不同就是拥有运动明星。明星运动员对赛事的进程影响极大，比如传奇的贝利在绿茵场上能够左右比赛的进程。不重视明星就是不重视行业的发展，比如姚明运动生涯的成绩，并不是他本人的能力不足以支撑休斯敦火箭队，而是NBA与中国篮球国家队的比赛之间的协调始终需要磨合，姚明虽然是明星，但并没有真正充分得到保护，以至于他现在只能通过其他的方式参与发展中国的篮球运动。

大数据已经开始运用到明星的成长之中。例如NBA场馆安排6台摄影机追踪场上5个队员和篮球的轨迹，篮球经理人可以通过这些数据分析每一个队员的表现来管理自己的球队、运营自己的球队。目前为止，这些数据其实只使用了大概10%的数据量。

未来穿戴设备也可以在这方面发挥作用。例如，在NBA球队训练中，球员佩戴这些可穿戴设备，对球员的运动轨迹，包括他们的生理指数，进行实时的跟踪和分析，这样一来，就可以在特别漫长的赛季里，在特别激烈的篮球竞争当中，避免由于运动员状态的不佳而造成永久性的运动伤害。

2. 体育项目宗教化

社会学家发现，现代体育运动具有极强的宗教特征，比如足球，足协教练运动员就像神职人员，比赛就像盛大的朝拜仪轨，球迷们都是信徒。利物浦的香克利甚至说：足球无关生死，足球高于生死。

（1）健康的价值观是体育项目的灵魂

体育之所以超越国界、种族、政治、文化、宗教、习俗在全球流行，就在于它并不是身体运动本身，体育精神倡导的价值观是全社会认同的。例如大家熟知的奥运会的"更高、更快、更强"这句口号背后，是《奥林匹克宪章》规定的奥林匹克运动的宗旨："通过没有任何歧视、具有奥林匹克精神——以友谊、团结和公平竞争的精神相互理解的体育活动来教育青年，从而为建立一个和平的、更美好的世界做出贡献。"这才是奥运会被全球民众接受的根本原因。

"在竞争中永远相信自己"这种状态的需求满足，是泛体育行业的核心特征。传递这种精神、体验这种精神、训练这种精神、发扬这种精神，是泛体育企业经营的主线。

"通过身体教育"并不是创造"体育"这个汉语词汇的中国式臆想，西方发展出现代体育运动的根源，就在于通过体育的超越性形成普世化的教育价值。人类最美好的品质都可以在体育项目中得到锻炼并习得。这是泛体育产业能够不同于新教育产业独立存在的原因，新教育产业的教育内容还可能是错误的，但体育产业的内容不但途径独特——通过身体体验习得，而且有品质保障——都是正能量。

（2）价值观治理是体育产业的基石

当然被接受不代表就能活下去，1984年洛杉矶奥运会之前，奥运会面临着破产的危机，尤伯罗斯的产业化运营让奥运会起死回生。体育产业特别典型地反映了文化产业通过价值观治理构建商业模式的特色。

价值观治理的经营之道并不是欧美人最早就意识到的事情，美国篮球运动发展得很早。但是，直到美国精英普遍认同通过团体项目可以培养国民性格之后，棒球、橄榄球、篮球、冰球才逐步发展成美国体育产业的四大支柱。当然，这种价值观治理不是通过理论完成的，需要赛事内容的设计与展现，例如，NBA利用3D技术在NBA比赛开场前做一个3D秀，现场的3D投影的效果非常精彩、非常震撼，自然就打动人心。

（3）体育是一种信仰性的生意

体育满满的都是正能量，体育没有入门的限制，体育超越各种分歧在规则内一切平等，体育让人最终遵守规则，体育让人充满斗志，体育自己就可以帮助人成长，体育自己就可以"吸粉"。

3. 商业价值的赛事创新

并不是所有的体育赛事都可以产业化，也并不是所有的体育项目都值得产业化。例如，在美国真正大规模产业化的就是四大球——棒球、橄榄球、篮球、冰球，近年来足球也异军突起。

（1）商业体育项目的选择

选择一项赛事进行商业开发，首要的考察要素就是考察它是否能够体现某种打动人心的正向价值。这种正向的价值往往体现在关注度上，但是引起关注的因素很多，发掘出项目中引起关注的正向价值观，对项目的推广十分有利。例如足球在美国原本是弱势项目，但是随着全球化的发展，美国商人感受到足球的全球受众数量，进一步看到它与橄榄球、棒球、篮球的相通性，这就有了快速推进的意义。反面的例子，电子游戏尽管非常好玩，但是一直得不到主流媒体的全力推广，只能剑走偏锋地做努力，重要的原因就是现在的电子游戏主题大多是打打杀杀，这个主题实在不怎么方便大力宣传。

其次，选择某项赛事进行商业开发的另一个要素是民众进入的难度。项目的各种专业性越高，越能够黏着"粉丝"，但是广泛地吸引"粉丝"则不能有太复杂的物理门槛。比如棒球在中国很难推广，重要的原因就是它的球棒、护具、服装、场地等已经相对标准化，对普通民众而言费用不菲，但是如果长期投入建设，则将会形成庞大的产业回报。比如棒球在日本的推广，全国上下齐努力，也是数十年才达成了现在的产业规模。

另一个例子是跳水运动，这项运动的产业性发展几乎不可能。不要说在发展中国家修建跳水水池困难重重，即使在欧美发达国家，泳池中的跳水运动也大多是跳板入水，对普通人而言，这个项目更像是只能欣赏的杂技，至于自己参与体验一下就算了吧，更不要说除了门票之外的消费。

最后，进行商业开发的项目专业性可提升的空间要足够广阔。如果普通人很容易达到顶峰，就很难形成明星梯队，同时，持续的商业赛事就很难长久。比如五子棋，在限定一些技巧的前提下，也有很多人全面掌握这门游戏，只要先行就一定胜利，所以五子棋基本上不具备竞技体育的可能，只能在群众体育层面游戏，商业价值不大。

兼具上述三个特点的项目最容易产业化。例如乒乓球，这项运动除了乒乓球必须专用，甚至包括球拍在内的其他器材都可以找替代物，进入门槛极低，同时技术发展空间极大，两个人球桌前随便打打也行，世界顶尖级的对抗也行，青年人可以打得浑身冒汗，老年人也可以简单挥拍。中国在这项运动中霸占第一很多年，其他国家在这个项目上的投入仍然乐此不疲。

（2）泛体育行业的互联网创业机遇

互联网技术让体育产业更加泛化，过去很多专业性经验大多是规范成熟的，进入的门槛也很容易被突破。如果说新教育领域的内容企业还需要花大力气反复持续创新，那么，泛体育行业的项目，往往一旦选定正确，那么剩下的就是坚持。

而且泛体育行业让大量休闲体育、群众体育项目成为新金矿。由于过去的社会交往成本被现在的互联网技术突破，原本最具商业潜力的项目，由顶级职业赛事扩大到群众休闲领域。例如徒步走项目，这在传统体育产业中根本很难成立，但互联网帮助大家"约"起来，计步器只是其中的一个小玩意，它的商业价值远远没有得到开发。

互联网的电子游戏仍然是泛体育产业的重要领域，很多传统运动已经搬到线上按照游戏的很多经验进行升级再造。例如国际象棋排名，有专门的网站将每一场符合规则的赛事成绩进行记录，并通过复杂的公式计算，进行全球性排名，每一个国际象棋的爱好者看到自己的排名哪怕提升一个位置，都可以陷入疯狂的兴奋与喜悦。移动终端的游戏市场远远没有得到开发，比如在上下班的时间，手机联网举办的赛事还没有充分开发，电子游戏非常容易占据人们的娱乐休闲时间。

传统体育产业领域也在不断革新。例如NBA利用很多新技术、新科技，让赛事更加精彩、更加丰富、更加高效、更加公平。NBA的回放中心坐落在纽约，光纤直连北美的赛场，100个高速摄像机对赛场每个角度进行抓取。从2015年的赛季开始，在NBA很多激烈的比赛中，当有一些模棱两可的情况出现，裁判员会有一个画圈的动作，回放中心20多人的工作站就会马上启动，对当时的画面进行多角度的捕捉和回放，同时把建议和视频传给前方。

三、泛体育平台企业的特征

体育产业赛事即平台，而且这种平台跟着赛事走，其位置是不固定的，在游走不定中完成产业链的整合融汇。

1. 赛事即平台

全媒体行业的平台需要中心化，对别人去中心化，让自己强中心化。新教育行业的平台是弥散性的，只要有全媒体平台的地方，就可以建立自己的分平台。泛体育行业的平台则是隐形的，哪里有赛事，哪里就是平台的入口，平台隐身在数字科技的二进制海洋中就好了，并不是必须呈现出来。

（1）传统体育产业的媒体平台

在传统的体育产业中，电视是体育产业的平台，甚至可以说，没有电视就没有体育产业的发展。1984年洛杉矶奥运会的成功，根源是尤伯罗斯将电视转播权卖出了好价钱。电视的普及性和实时性强、信息量大、传播速度快、声像并存、视听形象丰富等特点，将体育赛事的感染力和社会影响力充分地展现给大众。有了大众，才有市场。

事实上，在互联网时代电视的转播价值已经可以被视频网站所取代。例如NBA早在几年前就已经着手研究互联网视频转播，大量的NBA赛事场馆宽带进行全面扩容，以确保未来的赛事活动中各种信号畅通无阻地在互联网上传播。

传统传媒对体育赛事而言，其实只是传播的渠道之一，即使在电视时代，电台对赛事的实况转播也是经常性的活动，NBA赛场实时有体育电台的直播，让旅途中的球迷能够实时跟进赛况。应当说电视只是代理了体育产业的平台，所谓产业平台，是能够汇聚消费者发生交易的市场空间，淘宝、微信、百度、美团都做到了这一点，而电视仅仅能够提供消费者观看，电视平台上最大的收益是广告而不是电视购物。

（2）全赛场平台

赛事举办过程中的全部要素，其实都是体育赛事的平台。赛场的空间容纳了观赛的人员。传统物理赛场空间有限，游走的小商小贩穿梭在人群中销售饮食、观赛用具、纪念品等，就构成了最传统的产业。据说，古希腊的国王朱迪亚是古奥运会的主席，在盛大的开幕式上就有食品和饮料的专门承包商。但是进入工业化时代之后，体育的产业化发展确实因为电视传媒受益良多。电视转播或直播，相当于扩大了赛场的空间，让更多人的视线"进入"到赛场，尽管他们不用买门票，但是他们享受不到现场的各种观赛便利，而且要付出"观看广告"的代价。这些收益是通过电视台实现的，赛事主办人只能提前销售转播权或者广告分成，因为他们从技术上、精力上做不到自己直接收费，只能让电视代理。

移动互联网技术的发展让赛场空间的扩大成为新现实。每位观众完全可以手举手机，进行各个角度的现场直播，这种效果远比电视台的直播更加有效，虽然暂时效果上不如电视专业。随着虚拟技术的进一步发展，整个赛场可以如《哈利·波特》电影中的"魁地奇世界杯"赛场一般，虚拟技术可以让赛场无限量扩容。

赛场中的交易不再只是授权饮料的贩卖，扫码付费点饮料、休闲食品送到座位上只是简单的服务，配合现场比赛的APP中，各种产品琳琅满目，看中哪件服装就直接"淘宝"，赛后人到家货物可能也到家了。比赛中的明星不但是移动的广告，而且是移动的售货机，越是明星越可能因为扫码而带动海量的消费。

在互联网时代，赛事可以回归本身，即平台的本质。

2. 体育平台漂移化

泛体育企业的平台，就像《哈尔的移动城堡》中的城堡，它有着通向现实世界的随意门，但它自己只在自由的国度中游走。

（1）体育产业的王国

中国传统的社会观点认为，运动服、运动鞋就是体育产业，事实上，它们只是体育产业非常周边的领域。我国运动服饰产业的发达是因为过去我们第三世界国家的地位，在全球产业布局上不得不更多地生产这些产品。

在传统体育产业中，赛事是中心，各种形态的体育活动中心则是平台接口。体育活动中心分布在社会的方方面面，城市、社区、校园、军队、康复机构、私人俱乐部、非营利组织、商业运动场、公司、公园、度假村、大酒店等地方都可以有体育活动中心。这些活动中心本身可能是独立经营的，也可能是特许加盟的，但都不是体育产业的平台本身。通过这些活动中心，体育迷有机会购买到体育赛事机构提供的产品，实现消费。这些中心实质上是平台的"代理接口"。

消费者的购买并不是一次性的，因此与消费者建立相对固定的联系非常重要。无论是娱乐性的休闲体育赛事，还是观赏性的竞技赛事，都需要以俱乐部的形式负责日常的联系，然后在举办赛事的时候，让人们汇聚到平台上来进行消费。

（2）互联网中的随意门

与传统的做法类似，互联网时代的线上体育企业也可以在各个互联网平台上广布"体育中心"。例如，NBA可以在微信上开设公众号，一夜吸引1000万"粉丝"，这不妨碍它微博上的3000万"粉丝"，优酷视频专区中的体育节目继续充斥着NBA视频，在未来NBA是不是可以在"得到"、"有书"上开设专门的课程？这当然也没有人反对。

（3）移动的互联网体育平台

体育平台企业，其工作中心是将平台做透、做大，对于官方会员系统的建设，则只是作为整个平台建设的重要环节就足够了，因此，传统的俱乐部运营，可以作为平台的产业链延伸部分继续进行。

体育企业在移动互联网时代必须变成最国际化、最科技的机构，例如NBA时刻注意利用新科技、新技术改造他们的赛事运营，他们通过科技的努力，将科技应用在联盟和赛事当中，全面提升整体的商业模式。围绕着比赛的直播，各种科技介入变革。毕竟只有很少部分的NBA球迷可以亲临现场，NBA正在用科技手段最大化地还原现场真实度。2016年赛季开始，NBA开始与腾讯合作，已经在互联网端实现了蓝光的高清画质，对任何一个角度进行直播。而且直播还能捕捉一些场内非常有趣的画面，比如中场环节的啦啦队表演、吉祥物的表演，等等。NBA正在借力互联网让球迷的体验更加震撼。比如，运用全景的3D技术和VR技术，把扣篮大赛的画面做得与电影《黑客帝国》慢动作一般。

3. 体育平台权力的回归

泛体育平台企业不再把联通用户的权力完全交给代理企业。重视互联网的内容传播是泛体育平台企业的必修课。

（1）关注内容建设

赛事即平台，更多地关注内容就是更多地关注平台。互联网新科技让内容的制作与传输成本越来越低、越来越高效。例如，NBA所有的球队都安排了专门的社交媒体，每天24小时生产大量的社交媒体内容。通过NBA推特账户，NBA自己的社交媒体记者发布即时信息，包括一些秒拍类的视频、比赛的回放、特色短片、常规性比赛进程等，这些全媒体平台就变成了泛体育的平台，NBA通过推特发布信息的同时，就是在售卖收费的单场视频节目、比赛的花絮、官网的连接等。

赛事不仅仅是内容的制作，商业化方面也可以借助科技进行创新。比如NBA有来自37个国家的选手，广告可以根据直播的区域进行精准投放，NBA中国就通过数字技术，把哈尔滨啤酒的虚拟广告植入到篮球直播信号中。

（2）内容的发布

互联网时代体育企业的内容发布完全可以自主。例如NBA自建了NCN发布系统，以美国本土为核心，整合全球所有内容提供商的资源，然后根据NBA全球媒体合作伙伴和商业合作伙伴的需求，按照他们的权限，把实时内容推送到他们的平台上去。这样就大大提升了体育平台的盈利能力。

四、泛体育周边企业的机遇

体育赛事对观赛人或者参赛人的影响非常强烈，这种影响可以即时转化传递到各种周边产品中，而且利用新科技、新技术、互联网，用户体验将会被不断重塑。

1. 体育周边产品的泛化

体育周边产品的种类非常多，因为，世界上原本并不存在专门的体育类周边产品，体育文化塑造了周边产品。各种产品是可以变动的，例如自行车头盔的样式，就是传统文化的产物。

（1）体育用品的属性

体育文化是塑造各类体育用品的原因。例如传统上打太极拳的时候穿着宽松的对襟衣服，结果就成了太极拳运动的标配，但是更修身、更青春的汉服正在走入太极拳运动，因为青春太极、时尚太极的概念正在不断被接受。

体育用品本质上是一种文化用品，它的象征意义、象征价值往往大于经济价值。例如，一条利物浦足球俱乐部的围巾，象征着球迷的身份，更象征着球迷对自身理想的选择，它的售价远远高于普通的围巾。这种附着在用品之中的价值是体育运动本身带来的，体育运动是带动对应体育用品销售的根本动力。

（2）互动形成转化

互联网互动功能的加强让泛体育平台企业具备极强的体育用品营销能

力。例如NBA在所有线下的比赛中，都植入了一些线上互动的环节，现场的球迷们并不只是能够要看比赛，他们还要有机会买到非常正版的NBA授权产品。

（3）体育用品的创新

各种体育用品都是随着产业的发展逐步成型、定型的。所谓体育用品包括健身器材、健身器械、校园体育器材、康体器材、竞赛项目用品、运动护具、运动服饰、户外运动休闲用品、体育场馆、运动饮食、体育奖品纪念品、体育书报杂志、体育音像制品等。

全部的体育用品都可以创新，并没有固定不变的用途。例如，上海飞跃运动鞋已经在中国衰落消亡，但是旅居上海的法国人帕特里斯·巴斯蒂安（Patrice Bastian）在武术班学武术的时候看中了这个经典"小白鞋"，在法国注册了商标"feiyue"，逐步把它发展成一种时尚产品。

创新是体育用品盈利的保障。或者采用高科技，或者掀起复古风，或者符合人体工学，或者成为运动的象征。对接赛事同时时尚化，是体育用品的生命线，而且可以发展出各种新兴的体育用品。

2. 特许加盟与自主产品

赛事各种周边产品的传统盈利模式是招募特许加盟，这种制度正在随着物流网、互联网技术的发展而发生结构性的变化。

（1）特许加盟分配制度的变化

传统体育用品的特许加盟，很难控制仿冒产品的出现。无论赛事授权方还是正式加盟商，对此都心知肚明，但同时也无能为力。因此包括电视转播权在内的各种特许加盟费，在传统体育产业模式中，一次性收费是主流，费用的多少往往取决于双方的博弈。

当前的互联网技术已经开始支持控制仿冒品，全媒体平台生态也开始进入打击仿冒品的阶段，理想中的物联网更是能够跟进产品从生产到终端的全过程。产品生产商已经很难通过玩阴阳手段自己盗版自己，这就让按比例分成的特许模式越来越有利可图。例如，天猫网对入驻企业进行深度严控，各个经销商都担负着信用方面的监控，耐克建立的独立官方旗舰店，与各个综合性的运动店其实形成了一定的错位关系，如果不是人工客服压力，有一家官方店应该也就足够了，但是即使是当前的联合销售，也可以很方便地管理、了解销售状态，按销售数量计费远远比一次性加盟费更容易激活市场潜力。

（2）互联平台绑定用户体验

围绕用户的体验，各种新科技、新技术、互联网功能的利用，不但形成了体育用品的销售渠道，甚至可以改变和催生新的用户体验。比如，在美国，除了观看NBA比赛时的场景，客户端视频上还可以分出第二屏，进行实时体彩竞猜，销售体彩产品。

互联网科技的应用一方面为体育用品营造了绝佳的营销环境，另一方面，也将很多传统体育用品的销售纳入体育平台当中。比如，社交是NBA球迷的重要诉求，NBA围绕整个比赛、球员、球队建立社交关系，其用户群非常大。NBA专用篮球在这个社交圈中的销售量非常可观。

（3）自主产品的出现

互联网让泛体育企业的产业链延伸由弱延伸变成强延伸，自主产品不断涌现。传统体育企业必须致力于赛事本身，平台的功能都不得不让利交给电视系统代理，各种周边产品的开发更是只能通过特许加盟授权给其他企业生产。

互联网让体育企业完全可以自主开发IP，委托加工严控质量，形成自主产品的产业链延伸，并面向个人进行营销。这种B2C的产业链延伸是强延伸。例如NBA球星的同号码球衣是周边产品的销售吸金的大头，过去球衣的销售是加盟商租赁球场专柜进行销售，球队收取费用，现在通过大数据管理，球衣完全可以由球队自家生产。

3. 产业链的横向融合

泛体育行业的企业运营的是文化产业，IP是其最核心的资产，互联网为IP的创新性产品化提供了各种可能，不仅纵向可以硬延伸，而且不同行业间横向的延伸也很容易实现。例如，由于互联网的应用，NBA可以开发出种类繁多的游戏，NBA中国针对不同游戏的种类、不同的玩法、不同的终端，然后组织出非常好的NBA游戏。

泛体育行业的IP和最流行的当下娱乐可以非常容易地结合，也特别受用户的关注和喜爱。比如NBA中国与微信合作的NBA球员的收费表情包，收入非常可观。

线上到线下的融合也越来越有价值，事实上国际篮球协会的比赛规则与NBA比赛规则之间差异很大，但是，现在全球的篮球迷都很大程度地NBA化了，尤其是中国的篮球比赛。

体育产业是通过身体对人进行教育，其教育指向让泛体育在互联网上很容易以新教育的形态生存，其身体的指向让它在线下很容易以大旅行的形态生存。打通产业间的横向关系，非常方便地实现融合。

五、泛体育企业的运营

泛体育的优点就是黏性极强，在互联网技术的支撑下，线上线下一体化程度高，产业链清晰，而且容易打通周边产业。

1. 切入赛事本身

在互联网时代，不能切入赛事的体育企业将很容易被取代。切入赛事，并抓住赛事的灵魂，贯通产业链的上下游，是泛体育企业的生存发展之道。

（1）抓住赛事的灵魂

切入赛事，不等同于直接介入赛事，重要的是通过比赛，切入运动时尚的精神之中。比如耐克公司，它并不仅仅是体育用品的生产商，它首先是体育时尚的代言人，所有耐克的产品，首先是时尚品，其次才是运动用品。在服装中使用各种高科技面料，以及在运动鞋中采用高科技工学技术，本质都是为了证明它时尚的领先性、潮流性。耐克公司赞助各种赛事并不是盲目地给钱，也不是追风赞助明星。耐克公司在每个国家都尽可能介入各个运动机构中，投入资本组建队伍，研究最有潜力的新人。

明星是赛事的代言人，而企业要让赛事成为产品的代言人，产品必须成为赛事精神的象征。

没有产品就没有商业，但是泛体育行业的产品属于文化产业，体育产品一定要附着上文化性，它的文化价值才能让产品整体增值。只去卖东西是不值钱的。贯穿体育赛事、平台、周边产品的是这项赛事的灵魂，谁抓住了灵魂，谁就掌握了生存发展之道。

（2）全产业链生态

无论是体育赛事的从业人员，还是平台的发展人员，或者是体育用品的生产人员，都需要彼此系统性地协作，尽快形成自家企业的闭环产业链，这是企业发展的战略举措。这种闭环产业链的形成，并不会因为原企业的产业链上下游位置导致无法实现。例如耐克原本只是体育用品，但是它通过赞助赛事，逐渐介入赛事的各项活动内部，在不干扰原赛事模式的基础上，已经掌握了全球顶级的赛事为自己所用。

（3）传统模式向互联网商业模式的变迁

互联网让体育产业的商业模式、商业逻辑、商业思考发生了重大变化。例如，过去的NBA更多考虑的是本身IP核心的开发，更加关心自身IP的价值是不是能持续放大与价值增值。基于这种逻辑，传统的NBA企业层面的商业模式是内容授权、IP授权，更多的是B2B商业合作，大部分收入也来自这种授权。由于互联网的应用，NBA拥有的渠道能够直达用户、直达"粉丝"，更多考虑的是直接面向球迷，如何满足球迷围绕NBA的各种各样的消费是互联网时代企业的核心诉求。因此，当今的NBA基于这种逻辑，更多地直接参与很多产品和服务的运营中，或者跟本地最优秀的各种链条的供应商进行深度的战略联盟，产业链的延伸收入直接来自球迷。

2. 体育精神全网传播的基础

体育企业的发展当然是由各种赛事相关的具体事务构成的，但是全部事务都服务于对自身这项运动的体育精神的传播，最好能人人知道，最好能人人喜欢，最好能人人信仰。

体育企业的业务往往是条块分割的。首先，与媒体的合作，不但重视全媒体，而且不能冷落传统媒体，比如NBA中国和腾讯2015年签订五年独家数字媒体赛事合作，与CCTV-5的战略型合作更是长达将近30年。其次，体育企业围绕赛事要生产各种各样的内容。例如，NBA针对本地球迷生产了大量的节目内容，可以在CCTV-5晚间时段看到，也可以通过互联网上各种各样的篮球原创节目看到。再次，体育企业特别重视授权商品。例如NBA中国与中国的授权商品的合作伙伴已经开发了超过1000种NBA官方授权商品。又次，体育企业线上线下要贯通。例如，NBA特别重视线下篮球运动，NBA和商业合作伙伴一起，几乎每天在中国的某个城市都有一场相关的篮球线下活动。最后，体育企业要关注教育，进行价值观传播。例如，NBA与教育部和姚明都有非常深度的合作，致力于发展篮球的培训和教育。

3. 全网传播与流转消费

体育企业的条块业务需要通过全网传播综合地进行动态实施。体育企业的本质是文化产业，社会价值观决定其产品的市场价值。在互联网时代，维持社会对本运动项目的社会认可，才能让自己从事的行业保值、增值。比如，很多企业不遗余力地宣扬徒步快走的好处，甚至倡导日行万步，事实上，从医学的角度看，日行万步会造成腿部关节损伤，不但不健身，反而还对身体有害。但是相关理念的传播还在不断进行，计步器的销量也节节攀升，如果哪一天大众的价值观提升到新的高度，那么相应地，专门为徒步快走设计的大数字计步器就会失去市场。

泛体育企业的运营应当围绕着理念的传播进行。人类这种动物虽然拥有理性，但毕竟仍然是一种动物，大部分人亲身的体验产生的判断，往往比理性的推论更有力量，也会对潜意识造成更深刻的影响。

所以进入到体育项目中的"粉丝"，无论是参与性的还是观赏性的，只要进入，大部分人就很容易被打动。被打动的"粉丝"很容易参与到项目的传播中，他们在传播体育理念的同时，不知不觉成了体育项目理念的维护者，更加坚定了自己的参与。

第十六章

大旅行的商业模式

旅行不等同于旅游，旅行要带上灵魂出发，是对新生存方式的探索、找寻、体验与回归。常规旅游仅仅具有观光的效应，文化旅游则带有旅行的效应。然而文化旅游还只是文化产业链延伸的重要形态，随着互联网的发展，文化旅游正在向大旅行转型。

一、文化旅游与活动经济

文化旅游往往被看作旅游行业的一种新形态，传统观光型旅游和文化旅游似乎是同一个行当，政府统计局也往往进行归类计算产值。但从文化产业的立场看，文化旅游不是观光旅游，而是属于文化产业。

1. 活动经济催生文化旅游

所谓的文化旅游，是指以区别于历史文化遗存、自然风光为基础的旅游，如"印象"系列的演出，是进行资源创意和拓展利用的体验性旅游，或者是以文化活动作为核心产品的旅游。文化旅游是文化产业的一个重要组成部分，游漓江、看历史文化遗产如故宫等，属于传统意义上的旅游而不是文化旅游。

（1）活动经济的概念与重点

与文化旅游相关的多数活动，通常称之为活动经济。活动经济形成和促进的旅游形态，是动态性、体验性的文化创意旅游。活动经济是文化活动拉动的经济，也是体现为文化旅游的发展模式。对于经济发达的城市来说，活动经济是推动旅游发展变化的新方向。

在传统意义上说，所谓的活动经济，是指人为地创意、设计及组织的各种活动，这些活动包括商业论坛、培训教育、展览、演出、体育、节庆、观光和娱乐体验等，可以带来经济上的消费收益。财富论坛、图书展、计算机展、奥运会、世博会、足球世界杯、汽车展、嘉年华、超级女声等，都是活动经济的典型代表。可以说，互联网时代的新教育行业和泛体育行业所关联的线下部分，都曾经是活动经济的组成部分。

活动经济的主要收入是旅游形态的综合收入。一般来说，旅游是由100多个相关行业构成的，包括交通、餐饮、住宿等。因此，旅游业所带动的是全行业性质的服务，差不多所有服务业都要包括进来，其中最大的受益者是活动所在的区域，因此很多"当地"政府都会去抓大型的活动。像大型图书展，每个地方都会尽力地做，主要原因在于尽管展位收入只有两三千万元，但一次图书展可能带动7亿～15亿元的经济整体消费。

因此，体验、交流和娱乐所带来的规模化消费是活动经济的重点。在这些活动里，交流是其本质，因此"好客"是重要的。所以，旅游地点一定要防止靠硬件经营的短视行为，甚至包括出租车、娱乐场所、商店等，都应包含大量的体验性活动。

活动经济可以起到拓展观光型旅游转型为文化旅游的效果。由于自然资源及历史人文资源都是有限的，或者缺乏深度，或者缺乏广度，因此，大多数区域需要拓展现有的旅游资源。但是，现有资源的拓展有些是被动的，有些则可以是主动的。商业、教育以及政治经济中心等天然条件，是一些被动的"运气资源"，而一些现有的人文历史古迹和自然景观作为旅游资源的深度和广度可能有所不足，因此，需要通过活动经济来拓展这些资源。

（2）活动经济的理念要点

从活动经济的理念中，我们可以总结出以下几个要点：

第一，明确什么是新的旅游。旅游业所关注的不仅仅是过去的"走马观花"式的观光型旅游概念，而是要将旅游扩展到各种活动中，只要有人流的活动就是旅游。"会展"这种大型的活动特别有价值。

第二，领会活动经济的理念，需要从根本上改变社会对旅游概念的理解，从而积极拓展旅游资源。

第三，活动经济的好坏取决于核心品牌活动的影响力，因此，品牌及其管理品质是活动经济持续发展的主要保障。由于涉及各种具体领域的竞争，以及各城市的自觉努力，如打造城市文化名片、做文化产业发展规划等，因此，"品牌"越来越具有影响力。

第四，由于活动经济的收入是区域性、整体性的，所以假如有人是开会展公司的，那么他在策划每年一度的会展时，一定要和当地政府取得联系，以争取政府的支持。

第五，区域政府最好能够做好基础的投资，特别是基础设施配套，以保障规模经济效益的开展。活动经济所需要的一些基础设施必须有效利用，从而形成良性的循环。

2. 创意决定活动经济

活动经济以主动的策划和内容创意设计为主。不过，由地区政府本身举办的带动旅游的活动，常常是只有几个人在"自弹自唱"，这就不太容易成功。例如，如果本地区有座山，就搞个"山神节"，本地区有桃花，就搞个"桃花节"，然后花几百万元请一些大明星来表演，而最后买票的人是谁呢？由当地的企业摊派承担，而这与旅游的活动经济的目标就是背道而驰的。

旅游的活动经济是促进外面的人来这里消费，如果只是让本地的人把钱掏出来，那就没有什么商业价值。那么，为什么会造成这样的局面呢？这是因为这些地方政府对当地的自然资源、历史人文资源有太强的依赖性，只是"敝帚自珍"，没有对活动经济构成中有吸引力的因素进行论证。

另外一些地区的问题是没有把产业链打造出来。比如云南，它的旅游资源很多，又有很独特的民族文化，所以在这里举办会展活动是很合适的。但是，到底从怎样的角度去思考它的产业价值呢？谁会对民族文化发生兴趣？可能主要是外国人。所以就要从吸引外国人到云南来的角度去下功夫，比如召开人类学、民族文化交流会之类的活动。这就是将资源与理念相结合的做法。云南已经有了那么多的自然资源，只要能把人吸引进来，就一定会有许多人去参观它的景点，所以云南非常适合做有关产业链扩展的业务，这是一箭双雕的做法。

3. 文化旅游的商业模式

各个地方发展以活动经济为核心的文化旅游，需要结合自身特点来思考和选择适宜的商业模式或者商业模式组合。

其一，产业链的主题公园或者地产结合的形态。如迪士尼乐园模式和港中旅集团的温泉及其地产模式，其中后者也包括娱乐、酒店和旅行社等内容产业链。

其二，文化旅游往往是文化产业延伸产业链中的一个环节。夜间演出特别是"印象"系列的演出形态，主要体现在对产业链进行延伸。夜间的酒吧和歌厅也是产业链延伸环节的一种商业模式。

其三，专业化服务的形态。如北京的九华山庄，主要是会议服务及其产业链如酒店、餐饮、娱乐等服务。

其四，大型会展。如广州进出口商品交易会、珠海国际航空航天博览会等，不仅具有直接收入，而且极大地带动了地方经济的发展。

其五，主题化的专业活动。如达沃斯论坛、博鳌论坛，也包括大型服装展、汽车展专业化会展。这种主题化的活动可能获得广告赞助等在内的各种收入。

其六，综合文化旅游，包含娱乐、酒店、会展等的一体化。如美国的拉斯维加斯拥有博彩、拳击、演艺、酒店、休闲度假等多种体验内容。

其七，产业集聚吸引文化旅游的形态。如成都音乐主题公园和北京宋庄艺术产业基地等项目形态，通过体验和参与专业化的内容和商业活动，同时可以成为文化旅游目的地。

其八，文化旅游地产。以文化内容包括教育等带动旅游和商业地产增值，主要包括酒店、高尔夫和休闲设施等。不过，当前多数的文化地产并没有体现文化的收入，主要的收入来源于地产而不是文化活动。

在以上的基本模式中，有些模式取决于积累的资源条件，其他地区不可复制。

二、文化旅游与文化地产

文化旅游是对观光旅游的升级，是文化企业产业链延伸相对末端的重要领域，虽然在互联网时代这个领域已经开始转型并进一步升级，但是，它在传统文化产业时代已经在实践中发展出一些成熟的典型模式。

1. 文化旅游的商业模式创新

活动经济是战略性手段，它催生文化旅游商业模式的创新。当然这些手段与模式在互联网时代都面临洗牌升级的问题。

（1）会展业

活动经济最典型的体现就是会展经济。会展经济早已成为旅游产业的主要增长点。特别是在经济发达、交通便利的地区，以会展为主题的活动经济日益活跃。但是，政府需要做会展设施的投入，否则就没有人能够承担大型的活动场地和设施建设。会展的种类有很多，有各种专业会展，还有国际会展，以及与不同地区共同举办的会展等。

会展业可以形成"会、展、节、演、赛"的联动综合体，"吃、喝、玩、拿、看、住、买"全面吸引消费。

线下的教育培训曾经是会展业的重要内容。例如，教育培训产业是夏威夷的第三大收入，而英国每年的教育培训产业达到了四百多亿英镑。在当前互联网时代，线下的教育培训业正在被新教育延伸出来的产业链逐渐融合。

（2）文化旅游的商业模式创新

文化旅游创新的商业模式主要是对自然观光资源和历史人文资源进行文化内涵的拓展和新活动内容的建设，包括创设主题公园、举办会展活动、建设酒吧一条街以及科技展览馆等。政府和企业的合作是创新和完善文化旅游商业模式的基础。

旅游商业模式的创新主要是以企业活动为主，取决于当地的经济环境和营销设计。旅游创新的主要着眼点都是在景观旅游之外。以宋城和华侨城为代表的文化旅游地产、嘉年华的临时旅游活动、科技馆的旅游开发、文化交流旅游（如吸引国外学生来学习并考察旅游）、会展旅游、军事主题和红色主题的旅游、大型体育赛事的旅游等，是当今比较重要的旅游模式和商业模式的创新。

2. 主题公园的商业模式

主题公园是非常重要的文化旅游商业模式，它本身就具有极强的吸金能力，同时也可以激发区域性的综合经济开发。

（1）主题公园

主题公园是一种人为的旅游创意设计，也是活动经济的重要形式。但主题公园必须适合于家庭成员共同参与，尤其是年轻人，而不仅仅是儿童。在这方面，迪士尼乐园提供了重要的借鉴。如果限于条件，建设具备同样功能的简化版主题公园也很重要，例如，"嘉年华"正是这样一种游乐设施，它的效益很好。

通过文化产业规划对现有旅游资源进行拓展，可以达到更好的效果。如果把天文馆和现有的科技馆结合在一起，就可以成为一个很好的集教育、娱乐、知识等于一体的科技与娱乐的主题公园。文化与科技结合的主题公园将成为数字文化产业体验性形态的一种商业模式。在技术成熟和商业模式探索的过程中，正在形成新的主题化系列体验的文化旅游产品和旅游目的地。

在当前互联网环境下，主题公园已经渐渐可以划分为全媒体产业链延伸的终端。线上的视频内容尤其是微电影系列化，形成综合IP效应，进一步延伸到线下，就可以结合实际建设主题公园。例如华谊兄弟就在整合过去自己的各种影视作品，进一步整合线上网剧，并延伸到地方建设主题公园。

（2）主题公园的综合拉动效应

文化旅游地产与主题公园的关系非常值得关注。比如，在迪士尼的主题公园中，就包含许多度假村的地产开发。在国内，投资者曾经对主题公园寄予厚望，但实际上，由于规模不足、体验内容不足、偏僻单一等原因而缺乏人流，80%以上的主题公园都陷入了亏损状态。只有那些善于应变市场并及时做出调整的企业家，把主题公园和周边的地产结合起来开发，才实现了真正的盈利。

对一些现代企业来说，就近的景观旅游和地产的结合是关系最密切的活动。一些大型的地产商利用建造公园的机会或提出创建主题公园的机会，圈了两块地，一块从事娱乐或主题公园的布置，一块把公园作为花园，为房地产的增值服务。实际上，高明的地产开发商也在小区放置小型公园。在这一方面，经营"锦绣中华""欢乐谷"的华侨城是一个值得研究的案例。同样注重文化旅游结合地产开发的浙江宋城集团，把2006年主办世界休闲博览会变成了特大型的商业地产开发项目。

3. 文化地产的商业模式

真正的文化地产是对旅游资源的拓展，文化地产是旅游资源的一种发展模式。地产对中国文化事业的发展实际上能够发挥很大的价值，地产商与文化都能够拥有持续的价值。

（1）现有中国文化地产模式

文化地产、文化旅游的结合有两种类型，第一种是本质型，例如做一个主题公园地产，将旅游、文化、地产完美结合为一体。

第二种是本质相关型，这一类的变形有很多，主要有：组合型的模式，比如万达广场的购物、娱乐、休闲"三合一"；规模开发的模式，比如华侨城大规模开发主题公园，联动周边大规模地产发展；环境型的文化地产，例如把地产建在公园边上；概念型的文化地产，比如上海很多地产与迪士尼无关，但是发挥迪士尼的概念，把地产开发起来，比如威尼斯花园就是概念型的，北京朝阳公园周边的很多地产也是如此；商业包容型，著名大型商业机构带动地产，比如大悦城公寓；专题型文化地产，比如博鳌论坛拉动区域地产；平台型文化地产，比如用会展中心平台；嫁接型文化地产，比如成都鼓楼池就利用旅游的景区，打造出传统与现代相结合的文化街区；文化交流型，比如像798工厂区已经变成商业街区了；改造型文化地产，把老工业旧厂房保留下来进行内容改造。

利用资源的还有一种文物保护型。原本文物保护起来是需要让人看的，大家也都支持文物保护，但是现在很多地方把保护文物变成隐藏文物，造成资源浪费。文化事业应该与文化产业衔接起来。文化地产应实实在在地发展文化，用文化产业的概念圈地是没有意义的。

（2）拓展文化旅游和提升文化地产

建设创意基地是一种提升文化地产的重要方法。比如，搞一个国际健康旅游，建设健康管理中心。这个基地可以通过产业链提升商业地产的价值。

需要注意的是，文化地产的设计要考虑把这块土地综合开发出来，变成一个城市名片。现在很多地方搞园博会，园博会完了以后花博会，花博会办完，那个地方就变成垃圾堆，这是没有进行综合文化设计的结果。

三、城市开发与旅游业重塑

文化旅游资源的拓展或者新兴旅游形态与人们生活方式的变化关系密切。这种拓展可以导致都市旅游的新兴，并且在互联网时代引发整个旅游行业的重塑。

1. 城市开发的需要

在当代文化产业欣欣向荣的大环境下，任何城市的旅游战略规划都必须包括文化旅游规划，尤其是会展、文化活动、丰富已有节庆的规划等。或者说，城市旅游规划必须有文化产业专家的参与，而且要充分考虑互联网对旅游业的重塑效应。

（1）文化旅游产业需要精心规划

在旅游产业成为主要服务产业的今天，各级政府都比较重视旅游产业，包括重视对旅游产业的规划。从新型旅游的角度来看，旅游产业的规划需要在文化产业战略的指导下制定，包括为旅游规划设计资源、开发路径。例如，以会展为核心的旅游资源创新，应当包括相应的活动经济，一些缺少战略指导的旅游规划不一定能很好地体现这些经济作用。

一般来说，资源不足的区域和城市需要创设、开发新的资源，已经有资源的城市，则需要拓展可链接的资源或拓展新的资源。有些地区和城市虽然有一些资源，但以硬件为主，缺乏体验性的内容，这些地区需要拓展可体验、互动的内容。不过，内容的拓展必须符合消费规律，而不是生搬硬套，其关键是应当用商业模式来评估。例如，有些地区人流小、消费者少，这样的地区就不适宜拓展大型娱乐项目。

城市旅游的策划和规划并不仅仅是对城市特性的提炼、挖掘，必须保障所规划的资源能够具有一定的容量和吸引力，使旅游者能够因活动内容或体验的吸引而停留相对较长的时间，或者采购更多的商品。或者说，结合会展和文化活动等，城市应当及时打造文化旅游的产业链。

（2）活动经济带动城市消费

城市中的体验性活动的旅游是目前最活跃的一种活动经济。特别是通过活动经济带动规模消费，是各种规划的核心思想之一。可以说，只要能够办出一个有影响力的文化活动，就能够吸引人来参加。

活动经济需要关注持续性建设，只懂得办活动不是活动经济。当前许多城市包括北京的会展业还是粗放型的，需要加以拓展和精细化耕耘。不少城市在一些会展和节庆文化活动等方面已经受到广泛的关注，但许多活动还是缺乏持续提升的基础。特别是一些地方，本想把文艺演出作为带动消费和推广城市的手段，结果却成为替明星赚钱的舞台，而区域的经济和形象反而更加恶化。究其原因，就是没有一个整体的具有商业活动可行性的策划和规划，或者说违背了商业模式的内在规律。如某个旅游城市的政府曾经禁止以政府的名义举办会议，其实这是不对的。只应当禁止没有经济效益和社会效益的活动，而不是什么都禁止。

（3）城市旅行的旅游项目

城市或区域需要拓展甚至创造性地规划一些可以带动规模消费的项目，在宣传上也可以以项目取胜。例如，云南世界花卉博览会和"云南映象"的文艺演出，虽然不是在同一时间里的活动，但都是区域规划发展所需要的。

城市举办会展活动还应考虑尽量使城市的硬件建设与会展规模和持续性相对应，避免经营不善的危机。即使要新建会展的配套设施，也一定要考虑到这些场馆的后续利用。例如，一些地方在开展大型体育活动以后，没有很好地利用场馆来举办一系列的活动，其旅游的效益就没有体现出来。另外，场馆的档次要合理定位，否则对资金的消耗就会是个"无底洞"。例如，许多地方办展览时，只盖最高级的宾馆，而实际上参展的人很多都没有资格或者消费能力住那样高级的宾馆，这实际上是一种浪费。如果没有做认真的规划，会展活动也会使一些考虑不周的企业充满危机。

城市的文化旅游不仅要考虑城市的发展模式，还要赋予企业可行的商业模式。一般来说，只有这两种模式都是可行的，才能产生良性的互动效应。

作为发展文化旅游拉动经济的大型重要项目，政府可以为企业提供资助，从而完善企业的商业模式。

由于文化旅游是拉动型的旅游，企业化是促进品牌和收入增长的主要方式，政府应当和民营企业签订长期合作协议，支持民营企业承办各种文化旅游项目，以提高各类商业赞助力度和促进企业传播城市品牌与活动品牌的积极性。

2. 文化旅游的本质分析

文化旅游的发展是随着人们的生活方式的变化而发展的。文化旅游资源的拓展可以达到极为广阔的领域。需要特别注意的是：文化旅游的灵魂是文化，文化的灵魂是创意，创意的本质在于寻求特色和差异。

（1）文化旅游的核心内容

文化旅游是以活动为中心的动态体验性旅游。一个景点往往都是依靠所包含的文化内核及其故事而吸引人、打动人、震撼人、感染人，增加旅游产品的感受性、故事性和娱乐性是文化旅游通过营销推广取得市场规模的重要手段。其实，感受和体验既是消费又高于消费，感受和体验文化内涵已逐渐成为旅游消费的最高形式。

新兴旅游基本上是文化旅游。它是在对以往的旅游观念进行扩展的基础上，进一步突出活动经济与旅游的联系，突出娱乐体验内容与旅游的联系，突出休闲、商业与教育的合一，直至突出回归自然、亲近自然的文化指向。与此对应，旅游主体也发生了变化。过去只是休闲旅游，而现在的旅游概念远比休闲旅游的概念宽广，它已经发生了新的变化。例如，企业经营者、受教育者都成为商业旅游和教育旅游的主体。

（2）旅游资源的创意性

旅游资源是一个重要的概念。不过，就现代而言，旅游资源并不限于观光的自然资源或人文历史遗产。只要是人文的、经济的活动，特别是有组织的活动和有品牌的活动，都可以成为重要的旅游资源。经济发达地区的产业集聚和规模经济基础也是重要的旅游资源。因此，就旅游收入来说，经济发达地区的旅游收入一般要比只依靠自然观光和人文历史资源丰富的地区的旅游收入更高。

对传统历史文化资源进行新的包装，既是在复古与创新中寻求发展，又是重要的人文旅游资源。例如，"夜郎自大"中的"夜郎"所在地的归属成了各地争夺的对象，就是因为这是一种人文资源。

各级政府和企业可以通过构建大型旅游项目来拓展旅游资源。景观设计是一个方面，项目的设计也很重要。许多地区缺乏观光资源，但是可以通过其他具有旅游价值或体现旅游性质的活动来弥补这一不足。例如，拉斯维加斯、迪士尼乐园和横店影视城就是人文娱乐旅游资源的再建和创造。

（3）旅游资源动态化

文化旅游资源的拓展需要注重文化旅游产品的系列化和丰富性。在新兴旅游业的背景下，旅游资源是一个动态的概念。国内的许多旅游地虽具有很大的吸引力，但缺乏持续的吸引力，主要是没有体验内容的开发。比如，无论是北京还是承德，都是以"看庙"为主，缺乏新鲜感和持续的吸引力。要改变这种局面，就需要提供体验性、娱乐性的新项目。文化旅游要适应市场从"大众观光时代"到"大众休闲时代"和"个性体验时代"需求的新变化，对传统旅游产业发展模式进行创新和改造，由观光型旅游向体验型旅游提升。

本地的文化旅游资源的拓展也有很大的空间。例如，北京每年大型的庙会达到十几个，能够满足市民节日的体验性活动，拉动几个亿的消费。此外，它也是春节期间重要的文化旅游产品。各个城市都可以做节庆、庙会，除了传统民俗节庆之外，还可以搞很多啤酒节、音乐节等。

历史文化遗存较少的城市可以大力通过发展活动经济来拓展文化旅游资源。深圳、大连等城市在这些方面都已经做了许多尝试，其他城市也应当积极推动文化旅游资源的开发。

3. 旅游业的再造

如果说文化旅游还只是对观光型旅游的延伸，是对旅游业的行业类型进行丰富。互联网的兴起开始冲击观光型旅游，整个旅游业正在被重塑、被融合。

（1）观光型旅游的没落

观光型旅游最大的作用是看眼界，在现代互联网时代，这个功能基本完全可以被线上活动所取代，甚至"宅在家中"成为一种新的生活方式。即使是有精力需要发泄的人，在全球排名中选择观光目的地，才是最佳的选择。例如，澳大利亚昆士兰州旅游局2009年搞了一个活动叫"世界上最好的工作"，要招一个大堡礁岛的职业"看岛人"，这个活动本身是一个非常成功的文化旅游营销案例，也让全世界真的领略了大堡礁岛的美丽。

传统观光型旅游曾经拥有的魅力，其图、文、视频、声音、地貌、风土等种种信息不但全面被互联网化，而且，随着VR技术的发展，其"实景"完全可以被搬到网上来。正如VR让人们可以慢慢领略敦煌洞窟一般，随着不熟悉互联网的几代人的老去，随着在互联网环境下生长起来的新生代成为社会主流，线下观光型旅游比较没落，只有各种"世界之最"才能靠它们的本身吸引人们造访——其实"世界之最"的确定，本身就是文化旅游的操作。

（2）文化旅游的再升级

人造都市与自然田园都被互联网纳入其统治领域，当代人尤其是新生代对理想生活的自我抉择而不是被动承受的需求，让他们从身心两个方面不断开启新的旅程。相应地，能够满足此类需求的企业，正在塑造一类新商业模式业态。文化旅游本身也在升级换代。

四、大旅行产业链的构成

人类对理想生活的追逐促进了大旅行产业的兴起。对理想生活的追逐是每个时代都存在的，但是，移动互联网的技术革命，正在颠覆整个人类的传统生活方式，新生活方式层出不穷，人们一方面欢呼生活的进步，另一方面又对生活的方向惴惴不安。无论探索最前沿还是坚守传统，生活状态不再是理所当然的事情，全部人类都开始对理想生活方式进行追逐，"心的旅行"成为一种主流需求。

1. 理想生活是大旅行的内容

满足市场需求永远是企业经营获取利润的根本，传统生活方式下的市场需求呈现为以需求的物理形态为划分行业的出发点，所以，餐饮业与影视业完全不是一个行业。但是在移动互联网时代，各项事务的交流、交互、交融在技术支撑下逐渐不再有问题，直接从需求本身关联拥有内在逻辑的事务形成产业链不再有问题。把握住需求的现实逻辑，企业的利润才能最大化。

（1）四大行业需求比较分析

本书对文化产业的四类划分是直接以人类生活方式的需求为依据的。生活方式存在两个层面的需求：其一，生活的需求，就是在不影响现有生命生存方式的基础上，享用现有的生命状态；其二，成长的需求，就是对现有的生命状态进行发展，成长的需求有三个方面——社会层的进步、身心的进步、整体的进步。服务并满足这四个方面需求的移动互联网时代文化产业有：全媒体行业、新教育行业、泛体育行业、大旅行行业。

全媒体行业的核心特征是泛娱乐，企业抓住这个需求，就能够在这个领域拼出一片天地。例如马云最早起家的阿里巴巴，专注于类似"慧聪网"的B2B领域，但是真正让马云腾云驾雾般飞速发展的，是淘宝网。淘宝网提供的B2C与C2C服务，让每个人都开始可以"网络购物"，也就是说，生活方式中通过互联网进行交易的需求得到了满足。淘宝网始终以满足这个需求为中心，进一步发展出"天猫"、支付宝、聚划算、闲鱼等一系列的业务，这些业务让民众在互联网安全交易的基础上，比线下交易更方便、更全面、更轻松，逛街购物的"泛娱乐"效果贯彻始终，满足了民众的互联网生存需求，再造了民众的生活方式，也让阿里巴巴集团成为巨无霸。

新教育行业的核心特征是真知灼见，企业能够帮助个人围绕知识进行学习，让个人有机会以新的自我状态在社会上发展，企业就能够在这个领域拼出一片市场。

泛体育行业的核心特征是对生命状态当下认同，个人的成长除了社会层面真实的努力与进步，还需要在各种困难面前仍然认同自己当下的努力与成长，服务于"在竞争中永远相信自己"这种需求，是泛体育企业的业务核心。传递它、体验它、训练它、应用它，都是可以延伸的业务空间。

大旅行行业的核心特征是对理想生活的追求。为了理想生活，人们可以不断学习；为了理想生活，人们可以不断训练自成；为了理想生活，人们甚至可以放弃现有的生活。

（2）大旅行产业链的主线与内容产品

物理世界的事物不再是移动互联网时代唯一的行业标准。但是，从传统的以需求物理形态为标准，到现在新出现的以需求本身为划分行业的标准，并不仅仅是理论的划分，它还是理性对社会经济现象的再认识。人类生活方式正在经历革命性的变化，这是不争的事实，而不是所谓理论分析的角度。

当前的经济状态呈现为过渡阶段，在现实中也就呈现为所谓的行业融合现象。从深层的市场逻辑上说，不是行业在融合，而是行业在被真实的市场产业链关系颠覆、调整、洗牌、重塑。生活方式变了，所谓的行业当然也要跟着变，才能满足生活方式的需求。

凡是能让人认同但还没有达成的生活都是大旅行企业需要创意的内容，都是大旅行企业可以开发的产品。而且，传统的行业正在被洗牌，抓住大旅行新兴行业的需求，就能够抓住大旅行产业链的延伸逻辑，就能够把握企业自身的发展方向，制定相应的策略，选择恰当的项目，控制工作的方向盘。

移动互联网的企业创业机会很多。例如，达喀尔拉力赛被称为"勇敢者的游戏""世界上最艰苦的拉力赛"，作为最严酷和最富有冒险精神的赛车运动，该赛事为全世界所知晓，受到全球超过5亿人的热切关注。这项运动原本是典型的体育产业，但是，如果互联网企业关注其娱乐性，获取其转播权就可能在赛车领域形成一个泛娱乐自媒体；如果企业关注其知识性，解析这项运动的种种并开展相关的培训，就可能变成专业的新教育企业；如果企业关注其精神的传播与训练，就是一家泛体育企业；如果通过这项赛事强调"冒险探索"，那么企业就是从事大旅行业务。

2. 大旅行平台的心灵化

大旅行领域的平台特征非常不容易把握，它的核心特征是：建立在心灵层面。

全媒体平台企业的工作重心应当是致力于"自家企业强中心化，让对手去中心化"，例如淘宝几乎垄断了中国中小企业的网络销售渠道，而且正在向全球发展，腾讯则几乎垄断了社交渠道，百度则仍然在搜索方面深度耕耘。

新教育平台企业，其工作重心不是建立自家的独享中心，即使建立中心也是为了技术上便于实现内容的放送。其工作重心应当是向全媒体企业平台输送内容，输送的有价值内容越多，全媒体企业越支持新教育平台企业的输送，桥头堡就越稳固，"吸粉"就越多，平台就越大。新教育平台企业工作的重心，与全媒体平台企业不构成行业内的竞争，可以在多家全媒体平台上建立桥头堡。例如罗振宇的企业，自己有"得到"，在微信、微博、优酷、喜马拉雅上也保持着自己的影响力，而且本人也参加到"奇葩说"等泛娱乐的节目中去。新教育平台企业呈现弥散化的状态。

泛体育平台企业的工作重心不需要"粉丝"形式上的硬依附，只需要信息的精准传递。在互联网上形成明确的聚集点当然不错，但是泛体育平台本质上只需要在互联网上拥有接口。赛事即平台，泛体育平台企业只要拥有互联网技术的支持，能够在虚拟世界里打造自家的数字世界就好了，至于这个移动城堡的随意门，可以开在任何有利于自家发展的地方。

大旅行平台企业同样满足网民"理想生活方式的追求"这一需求，企业创造、营造、塑造的理想生活方式本身，无论它的主体在线上还是线下，这个生活方式状态本身就是这款产品的平台，其中所有关联物都是这款产品的周边产品。大旅行平台企业工作的重心，或许能引导消费对象的认同，或许能改造消费对象的价值观，但是最本质的市场基础是：消费者自身已经认同了某种理想生活状态。就是说，大旅行的平台存在于人们的心灵中，大旅行企业不是搭建了某种平台，而是通过互联网发现了某个中心，然后用技术在互联网中拷贝"复现"，便于消费者交流。这个"复现"，当然可以是一个也可以是多个，平台企业为了垄断自己的发现，其工作就要致力于加入甚至初创各个"复现"的平台。大旅行平台是精神化的。

全媒体平台是强中心化的，新教育平台是弥散化的，泛体育平台是漂移化的，而大旅行平台是心灵化的。所以大旅行平台创立互联网上的平台是不现实的，帮助内容企业在互联网上开展工作，提供专业化的互动服务，是大旅行平台赚取利润的商业模式。

3. 大旅行周边产品的象征化与神圣化

大旅行行业的内容、平台、周边产品之间的关系非常紧密，往往需要内容企业的深刻印记，才能在相应的产业链中占据一席之地。这种经济生态状态与宗教用品的情况非常相似，宗教信仰是宗教的核心，信仰空间可以是寺庙，也可以是生活中的某个场景，只需要空间、时间"神圣化"符合理想状态就对了，在这个神圣的"空间""时间"中有意义的物品才具备附加价值。例如茶道文化，这是典型的大旅行产业，茶道开启心灵之旅，饮茶过程中的修炼过程的"标准"用具，就有了"神圣"意义，它的附加值将会极高。

五、大旅行企业的实践

大旅行整体产业链的发展还在随着互联网对生活方式的改造而不断壮大。其运营特色特别能体现文化产业的核心规律，也非常容易和各种产业相融合，而且能够拉动区域经济的综合发展。

1. 心灵发现之旅

大旅行不是在人心之外塑造出立足点，而是敏锐地从社会层面发现人心中的理性，然后在现实中为它找到一个落脚点，进而倡导相应的生活方式。

（1）生活方式的塑造

生活方式的倡导不是随意创意的，而是时代环境下人心对理想生活的理解。例如在农耕时代男耕女织是理想，而在革命时代为中华崛起奋斗终生则是理想。

（2）心灵之旅的包容性

生活中的各个领域都有可能被改造成追求生活方式的心灵之旅。"世界这么大，我想去看看"，这是把传统观光旅游植入了心的旅行。"读书是一种生活方式"——"有书"的这个倡导立足于当前的新教育平台，给自身的发展留足了融合的空间。"太极人生"是把太极拳与哲理作为杠杆，整体让太极拳运动的理想生活充满想象。

2. 全系统融合经营

理性生活的需求在不同的人群中情况是不同的。为生计终日奔波的大众，虽然也有理性生活的追求，但在这个方面的消费时间有限，支付能力也有限。中产阶级往往能够有更多的时间和金钱进行消费。

（1）四类文化产业市场的规模比较

生命成长的需求是每个人都有的，但不是每个人都有机会、有条件实现全面的生命成长。所谓"穷文富武"也可以解释为：穷人先从心灵上成长起来改善社会地位、社会生活状态，一旦有所改善了，那么还需要从体验方面强化自己的追求。一旦有阶段性的成功，追求生命的自我解放就成了终极目标。

所以从人数上看，四类行业虽然都是面向全社会，但全媒体泛娱乐行业服务的人最多，新教育行业则是在泛娱乐人群基础上进一步发展来的，因为连娱乐都没有时间的人，恐怕也就很难有精力自我教育了。泛体育所服务的人数，要比新教育行业的少，因为不是所有人在社会上拼搏的时候还有精力折腾自己的身体。基于类似的理由，大旅行的市场人数比泛体育的要少。

但是从消费规模上看，大旅行的市场容量未必就比泛娱乐的全媒体少，从美国传统的文化产业产值看，实际上体育产业占据了整个文化产业的很大比例。

（2）大旅行企业的运营

对大旅行企业而言，前三类行业的消费者，不但是潜在的本行业消费者，而且很容易就能实现转化。只要针对前三类行业的消费进行"终极式"的升级，将消费者心中已经暴露的欲望正向升级，就能够引导出对理想生活的消费。

3. 城市区域经济发展与全球化进击

传统的旅游是由100多个相关行业构成的，包括交通、餐饮、住宿等。文化旅游进一步将旅游扩充到各种活动中，大旅行则更加把各种生活方式都囊括进自己的潜在领域。应当说，大旅行是一个企业在市场中的业务战略定位发展角度，用大旅行的角度可以带动企业的发展，更可以通过四类行业的事务，用大旅行的立场带动区域经济发展，形成城市品牌。例如巴黎，就是最有代表性的大旅行思维塑造的城市，巴黎这两个字就带有梦幻理想生活的色彩，似乎在巴黎发生的一切泛体育、新教育、泛娱乐活动都是好的时尚。

当前，文化市场的国际化进程不断加快，文化产业的竞争已经是全球市场的竞争，我国的文化企业需要大幅度提升国际竞争力，不能仅仅依靠古人的恩泽，在所谓的"越是民族的就越是世界的"观念中沾沾自喜和自我陶醉。相反，政府和企业需要以"越是超越民族的就越是世界的"观点作为对上述观念的反思和弥补。时尚，是文化产品的统一标签，创意、创新、创造是文化产业的活力，满足互联网时代新生活方式的渴望，是文化产业人的发展方向。